中华海洋学人系列丛书
BIOGRAPHY SERIES OF CHINESE MARINE CELEBRITIES

总主编 于志刚

向海而生 方宗熙

刘宜庆 ◎ 著

中国海洋大学出版社
CHINA OCEAN UNIVERSITY PRESS

·青岛·

**图书在版编目（CIP）数据**

向海而生——方宗熙 / 刘宜庆著. —青岛：中国
海洋大学出版社，2023.12

（中华海洋学人系列丛书/于志刚主编）

ISBN-978-7-5670-3675-8

Ⅰ.①向⋯　Ⅱ.①刘⋯　Ⅲ.①方宗熙–传记　Ⅳ.
①K826.15

中国国家版本馆CIP数据核字（2023）第199331号

XIANG HAI ER SHENG——FANG ZONGXI

## 向海而生——方宗熙

| | | | | |
|---|---|---|---|---|
| **出版发行** | 中国海洋大学出版社 | | | |
| **社　　址** | 青岛市香港东路23号 | | **邮政编码** | 266071 |
| **出 版 人** | 刘文菁 | | | |
| **网　　址** | http://pub.ouc.edu.cn | | | |
| **电子信箱** | 184385208@qq.com | | | |
| **订购电话** | 0532-82032573（传真） | | | |
| **责任编辑** | 付绍瑜 | | **电　　话** | 0532-85902533 |
| **印　　制** | 青岛海蓝印刷有限责任公司 | | | |
| **版　　次** | 2023年12月第1版 | | | |
| **印　　次** | 2023年12月第1次印刷 | | | |
| **成品尺寸** | 170 mm × 230 mm | | | |
| **印　　张** | 20.5 | | | |
| **字　　数** | 310千 | | | |
| **印　　数** | 1～2000 | | | |
| **定　　价** | 128.00元 | | | |

发现印装质量问题，请致电13335059885，由印刷厂负责调换。

# 铸造历史丰碑　弘扬海洋精神

## ——"中华海洋学人系列丛书"总序

海洋是生命的摇篮、风雨的故乡、资源的宝库，是人类赖以生存和发展的基础。世界上有超过60%的人口生活在沿海地区，约占地球面积8%的海岸带向全球贡献出约1/4的生物生产力。人类发展所面临的一系列重大课题，如人口、资源、环境等问题，都与海洋休戚相关。

我国是一个拥有1.8万千米大陆海岸线的海洋大国。关心海洋、认识海洋、经略海洋，对于中华民族伟大复兴，对于国家的繁荣昌盛和长治久安，具有重要的战略意义。海洋科教是国家海洋事业发展的强大支撑和不竭动力，开发海洋资源、保护海洋环境、发展海洋经济、维护海洋权益、建设海洋强国，必须依靠海洋科学技术和相关人才。

人类研究海洋的历史非常悠久。从世界范围来看，海洋科学的发展可以划分为3个时期：从史前到18世纪末海洋学建立以前，是海洋知识逐步获取和累积的时期；从19世纪到20世纪50年代，是海洋学的建立和发展时期；自20世纪50年代末以来，为海洋科学在全世界范围内向深度和广度发展的时期。我国的海洋科教事业，启蒙于清末，成长于20世纪中叶，快速发展于20世纪末及21世纪初。

1906年，我国第一个水产教育机构在吴淞创办；1909年，上海高等实业学堂船政科创办。在此后的20多年时间里，直隶水产讲习所、江苏水产学校、吴淞商船学校、河海工程学校、山东水产讲习所、河北省立水产专科学校等水产与船舶工程类专门学校相继创办，开启了我国近代海洋高等教育的先河。1922年，海军部设立了海道测量局，开始进行海道测绘；

1928年，青岛观象台设立海洋科；1931年，中华海产生物学会成立；1935年，太平洋科学协会海洋学组中国分会成立；几乎同时，北平研究院动物研究所和中央研究院动植物研究所开始对海洋生物进行研究。

抗日战争期间，我国海洋科教事业几乎被迫中断。从1946年至1949年，厦门大学筹建了我国高校第一个海洋系和中国海洋研究所，台湾大学筹建了海洋研究所，山东大学筹建了第一个水产系和水产研究所、海洋研究所，复旦大学在生物系设置海洋组。这个时期，我国海洋研究从海边生物学拓展到整个海洋和水产领域。

新中国成立后，童第周、曾呈奎依托在山东大学的研究积累，于1950年8月创办了新中国第一个专业海洋研究机构——中国科学院水生生物研究所青岛海洋生物研究室（1959年扩建为中国科学院海洋研究所）；1952年，山东大学创办海洋系，创立了我国第一个物理海洋学科；同年，我国第一所本科水产高校上海水产学院成立；1953年，台湾海事专科学校成立；1959年，山东海洋学院（中国海洋大学前身）成立，成为当时我国唯一的综合类海洋高校和海洋领域全国重点大学。

1977年12月，国家海洋局在全国科学技术规划会议上，明确提出了"查清中国海、进军三大洋、登上南极洲，为在本世纪内实现海洋科学技术现代化而奋斗"的战略目标。到1984年，我国建立起一支拥有165艘不同类型和不同用途的调查船队，总吨位约15万吨，居世界第四位。以调查船队为依托，我国的海洋科技事业开始走出中国近海，走向深海，走向大洋，走向极地。

进入新世纪，全球科技进入新一轮的密集创新时代，海洋科技向大科学、高技术体系方向发展，进入了大联合、大协作、大区域研究阶段；海洋调查步入常态化和全球化，海洋观测进入立体观测时代，并向实时化、系统化、信息化、数字化方向发展，为社会经济发展服务的业务化海洋学逐步形成；海洋科技向现实生产力转化的速度加快，不断催生海洋新兴产业。我国的海洋科教事业在海洋强国战略引领下蓬勃发展，综合性海洋大学已达6所。许多高校开设了海洋学科，与综合性海洋大学共同承担起海洋人才培养的重任，同时也在海洋研究领域取得了丰硕成果。

21世纪是海洋的世纪。站在人类历史发展新的起点上，我们有必要回顾近代以来我国海洋科教事业的发展历程，展望海洋强国战略的发展愿景，为一代又一代海洋人提供开拓前进的精神动力。

重温我国海洋科教事业的发展历程，我们感到骄傲和自豪，同时也引发我们对为国家海洋事业奉献毕生心血的教育家、科学家的敬仰之情。正是中国海洋科教事业的开拓者和引路人，前赴后继、不懈奋斗，才有了我国海洋事业今天的可喜局面。他们当中既有在新中国成立之前、我国海洋事业起步时期，投身海洋科教事业的老一辈海洋学家，如曾省、童第周、蒋丙然、朱树屏、张玺、林绍文、曾呈奎、唐世凤，也有新中国成立后，为我国海洋事业辛勤耕耘的海洋学家，如赫崇本、方宗熙、毛汉礼、文圣常、侯国本、管华诗、冯士筰、唐启升、束星北、张孝威，还有改革开放以后，耕耘海洋、砥砺前行的新一代海洋科学家，如麦康森、宋微波、吴立新、焦念志、李华军、包振民、蒋兴伟。他们是我国海洋事业的开拓者和杰出代表，谱写着中国海洋事业发展的瑰丽篇章。

建设海洋强国，需要一代又一代海洋人才的不懈努力。中华海洋学人的爱国之心、报国之志、学术之功、品格之力影响和带动着我国海洋事业的发展，为今天的海洋事业从业者们树立了光辉的典范。讲好他们的故事、传播他们的事迹、弘扬他们的精神，激励海洋事业的后来人继续奋勇向前，成为我们在海洋强国建设过程中一项十分重要的任务。

中国海洋大学出版社作为教育部主管、中国海洋大学主办的大学出版社，始终秉承"特色立社，文化引领"的发展理念，在做好海洋领域学术专著和教材出版的基础上，长期致力于海洋科普读物与海洋文化普及读物的出版，为弘扬我国优秀海洋文化、树立全民正确现代海洋观提供了有力的支撑。最近，中国海洋大学出版社策划推出了"中华海洋学人系列丛书"，为我国海洋学界的著名学人树碑立传，记录他们精彩的海洋人生，

褒扬他们将个人发展与祖国命运紧密关联的爱国情怀，弘扬他们献身海洋、报效祖国的崇高精神。这套丛书的出版，不仅将填补为中华海洋学人群体立传的空白，而且将对助推我国海洋事业发展、提升全民海洋意识发挥独特的作用。

  愿"中华海洋学人系列丛书"成为更多读者的朋友！

中国海洋大学校长

2018年12月

# 序 一

风从海上来，带来了盛夏中咸咸的凉爽，也送来了缕缕思绪。

1985年7月6日，方宗熙先生逝世，转眼间已经38年了。但是，我仍然能够感受到先生的风范。

青岛八关山下，汇泉湾畔。中国海洋大学海洋生命学院楼前，方宗熙先生的雕塑高耸，目光深邃、眺望大海，仿佛正在思考着海洋生物学问题。清爽的风掠过他的肩头，透过窗户吹入楼内实验室，也吹进每一位埋首探索海洋生命奥秘的老师同学心间。

青色的浮山脚下，大海潮涨潮落。在中国海洋大学方宗熙海洋生物进化与发育研究中心内，海大师生继往开来，在这里破解海洋生物基因密码，引领耕海牧渔的浪潮。这一以先生之名命名的研究中心，是对先生永久的纪念。

方宗熙先生（1912—1985），福建云霄人，诞生、成长于20世纪初中国积贫积弱、山河破碎、奋发图救之时，从厦门大学毕业后，转辗南洋教书、英国求学，1949年获伦敦大学遗传学博士学位。1950年归国后一直潜心科学，严谨治学，是我国海洋生物遗传学和育种学的奠基人。先生教书育人，著述等身，先后撰写出版了《生物学引论》《拉马克学说》《普通遗传学》《达尔文主义》《生命的进化》《细胞遗传学》《进化论》等著作，此外，还撰写了《古猿怎样变成人》等科普读物；先生心系海洋，热心公益，为中国海洋学会、中国遗传学会等学术团体发起筹建人之一，为国家海洋事业的发展做出了卓越贡献。

前一段时间，先生的研究生、中国水产科学院黄海水产研究所原所长

王清印告诉我，作家刘宜庆同志在为先生立传，书稿很快就要杀青。我听到这个消息很高兴，急切地想先睹为快。不久，中国海洋大学出版社转来刘宜庆的书稿，我一口气读完了。这本书展现了先生科学报国的一生，不仅传其事功，还传其精神。丹心报国，淡泊名利，勇于创新，忘我工作，惜时如金……这些都是方宗熙先生可贵的精神和品质。

读着这本传记，我想起追随先生的日子。

1982年春天，我申请来到方先生所在的海洋生物遗传学教研室进行毕业设计，开展海带配子体发育条件的研究。之所以这样选择，是因为聆听了先生讲授的遗传学课，并读了先生著的《细胞遗传学》，对先生充满敬仰，对遗传学研究产生了浓厚的兴趣。先生安排他的助手欧毓麟老师具体指导我。我有幸得到先生的指导和教诲。先生说："做学术研究，要广泛地查阅资料，看看国内外其他人都在这个方向上已开展了哪些工作。不仅在海藻上做了哪些，还要查在其他植物上做了哪些，甚至在动物上是否有类似的研究。比较实验方法和结果后得出结论，看看有没有可质疑的地方，再对照自己的研究，确定研究目标和改进的地方。这样做，一方面可以吸取他人的经验，另一方面也避免重复，科学研究只有第一，可没有第二啊。"

我毕业留校工作，先做了一年多的海洋生物调查，后回到了先生所在的海洋生物遗传研究室，有幸在先生的指导下工作与学习，与先生的交往越来越密切。

记得1985年早春的一个星期天的上午，我来到金口一路16号方先生家，为他誊抄文稿。中午时，先生说休息一下，昨天还剩有饺子，我们热一下午餐就解决了。一边吃饭，一边谈话，方先生为我的研究指明了方向："我们实验室不仅要做海带、紫菜的遗传育种研究，将来也要开展海洋动物的遗传育种研究，希望你多往海洋动物育种的方向努力，要瞄着国家和产业的发展需求开展工作。30岁前，你把时间每三年分成一段，每段确定一个学习和工作的目标，努力去实现它，等你30岁时就真正三十而立了。"

这次午饭谈话，我了解到恩师只争朝夕，还有3本书的写作计划，其时他已73岁。后来才知道，病魔此时已开始侵入先生的身体，先生常常感到身体的疲惫和疼痛。先生病倒了，手术后我们年轻人轮流陪床，每次先生都说："下次来带本书来看。我没有什么事，你们不要浪费时间。"先生就是这样生活俭朴，勤奋努力，平易近人，淡泊名利。甘为孺子牛，就是方先生一生的真实写照。

往事历历，如在眼前。

看完书稿，来到窗前，凝望夏日的绿荫之中方先生的雕像。如今，我担任中国海洋大学海洋生物遗传学与育种教育部重点实验室主任，感受到沉甸甸的责任。

一阵夏日的清风吹来，雕像前的绿荫翻滚波浪……似乎听到海的声音，后浪推前浪，生生不息，继往开来。

中国工程院院士

2023年7月31日

# 序 二

　　刘宜庆先生的新作《向海而生——方宗熙》即将付梓，我近水楼台，得以先睹为快。书中所述，很多是我熟悉的人和事，激起了我的回忆。作为方先生的学生，我在大学期间，得以聆听先生教授的普通遗传学。1978年，国家恢复招收研究生，我通过考试，有幸成为山东海洋学院第一届五位研究生中的一员，有机会在先生指导下学习海藻遗传学，对先生的学识、治学方法等都有亲身体会。现将几点感受笔录于后，以此祝贺《向海而生——方宗熙》的出版。

　　在我的心目中，方先生首先是一位知识渊博的学者。他的《普通遗传学》曾被教育部指定为大学遗传学教材，他是把生物进化论的经典著作介绍到我国的主要译介者之一。20世纪50年代中期，他和周建人、叶笃庄先生合作翻译了达尔文的《物种起源》和《动物和植物在家养下的变异》，对国人学习和认识生物进化论发挥了重要作用。此前我对此事只有大概的了解，认识也比较肤浅。2012年前后，北京大学出版社给我打来电话，就再版《动物和植物在家养下的变异》中译本一事，托我联系方先生的子女。该出版社组织出版"科学素养文库·科学元典丛书"，这部译著被列入出版目录。后来我收到该出版社寄给我的赠书，仔细阅读后才知道："所谓元典，是指科学经典中最基本、最重要的著作，是在人类智识史和人类文明史上划时代的丰碑，是理性精神的载体，具有永恒的价值。"正如艾沙克·阿西莫夫所言："当今研究进化问题的科学家们在进化机制的某些细节上存在着严重的分歧，我们尚不能断定哪一方将在这些争论中获胜。然而无论是哪一方获胜，都不会影响人们普遍承认达尔文的学说以及对这一学说加以改进的各种现代学说，把它作为阐明地球上的生命如何发展的根本理论。"方先生他们译著的意义和发挥的作用就此可见一斑。

方先生是我国海藻遗传学和海藻育种学的主要开创者和奠基人。从20世纪60年代初他就开始了海藻遗传和育种的研究，先后培育出"海青1号""海青2号"和"海青3号"3个海带优良品种和多个自交系；1976年首次发现海带的雌性生活史，开创了海带单倍体育种的研究；首次发现海带配子体在人工条件下可以无限生长，由此形成配子体无性生殖系，使短命的配子体变长寿；利用海带单倍体选育出"单海1号"海带新品种；利用不同雌雄配子体无性生殖系杂交，选育出高产、高碘、抗病力强的海带杂交新品种"单杂10号"。这些新品种在养殖生产上的推广和应用产生了显著经济效益。方先生和课题组的同事们开创的海带、裙带菜等孢子体的组织培养技术，紫菜的原生质体分离培养、育苗和养殖技术，等等，为海藻的生物技术育种和体细胞克隆育苗开辟了新领域，达到国际领先水平。方先生的研究成果为我国海藻遗传育种研究奠定了坚实基础，也使他在海藻遗传育种领域享有国际盛誉。

在教书育人、科学研究的同时，方先生还是一位出色的科普作家。他把传播科学知识作为自己的使命，尽自己所能把生命的奥秘介绍给读者。他精深的专业知识，扎实的文学功底，简洁流畅的文笔，通俗易懂的表述，都展现在他的一长列科普著作中。从早期的《古猿怎样变成人》，到他病故前创作的最后一部科普作品《科学的发现——解开遗传变异的秘密》，方先生一生创作了100多万字的科普作品。我最早读到的方先生的科普著作是《生命发展的辩证法》，1977年10月在青岛中山路新华书店购得。这本小书共230页，分生命的本质、生命的起源、生命的发展和人类的出现4个部分，介绍了有关生命发展的辩证法原理。这本我曾反复研读的书，书页上有许多我做的标记，书眉上记着我的体会和感想，使我对生命有了系统的、全新的认识，对当时刚刚开始学习生命科学的我产生了深远影响。现在再一次翻阅此书，回忆在方先生指导下的学习，更有一番感受在

心头。

　　我记忆中的方先生是一位儒雅的老人，一个与人无争、与世无争、只专注于自己学问的老知识分子。他经历过政治运动的冲击，也受到了一些不公平的对待，但初心不改，矢志不渝。他晚年虽身患重病，但一心想着工作，想着还有3本书没有来得及写。他在生命的最后时刻，在病床上加入中国共产党，就是一个很好的说明。

　　遵作者嘱，写了以上文字，以表达对先生的怀念之意和景仰之情。再次祝贺《向海而生——方宗熙》的出版。

王清印

中国水产科学研究院黄海水产研究所原所长

2023年7月27日

# 目  录
## Contents

八关山下的校园，樱花盛开，灿若云霞。海棠绽放，花团锦簇，千朵万朵的花儿，把柔软的枝条压得低垂。紫丁香远看像一团紫色的祥云，老远就闻到浓烈的芬芳。

这是1978年4月中旬的一个午后。一位60多岁的先生，走在山东海洋学院的樱花大道上。他中等身材，身体微胖，两鬓如霜，额头宽广，戴着一副眼镜，中山装的上衣口袋里插着一支钢笔，增添了几分儒雅的学者气质，眼镜后的目光深邃。

迎面走来三五个生物系的大学生。

"看，方先生！"

"这就是获得全国科技大会奖的方先生吗？"

"是啊，就是他。"

"听说他是一位'科学怪人'。"

"才不是呢，他在海带遗传和育种研究方面取得了很多重要学术成果，还著书立说，编写了很多教材和科普图书。等你了解了方先生，会觉得他可亲可敬……"

这几位大学生热烈地讨论着。等走近了，他们问候"方老师好"，向方先生打招呼。此时，方宗熙正聚精会神地思考着问题，海带和裙带菜育种、遗传工程等占据了他的脑海。他完全沉浸在科研与科普的世界里，微微额首后便脚步匆匆地走进科学馆。

第一章

# 贫寒之家　凌霄之志

　　方宗熙10岁左右的一天，他弄明白了身边动物生存的奥秘，他格外兴奋。每当弄明白一个问题，他就觉得身边的世界更宽广。

　　就是在这次未抵达的探险和远足中，方宗熙萌发出一个想法，他长大了要研究大自然的生命，研究海边的生物，揭示生命的奥秘……

# 阳光和煦　生命生长

　　1912年4月6日清晨，福建省云霄城关，一位满头大汗的中年男子，双手沾满了泥，一溜小跑地往家赶，后边跟着跑得气喘吁吁的大儿子。他刚刚到大门口，就听到房子内传来婴儿响亮的啼哭声。他激动地搓了搓双手上的泥土，赶忙打水洗手。他抬起头，看到一片羽毛，在清风之中飞上了天。羽毛轻盈，飞舞，被空中流淌的清风吹得越飞越高。湛蓝的天空中，遍布清凉风，热烈的阳光。天空变得透明，他注视着那片羽毛飘到漳江上空，飘往远处的大海……

　　这位中年男子姓方。方氏在云霄是个大姓。他接下了祖上传下来的手艺，以烧制砖瓦为生，是一个与泥土和柴火为伍的小手工业者。这天，他家的第四个孩子出生。方氏家族中有饱读诗书的前清秀才，为这个刚刚降生的孩子取名方宗熙。"宗"是辈分，当然也蕴含着对这个孩子将来光宗耀祖的希冀；"熙"本义为暴晒、晒干，由晒（太阳照射）引申为光明、明亮，由光明引申为兴盛。这个孩子出生在清晨太阳越升越高之时，取"熙"字也希望其为这个家庭带来光明和兴盛。

　　方宗熙有两个哥哥、一个姐姐，在他之后，又有四个弟弟妹妹出生。孩子得了这个美名，方父憨厚地笑了笑，他最初也没有指望这个孩子能光宗耀祖，只是觉得把这个孩子养十几年，家里就有了一个劳动力，可以烧制更多的砖瓦。方家砖瓦生意兴隆时，家中缺少劳动力，需要雇用两三个工人帮忙烧窑；砖瓦生意清淡时，家中每天两餐以粥果腹。

　　出乎方父意料的是，这个孩子天资聪明，从小就展现出迥异于其他孩子的禀赋。他看到纸张上的字，就能读出来、记得住。家中只有他喜爱读书。因此，方宗熙得到了方家特别的垂青和关爱。方父决定，全家节衣缩食，供他上学。

1919年，方宗熙进云霄县晓东小学后，就以勤奋好学出名，历年成绩均名列前茅。

每年暑假，方宗熙随家人劳动，或者搬运砖瓦，或者去乡间舅舅家放牛打柴。但他不论到哪里，总是带着一本书。小学四年级的暑假时，方宗熙来到舅舅家。他把带的书快要翻烂了，对书中的内容早已烂熟于心。放牛时，他把牛赶到山坡上吃草，自己则躺在一片柔软的青草上发呆，耳边有窸窸窣窣的声响，在一朵金灿灿的花朵上，蜜蜂时而起飞盘旋，时而沉醉花蕊之中。色彩斑斓的蝴蝶，轻盈地飞舞，在一片烂漫的野花中翩跹。他想起教自然课的老师讲的内容，蜜蜂、蝴蝶是植物的好朋友，它们为开花的植物授了粉，植物才能结出果实。昆虫与植物在大自然中有着互惠的关系，它们谁也离不开谁……

方宗熙的视线转向低头吃草的牛。牛真是奇怪的家伙，总是闷着头在草地上大口大口地啃啊啃，吃得很多，好像总是吃不饱。一头大黄牛卧在草丛里，似乎读懂了方宗熙的心思，用温润的大眼睛望着方宗熙。方宗熙望着大黄牛发呆，他的脑袋里有无穷无尽的问题。牛吃下大量的草，怎么装得下呢？牛休息的时候，嘴巴里总是嚼啊嚼，吃得很香，很享受，嘴里的食物从哪里来的？

很快，方宗熙就搞明白了。原来牛是反刍动物，有四个胃。反刍动物的食物含有较多纤维素和木质素，很难消化，需要较长时间的咀嚼。但如果边进食边咀嚼的话，这些动物的进食时间会变得特别长，而长时间待在一个地方显然会增加被捕食者猎杀的危险，因此它们进化出了反刍结构，进食时只是将草类粗粗咀嚼后吞入胃中暂时储存，之后通过反刍将食物细细咀嚼再吞咽消化。

方宗熙弄明白了身边动物生存的奥秘，格外兴奋。每当弄明白一个问题，他就觉得身边的世界更宽广。很快，他就走出了自己熟悉的环境，开始了一次探险之旅。

　　一个清晨，方宗熙像往常一样在山坡上放牛，他望着天空中的朵朵白云，又开始了神游。大气中的水汽会变成云，然后变成雨落下。大地上的雨水汇聚成溪流，流向大江大河。在云霄县，溪流都流向了漳江，漳江奔腾入海。蓝色的海洋十分浩瀚，里面有各种各样的生物。他长这么大，还没有见到过大海。顺着漳江走就能看到大海……

　　躺着草地上，他的思绪随着云朵飘逸。嘴巴衔着一朵蓝色牵牛花的方宗熙，猛地从草地上坐起来：我要沿着漳江走，我要去看大海。他被脑海中这个大胆的想法吓了一跳，但又被这个奇妙的想法激荡着。他摸了摸怀中的饼子，决定要走一走……

　　这次秘密的"壮游"，的确让方宗熙开了眼界。他虽然没有走到漳江入海口，但他看到了漳江上来往的船，那些船运送鱼盐以及各种各样的农产品。

　　在一座码头边，他看到了船夫搬运货物。他听出海的渔民说，在漳江入海口，郁郁葱葱的红树林铺展在蓝色的大海边。退潮时，红树林下的海滩上，爬满了小螃蟹。傍晚涨潮时，成群的鸟儿在红树林上空盘旋。红树林树梢随着海风摇曳，起起伏伏宛若波浪；大量鸻鹬类、鸥类、鹭类等鸟儿栖息其中，这是鸟儿的天堂。红树林下的滩涂，是海水与淡水的交界处，孕育了大量的贝、蟹等水生生物。神秘的红树林中藏着众多奇妙的生命。渔民的讲述，深深吸引住了这个爱读书、爱思考的少年。

　　就是在这次未抵达的探险和远足中，方宗熙萌发出一个想法，他长大了要研究大自然的生命，研究海边的生物，揭示生命的奥秘……

# 漳江入海　云霄人文

方宗熙出生在福建漳州云霄，这是一块神奇的土地。

云霄地处漳江入海口。自古以来，河流乃是孕育生命与文明之源。漳江缓缓流过，汇入大海，滋养着沿岸土地。她以母亲般的情怀，哺育着这里世代的人们。

云霄地处福建南部，背山面海，美如画卷，物阜民丰，人们在大自然的庇护下生息繁衍。云霄素有"六地"之称，即开漳圣地、天地会发源地、闽南（乌山）革命根据地、女革命家秋瑾出生地、国际重要湿地、温泉旅游休闲胜地。这"六地"道出了云霄的自然地理和人文历史的特色。

云霄历史悠久，人文鼎盛。

云霄在《禹贡》中属扬州域。秦汉时先后隶于南海郡及南越郡，居闽粤间交通的要冲。晋时置绥安县，云霄曾为县治所在地。云霄历史最重要的章回，当始于唐初。

唐总章二年（669年），归德将军陈政、陈元光父子奉诏率领87姓将士入闽，在云霄火田开屯建堡，拓土开疆，安边惠民，带来了先进的中原文明。唐垂拱二年（686年），陈元光奏请朝廷诏在今云霄县火田镇西林村设立漳州州治，由此开创了1300多年的漳州历史。

陈元光为首任刺史，继续率众辟地置屯，立行台于四境，派兵分戍；招徕流亡，设立唐化里；倡兴庠序，传播中原文化，使民风转淳；经农惠工，推广中原先进生产技术，改"火田畲种无耕犊""唯种黍稷皆火耨"为"杂卉三冬绿、嘉禾两度新"；通商营市，安抚异族，为开发漳州奠定基础，功德在民，流芳百世。

宋代，云霄沿设驿铺，兴农渔、制陶器、通商贸、建寺庙。

宋末元初，战争频仍，民不聊生，官逼民反，多有民众响应陈吊眼农民起义。

明时仍为云霄驿，时山贼、倭患不断，万历二年（1574年）增驻海防同知，万历二十年（1592年）兼驻捕盗通判，御倭防盗。

清顺治六年（1649年）十月初十日，民族英雄郑成功率军由漳江下游攻入云霄，以梁山为屏障，在盘陀岭布防。北拒清军，南扼东山湾，并向诏安扩大声势。清顺治十八年（1661年）九月，清政府为灭郑军，令沿海划界移民入内地，"越界者斩"，居民迁移流失者不计其数。

18世纪中叶，云霄人民反对清政府统治日趋频繁。

纵观云霄的历史，与开漳、建漳的历史息息相关。漳州最早的州治城址亦在今云霄西林村，故城尚存遗迹，云霄因此被誉为"开漳圣地"。开漳始祖陈政之墓在云霄将军山，陈元光被后世尊为"开漳圣王"。

历史长河给云霄留下众多古迹，包括城垣、庙宇、宗祠（家庙）、宅第、书院、墓葬、塔柱、牌坊、石雕、码头、渠坝、水井等等。

方宗熙出生时，云霄的这些历史遗存基本保存了下来。一方水土养育一方人，云霄风物与历史，对他有潜移默化的影响。

因喜欢读书，方宗熙崇拜云霄历史上的名人，他曾经到云山书院，感受"万世乡贤"明太史林偕春的文章气节和清廉勤政的民本思想。因喜欢探索，他曾到漳江入海口探访，观看高耸入云的石矾塔，领略先人们的精美构思、高超的建筑工艺。因为对家乡的一切都想探源追溯，他曾漫步云霄县城古老的街巷，熏染历史文化遗风，感受淳朴的民风民俗……

这个出生在贫寒之家的少年，胸怀凌霄之志。他不断地刻苦学习，成为著名的海洋生物学家，他把自己的名字留在家乡的这块沃土之上。

# 勤学苦读 追随少青

方宗熙就读于云霄县晓东小学时，遇到一位良师，这位老师对他的一生都产生了重大的影响。这位老师叫庄少青，他思想进步，是一名中共党员。庄少青非常赏识这位勤学苦读、品学兼优的少年，常常在课余和他谈心，推荐他读一些科学小品，并送他一些新文学名著。就在这个阶段，方宗熙读了一些鲁迅的作品。更重要的是，庄少青培养了方宗熙科学的思维和文学的情怀。

在庄少青的引导下，方宗熙的知识水平明显高出他班级中的同学。方宗熙从云霄县晓东小学毕业后，没有学上，在家帮助父亲经营砖瓦。幸好，云霄县立初级中学成立了，招收初中一年级和初中二年级各一个班。经过考试，他被直接编入初中二年级。

1926年夏，邑绅方圣徵、张澜谿、方克庄、方添德、吴丰、李伟生、陈菜、张集等倡议募资创办云霄县立初级中学，以县城北门的云霄县立小学为校址。首任校长方圣徵，教师有吴有容、李伟生、张承芳、陈式毅、方志贤等。当时，云霄县属军阀张毅的防地，校舍驻扎重兵。团长荣某，虽不知书，但对兴办中学极为热情，慨然全部迁出，学校始于9月正式开学。这一学期，招收初中一、二年级新生各一班，共38人。附设高小部，聘请梁一方为主任。高家捐献校门前大池塘，填塘为操场。①

方宗熙很珍惜来之不易的读书机会，他并不是喜欢抛头露面的活跃分子。但是，他在云霄县立初级中学读书期间，因为学业优秀、为人谦和，

---

① 云霄一中校史编写组：《云霄一中校史资料》，见中国人民政治协商会议福建省云霄县委员会文史资料研究组编《云霄文史资料第6辑》，第10—11页。

被同学选为学生会主席，并主编校刊。

安稳的读书时光好景不长。1927年秋天，云霄县方、张、吴三姓大械斗，波及学校，校务紊乱，师生不能正常上课。翌年5月，校长方圣徵也因械斗事被国民党四十九师师长张贞派团长张汝劻扣押去漳州，学校停课。第一届18名毕业班学生未能举行毕业考试，这其中就有方宗熙。

学校停课，方宗熙又回到父亲的砖瓦厂。生产砖瓦是一件苦差事，风吹日晒，烟熏火燎，条件艰苦。在整日的劳作之中，方宗熙一直坚持得空读书。在这个时期，他开始学习写古体诗。每天劳作结束，他洗掉身上的泥灰与汗水，换上干净的衣服，虔敬地到云霄县耆儒陈茯园老先生处学习古诗文。经过一段时间的学习，他学会了古诗词的格律，打下了坚实的古诗文的功底。初中毕业时，他赋诗一首，赠给一位同学。诗云：

> 骊歌唱罢海风吹，
> 碧水悠悠空自流。
> 两岸芦花牵别恨，
> 数声风笛不胜愁。①

这首诗虽只是感怀离愁别恨，但对于一个初中学生来说，能写出已属不易。

1928年9月，县长朱峋委派吴纯（字子青）接任云霄县立初级中学校长，扩充校大门前右边旧街址为篮球场，裁撤小学部，整顿校务。经过一年的波折，校园又响起琅琅读书声。

学校重新开课后，方宗熙非常珍惜这次重返校园的机会，门门功课成绩都名列前茅。由于过度用功，少年时期的方宗熙就戴上了近视眼镜。

除了读书，方宗熙也参加了学校的一些文体活动。他喜爱戏剧。初中毕业前，他自编自演独幕剧《天下父母心》。当他扮演的慈母闻知爱儿堕

---

① 江乃萼：《把自己的生命融进了阳光、春风和海洋之中的科学家、科普作家——方宗熙教授传略》。

水溺毙时，他模仿云霄妇女悼亡时哭啼的音调，节奏起伏，抑扬顿挫，凄楚哀伤。他的表演，感染了不少观众。观众进入剧情之中，随之唏嘘，潸然泪下。当时云霄风气未开，男女不能同台演出，演剧时，方宗熙总是扮演女角。

1929年7月，云霄县立初级中学第二届学生与第一届回校复习生共16人毕业。方宗熙初中毕业后，又面临着何去何从的人生选择。受老师庄少青的影响，他背着父母，参加了广东北伐军武装宣传队。他的离家出走，急坏了双亲，后父母好不容易托人从广东饶平把他劝回了家。

1927年，庄少青在云霄城乡发展革命力量，开展地下斗争。1934年，庄少青不幸被捕，他和他的岳父方同柏（云霄城关人），被云霄县县长黄绍镐杀害于云霄。

为了纪念恩师，后来，方宗熙用"少青"作笔名，发表了大量科学小品、伦敦通讯以及科普文章。20世纪50年代初期，方宗熙撰写了深受读者欢迎的科普读物《古猿怎样变成人》，也署名少青，这是对启蒙老师庄少青最好的纪念。

1929年9月，方宗熙进入厦门大学预科。在厦门大学，方宗熙找到了一生的职志——从事海洋生物研究。

第二章

## 厦大八年　研究生物

因学习勤奋，成绩优异，方宗熙多次获得福建省教育厅颁发的清寒学生奖学金。他在厦门大学生物学系攻读期间，陈子英、钟心煊、林绍文等先生把他引入学术研究的殿堂。为《民众科学》撰写文章，这是方宗熙作为科普作家的起点。

# 厦大探访　鲁迅踪迹

陈嘉庚先生是我国当代杰出的爱国华侨领袖，也是倾资兴学的楷模。早年他目睹旧中国"门户洞开，强邻环伺"，抱定"开拓海洋、力挽海权，培育专才"的决心，1920年2月，他在家乡集美开办集美学校水产科（渔航兼学），该校是我国最早培养水产航海技术人才的摇篮之一。1921年，他创办厦门大学，亲自选择校址、校长，主持建筑校舍，以及高薪聘请师资等，设文、理、法、商、教育五院十七系，为海内外培养高等人才。

⊙厦门大学全景

厦门大学选址五老峰下，校舍主要有两排，一排建在郑成功的演武场边，由西而东，分别为囊萤楼、同安楼、群贤楼、集美楼、映雪楼；另一排建在南边海滨的小山岗上，为兼爱楼、笃行楼、博学楼、化学馆、生物馆。方宗熙初次来到校园，内心的激动和喜悦，如同海边滚滚的浪花，轰然作响。

方宗熙漫步在厦门大学的校园，感受着这所大学里浓郁的学术氛围，他心中那求知钻研的风帆，被强劲的风鼓荡，在学海里遨游。

从他踏上厦大演武场那一刻起，他就与这所年轻的大学紧密相连。方宗熙以初中学历考入厦门大学的预科，在这里读了3年。然后，他顺利地进入厦门大学理学院深造，主修生物学，副修化学。大学本科毕业后，方宗熙获得理学士文凭，因成绩优异，作为助教留校，在厦大教书一年。从1929年9月至1937年7月，方宗熙在厦大学习、成长，过了8个学年。

方宗熙与厦门大学结缘，有3个重要的因素，一是鲁迅曾执教厦门大学一个学期，在这里留下了足迹；二是厦门大学的生物学研究，为生物学的发展做出了巨大的贡献，在全国具有不可替代的特色；三是厦门是闽南重要的出海口，历史文化悠久，与他的家乡云霄县同处于闽南，对方宗熙具有强烈的吸引力和文化的归属感。

方宗熙在厦大读预科时，走遍了厦大的每一个角落，追寻鲁迅留下的踪迹。他通过阅读鲁迅的著作和书信、采访高年级文学社的学长、与鲁迅交往过的师长，"还原"了鲁迅在厦大的这段时光。

鲁迅于1926年9月4日抵达厦门，因听不懂闽南方言，只得先寓靠近码头的中和旅馆，同日用电话通知学校。当晚，孙伏园等到旅馆迎接，并即雇船移入厦门大学。鲁迅住在生物馆的三楼，当时国学研究院即附设在生物馆内。

这座生物馆，四无遮拦，正如鲁迅所说："风景一看倒不坏，有山有水。""眺望风景，极其合宜。"[1] 远处的大担岛、二担岛和南太武山，若隐若现；对面的鼓浪屿风景秀丽，屋宇林立；屿上的日光岩傲然屹立，颇具雄风。茫茫海水连着蓝天，阵阵涛声日夜轰鸣。白鸥在海面飞翔，朝霞把水面映红。背后不远是屏立的五老峰，山下是唐代的古刹南普陀。

鲁迅对于这座生物馆，有这样的描写："这楼就在海边，日夜被海风呼呼地吹着。"（《厦门通信》）鲁迅所住的房间在靠海的一边，时节又

---

[1] 厦门大学中文系：《鲁迅在厦门》，福建人民出版社 1978 年版，第 13 页。

⊙厦门大学生物馆

逢秋天，所听的是呼呼的风声，所见的是茫茫的海水了。这个建着生物馆的小山岗，向镇北关那边低，向演武场这边高。建造这座楼屋时，依山岗形势，把低的那边多盖了一层地下室，跟高的这边取齐。因此，鲁迅所住的房间从演武场这边看是三层楼，而从镇北关那边看，却是四层楼。鲁迅在《两地书》中，有时说是"住在三层楼上"，有时却又说"住在四层楼上"。这并不矛盾，符合生物馆的实际情况。①

　　每当傍晚，暮云四合，海风呼啸，深蓝的大海卷起白色的浪花。小岛上高耸的灯塔闪闪发光，刺破黑暗。鲁迅在生物馆三楼治学、写作，从靠窗的书桌边站起身来，就能看到窗外的海滨风景。

　　鲁迅被厦门大学国学研究所聘为教授，他为厦大学生准备了三门课：声韵文字训诂专书研究，每周一节；中国小说史，每周两节；中国文学史，每周两节。他在给许广平的信中说："我的功课，大约每周当有六小时……其中两点是小说史，无须豫备；两点是专书研究，须豫备；两点是

---

① 陈梦韶：《鲁迅在厦门》，作家出版社 1954 年版，第 3 页。

⊙厦门大学全景明信片及鲁迅手书的说明

中国文学史，须编讲义。看看这里旧存的讲义，则我随便讲讲就很够了，但我还想认真一点，编一本较好的文学史。"开学后选课结果是，专书研究无人选，只剩下小说史、文学史。

方宗熙在采访中，了解到鲁迅先生的课非常受欢迎。据当时的学生回忆："本来在文科教室里，除了必修的十来个学生之外，老是冷清清的。可是从鲁迅先生来校讲课以后，钟声一响，教室里就挤满了人，后来的只好凭窗站着听了，教室里非但有各科学生来听讲，甚至助教和校外的报馆记者也来听讲了。"方宗熙对这样的盛况心往神驰，为无缘听鲁迅先生的课而遗憾。

鲁迅在厦门大学，改变了一些厦大的学气。鲁迅刚到时，青年学子向他介绍了厦大的情况，表达了改革现状的要求，希望能得到鲁迅的支持。鲁迅频频点头。当他听到一个学生说厦大校长林文庆提倡复古、尊孔，学生作文还用文言文的时候，他笑了一笑说："这应该改变一下。"又亲切地说："我会给你们一些帮助的。"的确，在短短的一个学期内，鲁迅指导厦大学生的文学社团"泱泱"和"鼓浪"开展文学活动，新文学在厦大蓬勃展开。

　　令方宗熙钦佩的是，鲁迅先生还对生物学很有研究，他的知识渊博，具有博物学、生物学、医学、国学、文学、翻译等学术背景。他在厦门还十分留意当地的风物和植物。

　　鲁迅注意到厦门当地的一种植物——龙舌兰。它的叶扁而长，丛叶从根底周围一片一片地生长出来，一簇簇的叶片如剑，刺向蓝天。龙舌兰叶片两边，有锯齿形状的刺。厦门当地的农民在田园边界种植，作为篱笆。龙舌兰随着生长，从叶中心生长出高高的花莛，有的粗如孩子的手臂，花莛顶端开出一簇簇的黄色的花朵，花朵低垂，宛如风铃。"鲁迅先生常对这奇异植物和它的壮美花茎，表示其欣赏赞叹的心情。"[1]鲁迅觉得这是厦门的宝物，也足以令闽南人自豪。方宗熙觉得，鲁迅先生赞赏龙舌兰，传递出他的精神趣味。

　　1927年1月2日，鲁迅在厦门大学附近的坟场拍摄了一张照片，并把照片送给许广平和章廷谦（字矛尘，笔名川岛）。在赠给章廷谦的照片上，鲁迅写道："我坐在厦门的坟中间。"鲁迅的身前，是一丛肆意生长的龙舌兰，叶片

⊙1927年1月鲁迅在厦门大学附近与龙舌兰的合影

---

[1] 转引自黄乔生：《鲁迅像传》（修订版），生活·读书·新知三联书店2022年版，第180页。

披离，如剑如戟。

由于人事、观念等原因，再加上饮食等生活上的不便，鲁迅萌生离开厦门的念头。1927年1月15日，鲁迅给厦门大学校长林文庆写了一封辞别信，退还两通聘书，到广州中山大学执教去了，许广平在广州等待他。

方宗熙在厦门大学，不仅了解了鲁迅的生活，更重要的是，进入了鲁迅的精神世界。每当看到龙舌兰，他的脑海中就浮现出鲁迅先生的身影。1936年10月19日，鲁迅在上海逝世。厦门大学的学子发起了很多纪念活动。此时，方宗熙正夜以继日地研究生物学，但还是抽身而出，参加了几次纪念鲁迅先生的活动。

20世纪50年代初期，方宗熙在新闻出版署工作。此时，新闻出版署副署长是周建人，鲁迅的三弟，也是生物学家、科普作家。周建人约请叶笃庄、方宗熙合译达尔文的《物种起源》。方宗熙和周建人志趣相投，两人经常聊起鲁迅的往事。方宗熙向周建人谈起当年在厦门大学追寻鲁迅踪迹的这段往事，两人不胜唏嘘……

# 焚膏继晷　获清寒奖

方宗熙在厦门大学理学院生物学系读书时，发现厦门大学的生物学研究在全国占有重要的地位。这得益于厦门大学校长林文庆慧眼识珠，为厦大延揽名师。名师出高徒，厦门大学生物学系薪火相传，许多优秀的人才后来成为著名的生物学家、海洋学家。

1921年厦门大学创建初期，时任校长林文庆就着手在全球延揽海洋学研究人才，厦门大学海洋科学的研究逐渐拉开序幕。

1922年，受聘为厦门大学动物学教授的美籍专家莱德（Sol Fealty Light），在厦门刘五店海区发现文昌鱼并开展研究，相关研究论文"Amphibious Fisheries Near the University of Amoy, China"发表于1923年*Science*（Vol.58，No.1491，pp.57-60）期刊。

1924年，莱德在陈嘉庚的故乡集美附近海域发现一水母新种，命名为陈嘉庚水母（*Acromitus tankahkeei* Light）。

1925年，著名动物学家秉志受聘来厦后任动物学系主任。20世纪20年代至30年代初期，秉志对中国沿海和长江流域的动物区系进行了大量调查及分类与分布的研究，收集了大批标本。1927年，秉志在鼓浪屿附近海域采集到一海星标本。这种海星经英国伦敦博物院乔治·A. 史密斯（George A. Smith）鉴定并定名为林文庆海星。

1930年7月，在中华教育文化基金会的资助下，厦门大学与该基金会联合举办暑期生物研究会，邀请国内外学者来厦进行科研考察。首届暑期生物研究会成果显著，多项研究成果在中外著名杂志发表。当时到会的研究员认为"厦门气候优良，地处海岛，均适宜研究海产生物"，因此在厦门

大学成立"中华海洋生物学会"（又称"中华海产生物学会"）（Marine Biological Association of China，M.B.A.C）。

1931年，该学会向中华教育文化基金会及洛氏基金会申请经费资助，并于夏季与厦门大学合办第二期暑期生物研究会。每年暑期生物研究会活动结束后，学会均出版年报《中华海产生物学会志》专刊（英文版）（*Annual Report of Marine Biological Association of China*），向国内外发行。

在中华教育文化基金会资助下，1932年，厦门大学动物学系组织开展福建省渔业基本调查工作，对福建沿海各县的鱼类、渔区、渔场、产量等进行调查，并详细记录，于1934年完成《福建省渔业调查报告》（《厦门大学理学院生物学系刊物》第2卷）。

1933年至1934年，厦门大学生物学系组织开展东沙岛海产调查，调查对象以海产为主，岛上的陆地、草木、昆虫、禽兽以及土质、水分、气象等也为调查研究对象。

1935年4月，太平洋科学协会海洋学组中国分会在南京成立，倡议在厦门、定海、青岛、威海卫（今威海）或烟台共4处设立海洋生物研究站。1935年5月，福建省政府提供补助经费，委托厦门大学生物学系负责筹备设立海洋生物研究室，同年6月，海洋生物研究室成立，聘请陈子英为研究室主任。1935年8月，中央研究院及太平洋科学协会在厦门大学成立厦门海产生物研究场（The Marine Biological Station），目的在于研究中国南部海产及海洋学。

20世纪30年代，厦门大学生物学研究突飞猛进，秉志、陈子英、钟心煊、林绍文等在此执教，培养了伍献文、曾呈奎、方宗熙等英才。

方宗熙的学术之楫从厦门大学生物学专业起航。他勤学苦学，非常善于利用时间。

从他每天晚上写的日记中可以看出，他每天的生活很有规律，黎明即起，晨读一两个小时，白天不是坐在教室里听课，就是到实验室做实验，晚上多半埋首图书馆，那里有他的"固定"座位。上课时他专心听讲，认真写笔记，遇到不懂的地方赶紧标注下来，下课后就向老师请教。他反对不求甚解的读书方法。许多科学术语不好懂，越是难懂，他就越要钻进去弄明白。

有一次上英语课，课后，方宗熙在日记中写道："教英文的周先生在英文会话课上把班里的学生一个个地轮流问了几句简单的话，问的句子，大半是从书上拿来的，结果空空费去一个小时的光阴。周先生本来教法是很不错的，但因多数学生不注意，周先生也没法。我想英文是治各种学问的好工具，工具不利，成功始难。"①

由此可见，方宗熙是多么珍惜时间。他的感悟让人想起唐代诗人王贞白在白鹿洞求学时作的诗句："读书不觉已春深，一寸光阴一寸金。"

"焚膏油以继晷，恒兀兀以穷年"可以用来形容方宗熙在厦大求学的情形。梅花香自苦寒来，他因学习勤奋，成绩卓著，多次获得福建省教育厅颁发的清寒学生奖金。

1933年第2期《厦大周刊》刊登校闻《本校理学院同学方宗熙君得教育厅清寒学生奖学金，郭东炳君继续得奖金》，郭东炳为化学系学生。

1934年第15期《厦大周刊》，又刊发校闻《本校理学院同学郭东炳方宗熙续得教育厅清寒学生奖金：每人各获奖金一百元》。

当然，方宗熙不是只会死读书的书呆子，他还具有很强的组织能力。1933年，厦门大学理学院同学组织成立民众科学社，并编辑出版《民众科学》，面向社会发行。

《民众科学》刊登的文章，均为民众科学社骨干撰写的科普文章。方宗熙不仅是校稿人之一，他自己还撰写了多篇科普文章。

《民众科学》第一辑刊登的26篇文章，都在《厦大周刊》上发表，方宗熙撰写了两篇，《内分泌——人体的灵妙作用》和《介绍疾病的昆虫》。《民众科学》第二辑刊登了24篇文章，"均属切要民众实用作品"。其中《谈谈摩尔根之得诺贝尔奖金》《屁》《救命屁》这三篇文章是方宗熙独

---

① 胡建廷：《著名海洋生物遗传学家方宗熙传记》，见《方宗熙文集》编委会编《方宗熙文集》，海洋出版社2012年版，第2页。

第五十期　　　校聞　　　15

△本校理學院同學
郭東炳方宗熙續得
教育廳清寒學生獎金

又訊，該會除收到各方惠贈書報外，尚自定有「中華教育界」「獨立評論」「現代父母」「社會與教育」「教育與職業」「教育研究」等雜誌多種，並蒙學校當局指撥數十本，亦保存該會，以作交換閱覽云。

機關，熱心教育，非特塔以欽佩，號足風範，該會除表示感謝外，聞俟研究有成，印行出版刊物，並俱各還寄，以奉報雅意云。

藏書樓二樓第一一五號房間為研究所，內中布置頗為完善，管理亦苦井井有條，每日下午一時至五時，晚間七時至九時為會員研究時間，又園崗有各會員私人書籍共已有員體者，均可自由出入，並由各幹事輪值管理，凡持有會

本校理學院化學系同學郭東炳、生物系同學方宗熙，於上年曾考得本省教育廳清寒生獎金每學期一百元，曾誌本刊。三月二日，本校復接教育廳函知郭方二君，二十二年度下學期獎學金仍可繼續照領云。

每人各獲獎金一百元

★
★
★
★

⊙1934年，方宗熙获得教育厅清寒学生奖金

　　自完成，《长寿》一文是方宗熙和刘彦仪合作完成。

　　为《民众科学》撰写文章，这是方宗熙作为科普作家的起点。从标题就已经看出他的风格，联系实际，以轻松活泼、风趣幽默的文笔，普及社会大众关心的科学常识，传播社会生活急需的科学理念。

　　值得一提的是，《民众科学》第二辑刊登了卢嘉锡①的一篇文章《皮蛋的制法和原理》。

---

① 卢嘉锡（1915—2001），物理化学家、教育家、社会活动家和科技组织领导者。1928年秋，卢嘉锡考入厦门大学预科；1934年，毕业于厦门大学化学系。方宗熙与卢嘉锡是校友。1981年5月，卢嘉锡任中国科学院院长。

宗　旨：聯絡感情增進同學對於生物學上研究之興趣

成立日期：二十二年九月二十日

職員姓名：正主席顧瑞嚴　副主席方宗熙　文書洪毓汶　會計薛澄耀　庶務蘇冠璧　研究顧瑞嚴　楊佩芬　李崇光　方宗熙

會員數：五十八

會務摘要：一學術演講　請本校教授與校外名人主之每二週一次

二會員演講　由會員輪流主講每二週一次

三標本採集　採集海產或陸上生物每期一次或二次

四公開展覽　將採集所得之生活標本公開展覽每期一次或二次

五參　觀　如至養雞場，動物園，農事試驗場等處參觀以增會員對於生物學上之常識

六出　版　會員之著述演講之紀錄皆在本校週刊民眾科學或其他刊物發表

以後計劃：除繼續過去之工作外，擬再舉行者：

一討論會　擇有意義之題目互相討論請教授指導之

二出版會刊　請各會員研究之成績彙齊出版

## 民眾科學社

宗　旨：灌輸民衆以科學常識宣傳科學救國

成立日期：二十二年三月

職員姓名：顧瑞嚴　方宗熙　洪毓汶　洪福增　薛澄耀　盧嘉錫　劉颺遠

會員數：六十二人

會務摘要：一借各報紙出版科學旬刊

二將旬刊排印成冊出版民衆科學第一輯與第二輯

以後計畫：擬仍借報紙灌輸科學常識

## 廈門大學法律學會

宗　旨：互助精神研究法學

成立日期：二十三年三月廿一日

職員姓名：常務委員陳耀榮　文書部陳霽貽　會計部陳其華　研究部曾浪平　林紹樵　交際部張泰階　庶務部汪壽

會員數：五十八

會務摘要：一、每週開審型式法庭一次

二、每距離一月請名人演講一次

三、每開開辯論會一次

以後計畫：擬於本學期結束前發行刊物一冊並舉辦對於本系有利益之事項

## 廈門大學教育學會

⊙1933年，廈门大学理学院同学组织成立民众科学社

# 呕心沥血　主编会刊

方宗熙在厦门大学生物学系期间，生物学系诸位先生，把他引向学术研究的殿堂。

陈子英、钟心煊、林绍文等是他的业师，在治学和做人方面，对方宗熙影响深远。另外，方宗熙与生物学系的学长，在学习和生活方面，联系密切。这些优秀的学子先后留校担任助教，他们在生物标本制作、生物分类等方面对方宗熙进行指导，比如曾呈奎的悉心指导令方宗熙获益良多。

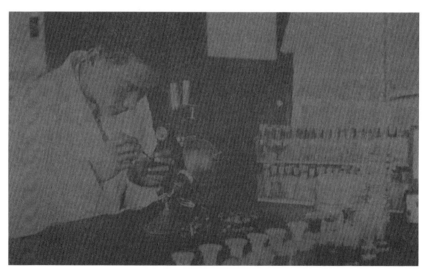

⊙林绍文在燕京大学就读时，进行生物研究工作时留影

大学二年级时，方宗熙参加了校内生物博物馆的鱼类标本整理工作，进行形态分类的研究。大学三年级时，方宗熙兼任厦门大学附中的生物学教员，同时进行科学研究，写出论文《一种板鳃鱼类之解剖》，主办海洋生物标本展览。

1935年7月，方宗熙主编的《厦大生物学会期刊》如愿出版。厦大生物学会是一个带有浓郁学术色彩的学生社团，成立于1933年9月20日，主席为顾瑞岩，副主席为方宗熙。经过方宗熙缜密的策划和颇有号召力的组织，这本登载了厦大生物学最新学术成果的会刊，在师生手中传递开来。

《厦大生物学会期刊》主要作者有方宗熙、唐端媛、陈子英、林绍文、曾呈奎、顾瑞岩等，仅见创刊号。《厦大生物学会期刊》创刊号载有《发刊词》，如下：

发刊词

编者

在这科学救国的呼声中，自然科学的刊物，也就应运而兴，渐有所见了。发行这种刊物的目的，在系统地介绍一些自然现象，和它们演变的因果法则，使这一方面的学术，能够渐渐地普及与发展起来。

生物学是研究生命的科学，它是自然科学的一大分支，社会的需要它，不在研究无生的物理学与化学之下。在原理方面，它是究悉生命现象的不二法门；在应用方面，它是利生厚生的一根柱石。在这文化落后的国度里，要使这方面的科学，能够独立发展和充分利用，即是能够中国化和实用化，凡是研究生物学的团体，都应尽量地研究与宣传生物学，以打下稳固的基础。因此，我们这个研究生物学的团体，如来印发一种生物学的刊物，实是义无容辞。

这就是理论上的需要说。

又，生物学的研究，有如地质学，是富有地方性的；厦门是研究生物的良好处所，而厦大生物学系，历年工作，已有相当成绩，颇需要来一个总的检阅；本会呢，自成立至今，虽只有两年历史，但会务在各方面的进行，尚见活泼。在这一心一德、分工合作的前进中，大家都觉得我们的工作，不应让它月移时迁地灰封尘埋起来，应把它发扬光大，并整理一些生物学系以往的成绩，一面用以奋进同志，一面用以裨益社会。因此，我们来印发这一种刊物，尤感急不容缓。

这就实际上的需要说。

因为事实上有此需要，所以我们一谈到出版，大家都异口同声地赞成；于是，就在上述需要的原则下，进行收集材料。结果，厦大生物学系以往的成绩，中国化和实用化的材料，总算找到了一些代表。

在从前，常因经费缺乏，人事倥偬，未克实现；在本届，因经费已有相当把握，于本会的工作计划中，满拟将此刊物，于桃花盛开时与读者见面，终因课务逼迫，此刊物印发时已是绿叶成阴了。

这就编辑的经过说。

末了，我们这个负有相当使命的刊物，在百忙中，编印出来，当有许多欠当处，请读者不吝赐教。

廿四年七月一日于生物院①

如今，《厦大生物学会期刊》已经成了珍贵的文献。全国报刊索引网站对该期刊办刊宗旨、文章简介、栏目设置等刊物信息有这样的介绍：

本刊的目的在系统地介绍一些自然现象和它们演变的因果法则，使这方面的学术能够渐渐地普及发展起来，主要报告本校生物系历史，报告该系以往一些成绩，报告该系最近的一些重要发现。比如厦门变形虫与纺脚虫。指明该系在中国生物学史上的位置，提出一些中国化和实用化的材料，阐明本校对于生物演技的适宜性，示明本校生物研究的前

---

① 厦门大学生物学会理事会：《厦大生物学会期刊》1935 年 7 月创刊号，第 1—2 页。

途，积极从事海洋生物的研究，报告本会历史，报告本会会员从事本地生物研究的一些实际工作，报告本会的一些活动情形及会员的一些生活状况。载文有《中国海藻之研究》（曾呈奎）、《生物进化之实验工作》（陈子英）、《养蜂的我闻我见我做》（黄至元）、《厦大生物学系概况》（杨佩芬）、《厦大生物学会小史》（顾瑞岩）、《厦大生物学系历年发现与中国生物科学》（方宗熙）、《厦大为何适于研究生物》（方宗熙）、《厦大最近发现之纺脚虫》（方宗熙）[1]，其中林绍文教授的《给生物学会诸同学》一文，对于生物学院的学生课外研究给予热切指导。

本刊设有"消息"栏目，随时报道厦大生物学系的重要动态，包括本会公开学术演讲、厦门海洋生物研究室的设立、厦门变形虫的发现、轰动一时之生物展览会始末、本会欢迎中大临海实习队等。会员的生活面貌是本刊的一大特色。在"会员生活之一斑"一栏中，介绍了包括会员搜集生活、图书室生活、团体生活以及会员日记等方面的内容，是了解这一时期生物学系学员生活面貌的基本资料。

本刊在科学救国的呼声中创办，本着理论和实际上的需要，对这一时期的生物学研究做出了努力，也是我们了解和研究这一时期厦大生物研究学系这一组织团体的重要资料。[2]

署名方宗熙的三篇文章发表在创刊号上。

笔者根据行文特点笔名特征推测，这本创刊号中，署名"熙"的文章《海藻的经济价值及中国海藻学者》、署名"少定"的文章《厦门变形虫的发现》，以及署名"定"的两篇消息《轰动一时之生物展览会始末》《本会欢迎中大临海实习队》，应是出自方宗熙之手。后文洪增福在给方宗熙的信中称其为"少定兄"，笔者关于"少定"的推测得到验证。

---

[1] 括号内为笔者补充。

[2]《厦大生物学会期刊》期刊简介，全国报刊索引 https://www.cnbksy.cn/literature/literature/ca2b3c687b8ca59c96176af5e3c3603a。

# 廈 門 變 形 虫 的 發 現

變形虫（Amoeba）是原生動物的良好代表，是普通生物學和動物學上不可或少的實驗教材；但普通常因其體積細小，培養不易，所以要研究牠顏爲困難。

但是這個困難，是就『廈門變形虫』的發現所解決了。

廈門變形虫，是本會顧問林紹文博士，先後于1930年及去年九月間，在本校附近發現的。牠的特點，就是『大』（自1.5mm.至2.5mm.），大至肉眼可辨。前次因培養方法不週，未多保存；去年因方法改造，結果，牠蕃殖很快。於是教將培養的一部，收入本校生物材料處，以供國內外的需求；一部贈給本會，以舉行一個爲時一月的展覽會，並分贈給發各名學校。一時來參觀和索贈的極形擁擠；而生物材料處這方面的生意，亦極好。

——這，正如教育部督學所說，于學術上，大有貢獻也。 （少定）

⊙《厦门变形虫的发现》署名"少定"

## 恩师辅导　发表论文

《厦大生物学系历年发现与中国生物科学》是方宗熙撰写的一篇学术论文，对生物科学在中国二十余年历史的发展历程，进行了简要的回顾，对厦门大学生物学系新的发现和学术成果进行了介绍和评价。这篇文章分为四个部分，引言、学术上的贡献、教材上的贡献、结论。此文是一篇了解中国生物学早期发展和厦大生物学学术成果非常重要的文献，极具史料价值。

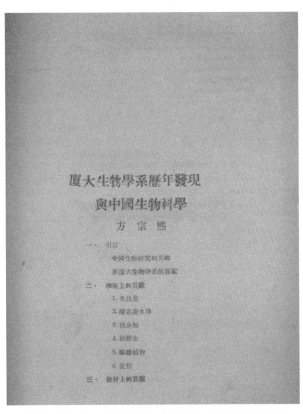

⊙《厦大生物学系历年发现与中国生物科学》目录节选

论文的引言部分高屋建瓴，对中国生物学研究的历史进行了概述。

......

生物科学之入中国，是穿戴着博物学的衣冠而来的。那时，在学校里，无所谓生物学，只有博物学一科。所谓博物是包括动植物与矿物在内，教师是日本人，课本是日本文，实验材料，标本，模型，挂图，是日本货。不久，因为需要的逼迫，生物学撕破了博物学的外衣，露出自己的真面目，这时，生物学独立成科，教师多是西洋人，课本多是英文，实验材料，大半是西洋货，不切实用，本地材料，尚不知利用，教材甚感困难；后来因为人材渐有，本地易得的生物，渐被采用，而研究生物的人，渐见多了。在这时，"厦大生物材料供给所"，就应需要而设立了。生物教材，从此可以独立，不必购用泊来品了。

这就生物科学入中国后，教材供给的发展情形而讲。这里所表示出来的意义，颇为重大。因为教材独立与否，关系于生物学成立于中国的基础问题。教材能独立，是说我们已经能够独立采用与研究本地的生物。这，在消极方面，是说挽回经济外溢；在积极方面，是说我们能够独立就地研究，使材料中国化。所以教材的独立，是生物科学教育的基本工作，是这富有地方性的生物科学成立于中国的信号。

......

综上所述，我们可以知道这廿年来的中国生物科学，是偏重于两种最基本的工作；即教材的获得与本地生物的分类之研究。对于这两方面的工作，有贡献的团体很多，如中国科学社生物研究所，静生生物调查所……和厦门大学等。[①]

论文的第二部分，方宗熙就厦门大学生物学系在动植物方面的新发现和学术成果，即厦门大学对于中国生物学特殊而重要的贡献，进行了综述和评价。

---

① 厦门大学生物学会理事会：《厦大生物学会期刊》1935 年 7 月创刊号，第48—49 页。

到过厦大参观的朋友，没有不称赞厦大动物与植物标本室规模之宏大，搜罗之丰富，这实因历来服务于生物系的先生们关于福建本地及附近一带的生物，无不尽能力之所及，多事采集，所以发现至多。单就植物标本室而言，秉志和胡先骕二生物学家说厦大植物标本室，是研究福建植物最好的场所。于此可以想见厦大生物学系在学术上的位置了。为要使读者有具体的观念起见，就将所知选出一些比较重要的如1. 文昌鱼，2. 陈嘉庚水母，3. 圆虫类，4. 纺脚虫，5. 福建植物，6. 藻类等，条述如次。①

方宗熙详细地写了厦大发现的文昌鱼。当时国际生物学界采用了达尔文的生物进化学说，但在生物进化链条中，尚未发现脊索动物向脊椎动物的过渡动物，由此许多动物学家在寻求脊椎动物的由来。换句话说，他们在很努力地研究脊椎动物（包括人类在内）"如何由低等动物进化而来"和"那些低等动物是些什么样子"。

文昌鱼虽然是低等的脊索动物，"但它已被认得脊椎动物的祖宗之良好代表，所以在讲解脊椎动物的祖宗时，不能不研究它"。

方宗熙写美籍厦大教授莱德（又作"来德"）在厦门刘五店发现文昌鱼，富有文学色彩且简明扼要："在国内于1923年前，没有人发现过，直至1923年，霹雳一声，一位厦大生物学教授来德先生（S. F. Light，美人）于本校附近的刘五店地方，大批地发现它，并为文介绍。自此，厦门大学遂和文昌鱼的声誉，远播中外，有些著名的教科书，特别转录来德教授的文字。这可见这次的发现，是富有国际上的价值了。"

方宗熙总结了文昌鱼的发现的重要意义："总之：这次发现文昌鱼的重要是：1. 它是良好的食品，在此间已成为一种渔业，于民生有贡献；2. 使中外各学校可以很便当地购用它，以解决这一方面的教材之困难；3. 使以后关于它的各种实验，成为可能，使这负有盛名的学说——文昌鱼学

---

① 厦门大学生物学会理事会：《厦大生物学会期刊》1935 年 7 月创刊号，第49—50 页。

说，或因此得以充分证实。"

方宗熙如何评价厦门大学生物系发现文昌鱼？他认为，文昌鱼的发现媲美考古学家发现北京人头盖骨。1929年冬天，古生物学家裴文中、杨钟健开始在北京西南角的周口店挖掘，发现了距今约60万年前的一些完整的猿人头盖骨，定名北京猿人，也叫北京人头盖骨。这次考古发现，震惊国际学术界。方宗熙以青年生物学学者的视角写道："从进化论的见地看来，中国科学对于进化论无独有偶的贡献，在北为北京人（*sinarthropus pekinensis*），在南为文昌鱼：这是何等意义！"

方宗熙对厦门大学新发现的陈嘉庚水母、圆虫类、纺脚虫也分别介绍、述评。接着对福建植物进行介绍和述评。

自1922年至1931年，植物学系主任是钟心煊先生，他那有恒热心的探集，罗致了福建省的许多植物；藻类，菌类，苔藓类，羊齿类，裸子植物，种子植物等等，都应有尽有，中间有许多是中国的新记录和新种，这于植物分类学，有莫大的贡献。

……

所以当代生物学家秉志及胡先骕二先生说厦大的植物标本室，是"研究福建植物最好的处所"。①

在谈到藻类时，方宗熙写道：

藻类在植物分类学上是很低等的植物，小的非显微镜不能看到，大的有几百尺长，种类既多，分布也广。于学术研究上，自极重要，而于经济上也极有贡献，它的经济价值包括食用，药用，工业用，农业用等等。在外国，特别是日本，人们对于藻类的研究，非常起劲。在中国，现在正在开始着。

---

① 厦门大学生物学会理事会：《厦大生物学会期刊》1935 年 7 月创刊号，第 52 页。

　　从历史方面来看，厦大对于藻类的研究有一些贡献。

　　于1922至1931年，在植物教授钟心煊先生的热心采集之下，于厦门一带，发现淡水藻类十余新种，于中国的藻类分类学上大有贡献。

　　至于海藻，目前有曾呈奎先生的积极采集，所得甚多，将来整理完毕，贡献定不少。①

　　论文的第三部分，方宗熙对厦门大学在生物学教材上的贡献进行了简单总结。

　　论文的第四部分，方宗熙得出以下结论：

　　根据上面的叙述，我们知道厦大生物学系历年发现对于中国生物科学的贡献是：1. 在于解决教材上的困难，使实验材料实用化和中国化；2. 在于促成中国生物分类的工作，以为更进一阶段研究的基础；3. 在于补充学理上的研究及形态上的描写。②

　　这篇论文逻辑清晰，详略得当，立足当下，既有历史的眼光，也有未来的视野，展现了方宗熙的学术水平。

　　论文末有方宗熙的鸣谢："是文承陈子英博士，林绍文博士，曾呈奎先生供给许多材料，并蒙陈博士代为校阅一过，特此鸣谢。"

　　如方宗熙所说，厦门大学培养的伍献文、曾呈奎等生物学家，肩负使命，推动了中国的生物学研究，开创了海洋生物学。

---

① 厦门大学生物学会理事会：《厦大生物学会期刊》1935 年 7 月创刊号，第 52—53 页。
② 厦门大学生物学会理事会：《厦大生物学会期刊》1935 年 7 月创刊号，第 54 页。

# 生物科普　学有所成

《厦大生物学会期刊》创刊号上刊发了方宗熙写的两篇科普文章《厦大为何适于研究生物》和《厦大最近发现之纺脚虫》。

在《厦大为何适于研究生物》一文中，方宗熙将厦大适于研究生物的原因归结为天时、地利与人和。厦门气候温和，背山临海，海岸线漫长，岛屿星罗棋布，拥有渔场和盐场。厦门大学校长林文庆重视生物学研究，聘请了大量国内外闻名的生物学教授来此执教。厦门大学创办十余年来，培养了大量的生物学人才。诚如秉志和胡先骕在《生物科学》一文中所说："厦门大学因为近海之故，吸引了全国生物学家的兴趣。从1930年起，一个海洋生物学所在厦大创立了，许多大学的生物学家，每夏将聚会于厦大，研究该地的海洋动物与植物。厦门海岸，提供了从事海洋生物之观察与实验的优越机会。那丰富之植物与动物，那宜于长期采集之季候，那近海的生物院之适当地点，和那便于分类学生理学生态学……的研究之实验室与图书室，使该所大可以和欧美诸优等海洋研究所匹（媲）美。"

⊙厦门大学动物实验室

《厦大最近发现之纺脚虫》一文是一篇文笔生动的科普文章。此文节选如下：

因为厦门是适于研究生物的场所，所以厦大对于生物学上之贡献，有相当的历史。最近厦大生物学系主任林绍文博士之发现纺脚虫（Embiids），正可以表现其贡献之一斑。

……

林博士，本着其研究昆虫的热心与兴趣，到处采集研究，无意中于前年九月间得到两个雏的纺脚虫，遍示生徒，解释其重要所在，并写文介绍，于《北京自然历史学报》上发表（见本刊第八页）；他自信在厦门一带，应可再得到它们很多；可是过了好久，它们的踪迹，终无消息；直至最近，林博士一方面在厦大附近的草地上及树皮上发现它，一方面在漳州的树皮上发现它，中间有一种名叫*Oligofoma saundersii Westwood*，有一种名字尚未查出。

这次的发现，是完整的发现，自卵而幼虫而成虫，不独应有尽有，而且个体的数目，也相当的大，因此于短时间内，它的构造与生活上的种种问题，都可以作一比较详细的，一贯的研究；历来的悬案，即可迎刃而解，而普通书上有些不妥处，也可得到相当的修正。

从《厦大最近发现之纺脚虫》一文，可以看出方宗熙写科普文章的功力，语言生动，活泼有趣，把昆虫的生命描述得惟妙惟肖，既有科学的准确，也有文学的妙趣，颇有法布尔《昆虫记》的神韵。此文节选如下：

所谓纺脚虫是昆虫纲纺脚虫目（Embiidina）的昆虫，全世界约有百种，分布颇广，体制简单，身体柔弱（故又名弱体昆虫）；它的变态是过渡的型式，即是介于"完全变态"与"不变态"之间：因为它的"雌成虫"没有翅，卵孵出后的幼虫，和成虫无甚分别，从这一方面，可以说它是不变态；但"雄成虫"有两对结构上大致一式的翅，由没翅的幼

虫，演化成有翅的成虫，从这一方面，可以说它是有变态。

它们是食草的昆虫，有了咬啮的口器；自己会织成丝巢，合群居于巢中；一巢中的个体，多者达三十余个，个个都能彼此协力工作。它们纺丝的机关，就在它们的前足，因此，它们就被叫为纺脚虫。

讲到会纺丝的动物，固然不一而足，在昆虫中，有幼虫和成虫；但它们的丝，都由口部吐出；丝来自足部的，纺脚虫是独一无二的例子。

在它们中，母性爱颇为发达。雌虫对于卵和幼虫，有相当的照拂；对于卵，她常用丝围绕它们，使不失去，或被其他动物偷去；对于幼虫，她常用胸部保护它们，好像母鸡之保护小雏一样。

它下卵的时候，是在春夏之交。卵约经两星期后，即孵化为幼虫，幼虫过冬至春，乃长大为成虫。——这是它简单的生活史。

它们虽约有百种，但它们的种，彼此间的分别不大：一句话，它们的构造多少是原始的；特化的地点，是它那纺丝的前足。

它们的分布虽很广，但在中国，前此却未有正式的记载过。在外国，偶或得到它们，只不过数个而已，而且很不完全，有时只得到它们的雄成虫，有时雌成虫，有时幼虫，很少得到它们的整家成员，所以关于它的著作很少，而且描写它的，都是零碎的，片段的，而不是完整的，一贯的。因此有许多问题，如"翅脉来源问题"，"纺丝机关问题"等，均未能满意解决，暂成悬案；这实是美中不足。

《厦大生物学会期刊》创刊号的组织、策划、约稿、撰稿、主编、改稿、审稿、定稿、设计、印刷、出版、发行，这一连串的环节，方宗熙亲力亲为，这是一种历练，也预示着方宗熙在厦大生物学系的求学生涯学有所成。

# 助教一年　人生转折

1936年7月，方宗熙从厦门大学生物学系毕业，因学业优秀留校任助教。他主要研究鱼类学，不但辅导学生做实验，有时还替教授讲课。在此期间，他翻译了基因学说创立者摩尔根的《进化的物质基础》一书，并经常在厦门的报纸上发表科普文章，介绍生物学知识。

1937年春天，方宗熙准备报考清华大学庚款留学美国研究生，但因"七七"事变，日寇侵占华北而作罢。

这位游子在厦门生活已经长达八年，战争来临，让他起了故园之思。1937年夏天，方宗熙回到故乡云霄，在母校云霄县立初级中学任教。游子归来，回报桑梓。他教初三的平面几何，教初一两个班的动物学、一个班的英语。上课钟一敲响，他就进入教室，从不迟到。对调皮的学生，他从不疾言厉色，而是以态度慈祥和蔼感动学生，作业批改细致。英语课上，他很少说中国话，为的是使学生练习听力。动物课更有趣，他经常解剖鸡、兔、蛇等动物，给学生示范，深入浅出，很受学生们的欢迎。感性认识比起不见实物的"填鸭式"的死记硬背，令人印象深，易理解。学生们总感到一堂课50分钟太短了。

除了上课教书，方宗熙也关注战争的进展。战火弥漫，金瓯残缺，方宗熙的心受到战火的煎熬。

1937年12月，南京沦陷。方宗熙陷入悲伤之中。战争的冲击波已经到了福建，他在考虑何去何从。誓死不当亡国奴，这是方宗熙的底线。然而，一介书生，报国无门，他想还是要教书育人。故乡云霄是待不下去了。福建厦门、漳州地区的人们，有下南洋的传统。在家乡朋友的介绍

下，他决定下南洋，赴印度尼西亚（简称"印尼"）为华侨子弟教书。

1938年1月的一天，随着客船汽笛鸣响，方宗熙告别家乡。在风浪中航行的客船上，方宗熙凝视着远方海天深处，阴云密布，他看不清楚飘摇的未来……

第三章

# 抗战时期　南洋教书

　　1938年1月，方宗熙在印度尼西亚巨港中华学校执教。日军侵占印尼后，他和颜乃卿校长隐居山中。抗战胜利后，方宗熙和颜乃卿前往新加坡华侨中学执教。在南洋，方宗熙与胡愈之、沈兹九夫妇结下深厚的友谊。教书之余，他为胡愈之主编的《风下》周刊撰稿，还加入了马来亚民盟支部。

# 巨港教书　隐居山中

上课铃响了，教室里刚才还在七嘴八舌地议论，顿时变得非常安静。学生们都怀着崇敬的心情等待教生物学的新老师上课。在学生们的期待中，一位青年教师进入教室，大步登上讲台。瘦高的身材，白皙清秀的面孔，鼻梁上戴着一副深度近视眼镜，这就是方宗熙留给学生的印象。在他开始上第一节课之前，厦门大学高材生来印度尼西亚巨港中华学校①执教的消息，就像插上了翅膀，飞遍了学校的每一个角落。

⊙巨港中华学校教室

⊙巨港中华学校校徽

（摘自《巨港中华学校三十周年纪念刊》）

1938年1月，方宗熙开始在印尼巨港中华学校教初中的生物学。他的学生都是在印尼的华侨子弟。1940年初，考入巨港中华学校初中部的沈清熙

---

① 印尼巨港中华学校，1908 年建校。1938 年 10 月 10 日，学校出版了《巨港中华学校三十周年纪念刊》。纪念刊在职教师中有方宗熙的名字。

读初一，很快，他就喜欢上这位老师。方老师成为了学生的良师益友。后来，沈清熙深情回忆恩师，回忆了那个青葱的校园、恩师讲课的神态，感受到言传身教的影响：

　　方老师时任教务主任，教我们初一的植物学和动物学。他自编教材，讲课深入浅出、通俗易懂、生动有趣、引人入胜，使我们听得津津有味。他还带领我们采集动、植物标本，使我们对生物学产生了浓厚的兴趣。

　　方老师注重对学生的德育培养，言传身教。他介绍我们阅读进步书籍，引导我们关心国家大事，组织我们参加募捐活动，支援祖国的抗日战争。他鼓励我们要追求真理，正直做人，勤奋好学。我小时贪玩，荒废许多时光，他教我要珍惜时间，戏谑地对我说："我总感到时间不够用，要是你那些空余不用的时间能给我该多好！"方老师确是一位最能抓住时间的人，课余时间，除了打羽毛球，锻炼身体外，就是抱着书本看书。

　　方老师诲人不倦，和蔼可亲。在他的影响下，我开始阅读巴金、茅盾、曹禺等一些进步作家的书籍；开始懂得一些做人的道理，逐渐萌发了对他的崇敬和仰慕。[①]

　　方宗熙不仅是业师，还是人师。从沈清熙的回忆中，可见当时的学生们对方宗熙的崇敬和仰慕。

　　在巨港中华学校，方宗熙继续进行科学研究，采集了很多热带植物和海洋生物[②]，建立了"生物标本室"，编写了《印尼土产》这部校本教材。

---

① 沈清熙：《怀念恩师方宗熙》，见《方宗熙文集》编委会编《方宗熙文集》，海洋出版社2012年版，第643页。

② 《巨港中华学校三十周年纪念刊》收录了方宗熙1938年7月10日至18日撰写的《Kroe采集日记》，从方宗熙的注释中获悉：第一次生物采集目标是陆地生物，时间为1938年6月18日至20日，采集地点是Kajoeagoeng，同行者有方宗熙的学生黄祥坤。第二次生物采集是在Kroe，Kroe位于苏门答腊岛南部、印度洋之西滨，距巨港约375千米。这次采集目标为海产标本。

当时，正值抗战，他在学校里组织学生成立抗日宣传队、义卖队，奔走宣传抗日救亡，发动华侨捐款捐物支援祖国抗战。

1941年12月，太平洋战争全面爆发，日本侵略者先后占领了南洋各地。1942年初，巨港也被日寇的铁蹄所践

⊙巨港中华学校动物标本橱（摘自《巨港中华学校三十周年纪念刊》）

踏。巨港许多侨领和华校的教师，为了不与日本侵略者合作并避免遭受迫害，纷纷避居乡下小镇。方宗熙和巨港中华学校的校长颜乃卿（厦门大学历史系毕业）等老师就隐居在马拉都哇（Muaradua）的山中①。在那里避难的还有曾应时、汪万新等侨领。方宗熙化名"少平"，在山中的村落里种菜度日，过着朴素的生活，直到1945年8月日本投降。

战争的大浪把方宗熙和他的学生们打散，大家都隐居在各处。沈清熙一家在朱律（Tjurup）避难，同时在那里避难的还有王源兴、黄赐祺（黄洁）、薛两清等侨领。大概在1943年底，沈清熙和同学黄祥坤结伴到马拉都哇探望方宗熙等老师。沈清熙的回忆文章写了这次难得的师生相聚：

我们在那里和老师们相处近一星期，看到他们生活虽然清苦，但精神却很充实。除了种菜、劳动之外，就是读书学习，还给失学的孩子义务补习功课，方老师还翻译了一部外国小说，创作多篇科学小品、散文

---

① 沈清熙：《怀念恩师方宗熙》，见《方宗熙文集》编委会编《方宗熙文集》，海洋出版社2012年版，第643页。

和诗。我当时感到他的诗富有哲理。①

　　师生相聚，朝夕相处，宛如亲人。大家每天吃着简单的饭菜，除了生物学和文艺作品，谈论得最多的就是国内的抗战形势。虽然大家身处异域，但都时时刻刻关注着战争中的祖国。

　　方宗熙与沈清熙、黄祥坤促膝谈天，谈到时局说："日本必败无疑。现在中国有两股抗日力量：一股是国民党，一股是共产党，共产党真正抗日，是主力军。"方宗熙说在那里避难的人，虽然都爱国，但其中一部分人倾向国民党，一部分人则倾向共产党，时有争论，他是坚决站在中国共产党一边的。他还向沈清熙、黄祥坤介绍斯诺《西行漫记》中的一些片段，两人听得入迷。"由于他的引导，后来借到这本书，偷偷地一口气看完，开始对中国共产党有了初步认识。我对方老师也有更深一层的感情。"②

　　方老师的谈话，坚定了沈清熙和黄祥坤抗战必胜的信念，他们在黑暗时刻，感受到了精神明灯的指引。方宗熙的乐观、渊博，对年轻的学子产生了积极的影响，同时，他的文艺作品和科普小品，也促使两位学生想写点什么。

　　方宗熙在山中隐居这段时间，创作了一些科普作品。暂时没有发表的园地，他就抄录在简陋的纸上。这些作品，在孩子们的手中传来传去……虽然生活状态近似原始，但科学启蒙的星辰在夜空闪烁，照亮了孩子们渴求知识的眼睛。

---

① 沈清熙：《怀念恩师方宗熙》，见《方宗熙文集》编委会编《方宗熙文集》，海洋出版社2012年版，第643页。
② 沈清熙：《怀念恩师方宗熙》，见《方宗熙文集》编委会编《方宗熙文集》，海洋出版社2012年版，第643—644页。

# 抗战前后  关注达夫

方宗熙在印尼苏门答腊岛山中隐居的这段日子，与流亡南洋坚持抗战的文化领袖胡愈之、郁达夫等建立了联系。

1938年12月28日，郁达夫应新加坡《星洲日报》社长胡昌耀的邀请，决心到新加坡去做海外宣传。他给自己规定的任务就是要为抗战在海外建起一座文化中继站来。

1939年，郁达夫正式接编《星洲日报》早报副刊"晨星"和晚报副刊"繁星"，后来又接编了星期日的文艺栏并参与《星洲半月刊》的编辑工作。他发表了大量以抗日救亡为主题的政论、杂文、小品，同时积极参与、声援南来的国内文化界人士所举行的抗日宣传与活动。

1940年12月，胡愈之在周恩来的推荐下到达新加坡，开辟海外宣传阵地，任陈嘉庚创办的《南洋商报》的编辑主任。①

1942年2月4日，日军开始进攻新加坡，胡愈之、郁达夫、邵宗汉、张楚琨、汪金丁一家四口、王任叔夫妇、高云览夫妇等一批在新加坡从事抗日宣传的文化人，乘坐难民船离开新加坡，渡过马六甲海峡，辗转撤退到印尼苏门答腊岛。

胡愈之等文化界人士，在郁达夫的掩护下，进行秘密的抗日活动，团结共同逃亡的文化界人士组成"同仁社"，互相鼓舞斗志。

在此期间，方宗熙认识了胡愈之、沈兹九夫妇，并与他们结下了深厚的友谊。

---

① 陈荣力：《大道之行——胡愈之传》，浙江人民出版社2005年版，第203—206页。

1945年8月15日，日本宣布无条件投降。然而，在举世欢庆的日子里，郁达夫没有迎来胜利的黎明。8月29日晚上8点多，郁达夫在家中和朋友谈结束共同投资的农场事宜，被一位穿白衣、说马来语的

⊙胡愈之、沈兹九夫妇在南洋时合影

青年叫出去。他穿着睡衣和木屐，随那青年走了。这一走，就再也没有回来。对当时的亲友来说，这是一个巨大的谜团。

1945年9月初，来自武吉丁宜的华侨商人来到棉兰，告诉胡愈之郁达夫失踪消息。胡愈之忧心如焚。"我从直觉判断达夫一定是被敌宪兵杀害了。……为了要消灭日宪兵残暴罪恶的见证。"①

1945年9月中旬，胡愈之和当地的华侨领袖以及文化人处理郁达夫失踪的善后事宜。1945年9月30日，胡愈之抵达新加坡。胡愈之抵新，郁达夫失踪，在南洋和国内的报纸发表。胡愈之通过各种渠道请求盟国军事当局进行调查，寻找郁达夫的下落。

郁达夫离奇失踪，成为南洋华侨关注的大事。方宗熙对此非常关心，焦急地等待朋友传来好消息。随着等待的时光越来越长，他担心郁达夫遇害身亡已经成为冰冷的铁一般的事实。

郁达夫于1936年应福建省政府主席陈仪之邀，在福州居住两年多，有多篇文章写到福州。方宗熙在厦门大学时，就关注郁达夫的行踪和诗文。他想起郁达夫20岁时写的诗句，"须知国破家无寄，岂有舟沉橹独浮"及"茫茫烟水回头望，也为神州泪暗弹"，不由得黯然神伤，独自垂泪……

---

① 李杭春、郁峻峰：《郁达夫年谱》，浙江大学出版社2021年版，第585页。

1946年8月24日，胡愈之写了《郁达夫的流亡与失踪》长文，9月交香港咫园书屋出版单行本。在单行本中还附有郁达夫在苏门答腊岛写的《乱离杂诗》11首和胡愈之自己的按语。

"达夫死了！他的一生是一篇富丽悲壮的诗史，他不能用自己的笔来写这篇伟大的诗史，是中国文艺界一笔大大的损失！……一年以来，为了无数文化界战友的殉难，我的泪也哭干了，我再没有泪哭亡友达夫。"①

方宗熙读着《郁达夫的流亡与失踪》，再次为郁达夫流下了泪水……

---

① 陈荣力：《大道之行——胡愈之传》，浙江人民出版社2005年版，第234页。

# 星洲教书　创作小说

抗战胜利后，方宗熙回到印尼巨港。欢迎的人群中有他在巨港中华学校教过的学生。学生们以为方老师仍会留下执教，方宗熙告之，他和巨港中华学校的校长颜乃卿一起接受了新加坡华侨中学校长薛永黍①的聘请，即将前往新加坡华侨中学执教。

1945年10月的一天，方宗熙开始了从印尼巨港到新加坡的旅途：

再会，巨港！

八年来的结合，我们是到了分手的时候了。我们是早就应该道别的。但敌人的魔手强制我们在一起，这悠长的三四年的岁月。

因为舱位是临时通知有的。在匆忙之中，便也来不及和许多友人握别了，我们只由几个孩子送着上船。多年的相聚，依依惜别之情，在幽静的空中飘着。水汪汪的眼睛，沉默的容貌，配上阴沉的天气，我的心头，是酸溜溜的了。

上船的手续是再简单也没有，没有以前翻箱倒箧的检查，询诘，呈验证件。但这顺利而方便的登船手续，并没有预告将来在星洲的登岸，也是顺利而方便的。

忙了几个钟头，人算是给安置在统舱里，闲暇起来了。

到了预定的时刻，守时的船在黄浊浊的亚西江上浮动了。

黄色的水滚滚地向东流着，两岸的大平原，不停地向后倒着。太平

---

① 曾任中国民主同盟马来亚支部主席。后被英国殖民地政府逮捕，死于狱中。

洋在天边出现了，渐渐地，江流和海水混合了。船出了海，苏门答腊给掉在后边了。我转了个身，看定着这将要不见的海岛。

船是一只三千吨的日本货船，现时已是联军的胜利品之一。是只颇旧的家伙，一九一二年造的。船上的工作人员，自船长到水手，清一色是日本人，这只船的行走，概受英军的统制，说是能忠实地执行命令的。在船上几天的观察，确也看不出他们不是良善的人。

从前炙手可热威风凛凛的气势，是不见了。在需要他们帮忙的时候，大体都驯服地做。

……①

船航行了三天之久。在茫茫的海天之间，新加坡渐渐地近了。此时的新加坡在英军的掌控之中。这艘从印尼巨港来的船，船上多是流亡印尼的华侨，经过了登记、到拘岛隔离、检查等重重手续后，人们才被允许登陆新加坡。

新加坡华侨中学由华侨领袖陈嘉庚创办，吸引了在南洋的很多文化人加盟，加之校长薛永黍的努力，学校云集了在教育界享有盛誉的好老师。方宗熙是公认的最好的老师之一。他教初一和高一的生物学，并兼任学校图书馆馆长。

方宗熙和颜乃卿两位老师到新加坡华侨中学任教后，由于他们的影响，巨港中华学校的不少同学随之陆续到新加坡华侨中学求学，比如沈清熙（背着父亲转到新加坡）、黄祥坤、吴增才。

方宗熙在新加坡华侨中学教生物学，深得同学们的欢迎。沈清熙回忆说："方老师教我们高一班的生物学和遗传学。讲课时他从不看课本，一进教室就在黑板上写讲授提纲，有时还画上生物图解，然后就有条有理地讲开了。他的讲授总是那么深入浅出，引人入胜，把同学们带入一个个知

---

① 方宗熙：《从巨港归来》，《风下》1946 年第 6 期，第 12 页。

⊙新加坡华侨中学校歌

识海洋，去探索生命的奥秘。"①

　　1947年初，黄辉白考入新加坡华侨中学，他很幸运，在华侨中学遇到了恩师方宗熙。他在纪念方宗熙的文章中写道："方宗熙老师就是这些优秀老师中很突出的一位。方老师教我们生物课。无愧地说，我应是他最好的学生之一。他引人入胜和谆谆善诱的教学方式领我迈进了生物学的殿堂。我学习兴趣高涨使我热心阅读课外参考书，这是中学阶段少见的现

---

① 沈清熙：《怀念恩师方宗熙》，见《方宗熙文集》编委会编《方宗熙文集》，海洋出版社2012年版，第644页。

象。我在后来投考北大的入学考试中发现试题对我居然是'了如指掌'，答题简直是'易如反掌'。"①

1945年抗战胜利后，陈立贵在新加坡华侨中学复办时进入学校学习，从初一上至1950年高中毕业为止。他回忆道：

方宗熙老师是我就读初一下学期时教我们生物的老师，记得那时，华中从星洲幼稚园搬到南洋女中校舍去上课。生物课是我们新设的一门课程，教我们的恰好是新到校的方宗熙老师。生物课改为博物课，这也许是方老师的意思。没有现成的博物课教科书，方老师就动手自己编。自编自教的教材，条理分明，通俗易懂，令人学起来生动有趣，这是他教学的第一个特点。修长的脸孔，戴着一副深色框边的眼镜，讲起课来慢条斯理，不急也不慢，把细胞及各种生物形成和发展的原理，讲得一清二楚，令人听起来不乏味，这就是他讲课的第二个特点。正是方老师生动有趣，清晰简明的讲解，使我对细胞及各种生物的形成和发展原理有了基本的了解。②

方宗熙作为老师最大的成就之一，就是深深留在学生们的记忆之中。在方宗熙的影响下，后来，黄辉白、陈立贵都在报考大学时选择了生物学专业。

爱护学生是一位老师的天性。方宗熙关心经济困难的学生，将一些家庭贫寒的学生安排在图书馆半工半读，其中就有从巨港去的吴增才。沈清熙因为是背着父亲到新加坡华侨中学读书，没有经济来源，方宗熙也安排他在图书馆半工半读。虽然短暂，沈清熙也铭记在心。

方宗熙在教学之余，还从事科普写作和文艺创作。这是应胡愈之、沈

---

① 黄辉白：《回忆吾师方宗熙教授》，见《方宗熙文集》编委会编《方宗熙文集》，海洋出版社2012年版，第649页。
② 陈立贵：《中国海藻遗传育种的奠基人——忆方宗熙老师》，见《方宗熙文集》编委会编《方宗熙文集》，海洋出版社2012年版，第651页。

兹九夫妇的约稿而写。

1945年9月，胡愈之想成立"新南洋出版社"，却遇到经费的问题，新加坡的华侨领袖陈岳书出钱帮助解决困难。陈岳书还提供上海书局的场地和印刷设备给"新南洋出版社"经营。

1945年12月初，《风下》周刊正式创刊，由新南洋出版社出版。取名"风下"，源于南洋一带盛行季风，以印尼为主体的南洋群岛被称为"风下之国"。"风下"这个名字，寓意立足南洋，面向祖国。该刊物在海外宣传中国共产

⊙1947年，方宗熙摄于新加坡

党的方针政策，批评和揭露国民党的腐败统治，传播祖国声音，反映侨胞民意，报道政治风云，宣传和平民族，影响面极广。《风下》周刊的主编署名"沙平"，是胡愈之的笔名。此外，1946年3月8日，胡愈之的夫人沈兹九主编的《新妇女》杂志创刊，同样由新南洋出版社出版。该刊迅速开辟南洋的妇女阵地。1946年11月，胡愈之应陈嘉庚的邀请，主办《南侨日报》，该刊在团结华侨、坚持民主、反对独裁的斗争中发挥了重要作用。

方宗熙为这几份报刊长期撰稿。他在《风下》周刊写科学小品专栏，他的科普文章源源不断地发表，影响了无数的读者。

老师常是学生崇拜模仿的榜样。方宗熙的学生黄辉白非常喜欢老师在《风下》周刊发表的科普小品。"我想，将来我也要像他那样用简洁优美的文字写科学文章。"

黄辉白后来成为华南农业大学园艺系教授，他在给方宗熙的夫人江乃萼的信中说："科学小品每周一课（都是方宗熙在《风下》周刊开设的专栏），例如《公鸡变母鸡》《子女为什么象父母》《换血救命》《细菌

是怎样生活的》《为什么要研究生物学》《谈姑表结婚》《从白痴低能讲起》，除获得知识外，还是一种文学的享受。"

方宗熙还创作了一部长篇小说《心花》，在报刊上连载。小说背景是南洋的华侨同心协力抗战，反映流亡印尼的文化领袖、华侨和子弟们枕戈待旦的生活。小说的基调是爱国，表达海外游子的故国之思，传达对祖国深深的眷恋。可惜的是，这部浸透了方宗熙爱国情感的小说，淹没在历史的云烟之中。1986年初冬，方宗熙逝世一年零五个月后，夫人江乃萼独自前往新加坡，方宗熙当年的学生陪同她查找《心花》。很遗憾，在新加坡国家图书馆、新加坡国立大学的中文图书馆和华侨中学的图书馆翻阅旧报刊，都未能找到《心花》。

方宗熙身边有不少受他影响的学生，也开始了文艺创作和科普创作。追随他到新加坡华侨中学的沈清熙就是其中一位。方宗熙引导学生探索科学知识，练习写科普文章。沈清熙写过几篇小品和校园通讯，由方宗熙推荐，分别发表在《风下》和《南侨日报》上。

除了教学和写文章，方宗熙还积极参加胡愈之在新加坡创建的中国民主同盟马来亚①支部的活动，成为该支部的第一批盟员和骨干，投身到为祖国解放事业斗争的行列中。他和颜乃卿当时还受胡愈之的委托，邀请新加坡华侨中学的薛永黍校长加入民盟。

---

① 英属马来亚，简称马来亚，英国殖民地之一，包含海峡殖民地（1826 年成立）、马来联邦（1896年成立）、马来属邦以及婆罗洲的三个保护地。

# 出国深造　朋友送别

方宗熙心中一直想到欧美留学，1937年全面抗战爆发，他的留学梦破灭了。抗战胜利后，他在新加坡华侨中学执教，不到两年的时间，这个梦又在他心中萌发。在此期间，方宗熙与英国伦敦大学著名的遗传学家荷尔登教授建立了通信联系。

1947年夏天，方宗熙得到印尼华侨领袖、好友汪万新的资助，即将离开新加坡前往英国伦敦留学。

这个消息在他的朋友和学生中间传开了，他们一方面为方老师出国深造高兴，另一方面又依依不舍。胡愈之、沈兹九夫妇对方宗熙说道："方先生，您离开新加坡，乘船去英国留学，您的读者期待您继续撰写科学小品专栏。另外，《风下》周刊想刊登您在英国留学的生活的文章，栏目就叫'伦敦通讯'吧，期待您的大作。"胡愈之、沈兹九热切期盼的眼神中流露出不舍。"一定，一定……"方宗熙声音有点低沉，用力地点了点头。

1947年8月20日，方宗熙忙着临行前的各种手续——申请护照和种牛痘。方宗熙是中国人，从英国的殖民地新加坡奔赴英国，除了伦敦大学邮寄来的准学入学的证明文件，他还要到中国领事馆，在两天内拿到一本中国护照。拿到护照后，还需给新加坡移民厅的长官签字准许，才能发生效力。因方宗熙在伦敦的住宿已经得到解决，有证明文件在手，新加坡移民厅的英国长官签字准许。方宗熙在新加坡是教育界的名师、文化界的名流，护照申请和种牛痘都很顺利。

临别前，新加坡华侨中学的师生在南天酒楼<sup>①</sup>给方宗熙开了一个盛大的欢送会，会上互致临别赠言，依依惜别。沈清熙说："我在华中学习三年，也有一些老师离校的，就未再现这种场景。可见方老师在华中虽然只有短短一年多，却赢得如此深厚的情谊。我们从巨港到新加坡读书的同学与他更是难舍难分，聚在一起和他合影留念。"

⊙1947年8月23日，巨港旅星（新加坡）同学欢送方宗熙（前排左5）赴英国留学纪念

1947年8月23日，巨港旅星（新加坡）同学欢送方宗熙先生赴英留学合影留念。在这张保留下来的照片中，一共有6位女生、21位男生与颜乃卿、

---

① 第二次世界大战前后，南天酒楼是新加坡华人婚宴喜庆摆宴的首选之地，远近闻名。该酒楼位于南天旅店顶楼，半通风，颇高档。

南天旅店位于牛车水（即新加坡的唐人街）余东璇街，处在牛车水的繁华之处，也是许多文人学者初到下榻之处。当年《星洲日报》长期在南天旅店租有一个房间。后该旧址建起裕华国货，为新加坡一地标建筑。

方宗熙合影。

1947年8月28日，沈清熙和4位从巨港转到华侨中学的同学，与方宗熙老师合影留念。照相机定格了团聚的这一刻，也记录了分别的这一刻，师生的情谊在岁月中绵延，时间流逝的痕迹在老照片上叠加，但师生的情谊如同时间的佳酿，芳香四溢，甜美醉人。沈清熙一直把这张照片带在身边，小心珍藏。照片的背面，按照位置，对应着五位学生的名字。从左至右为□秀岗、潘国雄、沈清熙、王昌源、吴诸辉。

⊙1947年8月28日于星洲（新加坡），方宗熙（前排）和华侨中学的学生合影

沈清熙和黄祥坤合送方老师一条毛毯，"祈望能为他在北国他乡抵御风寒，感受到南国弟子的一片温馨"。

令方宗熙感动的是，他的挚友薛两清特地从巨港赶来为他送行。薛两清是印尼巨港的华侨领袖，战争期间他们在山中隐居，患难与共，度过了艰苦的岁月。好友来相送，各自痛饮一杯酒，双手紧紧地握在一起，两人眼中，泪光盈盈……

关于好友相送、学生道别，方宗熙在《从新嘉坡到英国》系列通讯第一篇中，记录了这感人的时刻：

于是忙着办手续，整理行李。

但是，忙着的不只是我；我的许多朋友，包括大人和孩子，都为着我而忙碌了。他们有的忙着为我找衣料，制寒衣，有的忙着开会欢送，赠送礼物……那温情，那好意，热烘烘的，好似仲春的太阳。[①]

方宗熙带着朋友为他准备的行李，带着温暖的友情，踏上了两万吨的英国大船雪丝亚（Soythia），向着荒凉的大海，朝着英国航行了……

---

① 少青：《从新嘉坡到英国》，《风下》1947 年第 93 期，第 48 页。

第四章

# 漫漫旅途　海上景象

　　雪丝亚（Soythia）大轮船航行到马六甲海峡时，方宗熙看到了海面上壮丽的景象，一轮红彤彤的落日，把海面染红。一群受到惊吓的飞鱼纷纷跃出海面，飞鱼的胸鳍张开，像鸟儿贴着海面滑行，又落入海中。在印度洋上，方宗熙看到了追逐大轮船的海豚。海豚很轻松地就游到了大轮船的前方。

# 船上乘客　聊天消遣

雪丝亚（Soythia）大轮船上发出汽笛的鸣响，站在船舷上的乘客与码头上送行的亲友们挥手告别。方宗熙朝着向他挥手的大大小小的朋友们也挥着手道别。

"好友们，别了！"

方宗熙在心里这样说，周边的空气闷热而紧张，让他觉得"这还不是太平时节"！

这是1947年8月28日的下午4时，从我国香港开来的英国雪丝亚（Soythia）大轮船离开了新加坡码头。这艘大轮船航行得很慢，平均每小时15哩（英里，约1.6千米）。因为旅途漫长，方宗熙像一位敏锐的记者，观察着船上的乘客，他决心从离开新加坡这一刻，就记录漫漫长途的见闻。他观察了一下船上的乘客，"据说军队达2000名"[1]。有四五百名乘客，有英国人、印度人、中国人、马来人。中国人有四十几人，大多数是去英国留学的。

所以这些中国学生大体可以分成三类：（一）中国本地的，他们通常讲国语，英语多讲得不流利；（二）香港的。他们多讲英语，虽然汉语也可以通；（三）马来亚的，他们多不会讲国语，但英语讲得非常流畅。[2]

---

① 少青：《从新嘉坡到英国》，《风下》1947年第93期，第49页。
② 少青：《从新嘉坡到英国》，《风下》1947年第93期，第49页。

去英国留学的中国人，很多都获得了英国各大学的奖学金。有的是大学毕业生，有的是大学的助教、讲师，甚至教授。去英国留学者学什么专业的都有，化学、物理、生物、医学、工程、法律、政治、英国文学等。

船上的时光变得格外长，聊天、看书、下棋、打桥牌、跳舞、听唱片、看电影等消遣，乘客们各选所爱。共同的娱乐活动，把中国的留学生分成了很多小团体。

方宗熙在船上认识了很多新朋友，经常和关心祖国、关注国事的中国留学生聊天。方宗熙与一位年轻的大学生聊了起来，这位应届毕业生去英国留学，研究科学。方宗熙已经离开祖国在南洋漂泊了近十年，只是从报纸上了解国内的时局。离祖国越来越远了，但心似乎越来越近，他关心国内的一切。在和毕业生的聊天中，他们谈到了很多问题。

此时，国共正在内战之中。话题从就战争与和平开始。

我提出要点说："……国内的冲突……共产党管理下的地区，我们懂得很少。中央政府管理下的地区是一塌糊涂。"

"有和平的希望吗？"

"希望早已经过去了。"

"那么要一直打下去？"

"大家都期待着一个奇迹的出现。"①

过了一会儿，方宗熙换了一个话题。

"国内大学的程度怎样？"

"当然是普遍地降低了。设备不够，教授又吃不饱，有什么办法。"

"念科学的学生，是不是比较不注意政治？"

"比较起来，是的。但情形是有了进步了。你看有许多次领导学生

---

① 少青：《从新加坡到伦敦》，《风下》1947年第98期，第137—139页。

运动的是交通大学的学生，就可知道。"

接着他讲下去："我们研究科学的，一般以为应该潜心研究，不问政治。可是实际情形是：你不问政治，政治却是要来管你。现在中国就是还有一大部分的人，包括学生在内，不去过问政治，所以不良的政治可以继续下去。这是我们的不是。"

"政府对于科学的研究有什么鼓励？"

"鼓励很少，帮助都是讲讲而已……只有政治上轨道，才有办法。"①

方宗熙听了毕业生讲的话，陷入沉思。他望着海天深处，若有所思。

---

① 少青：《从新加坡到伦敦》，《风下》1947年第98期，第137—139页。

⊙方宗熙为《风下》杂志开的专栏，记录他从新加坡到伦敦的沿途见闻

# 海上飞鱼 参观孟买

除了聊天、看书、写信，方宗熙最喜欢一个人站在船头看大海。

有一天，天气晴朗，海天一色，大海犹如深邃的蓝宝石，又如起伏的蓝色锦缎。船稳稳地向前行驶。近黄昏时，他和几位在甲板上的中国留学生看日落。"风很微，海面很平。看圆圆的大日从海面上落下。"①

此时，方宗熙看到了海面上壮丽的景象，一轮红彤彤的落日，把海面染红。一群受到惊吓的飞鱼纷纷跃出海面，飞鱼的胸鳍张开，像鸟儿贴着海面滑行，又落入海中。靠近船的海面飞鱼最多，稍远就少了。"有的飞得很远，估计起来总在百尺以上。那掠飞贴近水面，轻飘飘的，好比蝴蝶在草地上飞翔。"②

这是在马六甲海峡看到的景象。离开海峡，进入浩瀚的印度洋，就不见飞鱼的踪影了。印度洋上风浪大，大轮船乘风破浪。1947年9月1日，方宗熙写完第一篇通讯，轮船到了锡兰（今斯里兰卡）的首都科伦坡。

轮船在科伦坡停靠几个小时就开走，旅客不能登岸。许多小商贩驾驶小船靠近大轮船，兜售香蕉、椰子等水果，还有一些雕刻品。旅客选好了，就把水果等商品用绳子提到大船上，把钱放入布袋，再用绳子坠下。

大轮船下一站是印度的孟买港。在印度洋上，方宗熙看到了追逐大轮船的海豚。几只海豚在海里翻筋斗。海豚很轻松地就游到了大轮船的前方。方宗熙觉得这个海豚家族的成员在嬉戏，它们时常发出尖厉的叫声。

---

① 少青：《从新嘉坡到英国》，《风下》1947年第93期，第49页。
② 少青：《从新嘉坡到英国》，《风下》1947年第93期，第49页。

有一只调皮的海豚，杂技般地跃水腾空，呈现它那美妙的身姿，引得船上的乘客发出惊呼，景象蔚为壮观。方宗熙是学生物学的，在厦门大学读书时，就关注海豚。海豚是小到中等尺寸的鲸类，是海洋中的哺乳动物，对人类很友好。它们很聪明，学习能力超强，智商高于绝大多数哺乳动物。方宗熙观赏着印度洋中的海豚，他觉得，有机会要编写一本关于海豚的小册子，向社会公众普及海豚等海洋生物。

他站在船舷，遥望着蓝色的海洋，思绪在海阔天空中翱翔。这颗蔚蓝色的星球，孕育了无数的生物，而海洋更是蓝色的宝库，等待人类探索……

方宗熙和乘客在孟买港停留一周。他登陆后在孟买参观，了解到印度的拜火教是小的宗教门派，信徒有两百万左右。他们处理尸体的方法是拿去喂秃鹰，即天葬。

静塔（寂静之塔）是拜火教教徒天葬的地方。寂静之塔是以石块砌成的环形无顶建筑，通常建造在山顶上，或者幽静郊外的高处。方宗熙参观时并没有看到尸体。可是一长排的秃鹰站在屋脊上，嘴大而尖锐，金钩状，冷峻的眼神闪着幽深的死亡之光，静静地看着方宗熙等旅客，这景象让他们不寒而栗，心中发毛。方宗熙告诉同伴别怕，秃鹰只吃死人的肉，睡在林中的人它们是不去碰的。

在孟买，方宗熙还参观了博物院。孟买的博物院比新加坡的大得多，只开放了一部分，动物标本相当多。两相比较，这里的优点："第一，比较有教育的意义，例如要说明保护色，就在橱里安放上人造的青草，再在草边放着一只青蛙；又例如要说明尾巴的用处，就搜集好几种尾巴陈列出来，附以说明。第二，说明文字除英文之外，还有印度文。而星嘉坡的博物院里则只有英文而没有中文的说明，虽说中国人占了星嘉坡最多的人口。"[1]

---

① 少青：《从新加坡到伦敦（续）》，《风下》1947年第99期，第158页。

# 经过红海　通航运河

　　船经过红海时，有人问，为什么叫红海，明明是蓝色的海洋，和别处的海洋并无不同。没有人能够回答。

　　黄昏降临，方宗熙发现前面的整片海是红的。大家都争着看红海。"原来红海的两面是热带大陆，海面上的空气饱孕着水蒸气，黄昏时候，天边总是雾一般的，下山的太阳光线，经过了空气中水点的折射作用，就现出了红色，映在水面上了。红海的红是可爱的，但那只是一瞬。"[1]

　　船到了苏伊士运河。1852年法国工程师列赛普[2]设计开辟的苏伊士运河，方便了航行。湿热的红海掉在了后边，天气逐渐凉爽了。

　　方宗熙放眼运河两侧，一侧是非洲，一侧是亚洲。"这是我第一次看到运河，看到沙漠。虽然上面没有许多东西可以看，可是总不愿意离开甲板。运河和沙漠，对我生了魔力。"

　　方宗熙用他的笔，翔实生动地记录了旅途中的风景："眼前是一大片沙漠，一眼看过去，都是沙，不大会发亮的略灰色的沙，远接天边。这上面稀稀疏疏地长着一些低矮得可怜的植物，贴在地面，绿色很浅，没有叶子似的。这是有名的沙漠植物，善于忍受干燥和炎热。高的树，如棕榈之类，也有；可是稀罕得很。而且多是靠住宅的地方。此外，你有时可以看见一些阿拉伯的帐幕，一些阿拉伯人或者埃及人，和几匹骆驼，慢慢地踱来踱去，怪寂寞的。"

---

① 少青：《从新加坡到伦敦（续）》，《风下》1947年第100期，第178页。
② 少青：《从新加坡到伦敦（续）》，《风下》1947年第100期，第178页。

　　更加新奇的是船航行在苏伊士运河时的感觉。这是一条人造的运河，长约100英里，穿过沙漠，把红海和地中海贯通起来，就是把大西洋和印度洋连接起来。河水是绿色的，相当静。人在大轮船上，可以清楚地看到两岸上的沙，那感觉，仿佛一用力，就从船上跳到了河岸上。大轮船缓缓向北行驶，一不小心就摩擦到河岸。苏伊士运河是人类改造大自然的奇迹。运河在沙漠里流动，从上空看，就像一个水沟，大轮船就好像水沟里的小船——小孩子用纸折叠的玩具。方宗熙这样一想，船上的乘客就成了童话中的人物。

　　多有趣啊！

　　船是早晨九点开进了苏伊士运河，太阳下山许久后，才到了埃及的坡赛（塞得港），这是埃及大都市。因为埃及人反英国，船不停靠。船进入了地中海。地中海风大浪大，船摇晃起来。一些女生晕船呕吐起来。方宗熙刚上船时，晕船，无助地躺在床上，蜷缩着。现在已经适应了船上的生活。船到了直布罗陀海峡，天气越来越凉，相当于中国的中秋了。

　　"所谓直布罗陀，主要就是一大片石头。相当高大，站在海边，后面就是西班牙，一望无际的山水。"[1]据说大石的四周，满是石洞，堡垒就在里面，是一个军事战略地点。上面有高耸的灯塔，指引着海上的航船。

　　方宗熙在大轮船上听乘客聊天，也增长了不少见识。这真是行万里路，读万卷书的人生经历。

　　直布罗陀海峡是连接大西洋和地中海的狭窄水道，两者之间，海水互相流动。地中海地区为地中海气候，降水量小，蒸发量大，再加上流入地中海的河流较少，由此地中海海水的盐度比大西洋高，密度大，但地中海海面低，因此，在直布罗陀海峡形成了密度流，在水面以下至400米海水向东流，400米以下海水向西流。

　　航海家早就发现了直布罗陀海峡的密度流的存在，从大西洋通过直布罗陀海峡进入地中海，永远是顺水航行。第二次世界大战（简称"二

---

① 少青：《从新加坡到伦敦（续）》，《风下》1947年第100期，第179页。

战"）时期，德国潜水艇就曾利用洋流躲避设在直布罗陀海峡的雷达监测，多次进出地中海，使英法联军的海军遭受巨大的损失。

德国的潜水艇在潜出地中海时，关闭发动机，降至海面以下比较深的区域，顺着洋流流出地中海到大西洋；而在回来的时候，又将潜水艇升到比较浅的区域，关闭发动机，顺着表层洋流再流回到地中海。这样就躲避了侦察。

还有一位乘客讲到，直布罗陀海峡周围就是哲学家柏拉图著作《对话录》中提到的亚特兰蒂斯——一个消逝的高度文明的大陆。亚特兰蒂斯被无数黄金与白银装饰着，出产一种闪闪发光的金属——山铜。它有设备完善的港埠及船只，还有能够载人飞翔的物体。它的势力远及非洲大陆。"随着猛烈的地震和大洪水，一昼夜之间，亚特兰蒂斯就此沉入海中了。"

方宗熙遥望着海平面，越发感慨人的渺小与伟大，浩瀚的海洋中还有多少未解之谜啊，无形的手把谜团用海洋之蓝包裹着，等待人们揭开。

# 登陆英国　抵达伦敦 ❦

大轮船进入大西洋，往北方行驶，越来越凉了，甚至寒意逼人。"北边是寒冷了，我们是朝着冷地航行。"[1]这令在南洋生活了近十年的方宗熙有点不适应。

"过了两天，船进入爱尔兰海。"1947年10月1日清晨，利物浦城市高耸的烟囱进入眼帘，终于到目的地了，船上的人们发出阵阵欢呼。

在利物浦码头，船停靠下来了。码头上一队铜乐队奏响了欢迎的曲子，船上的乘客都欢呼着，仿佛是远征归来似的。

清冷的码头顿时热闹起来，人在走动，机器在工作。乘客的行李在前一天下午就搬运到甲板上，要到伦敦去的客人有好几百，可以优先登岸。

"登岸的手续是简单的。移民厅的官员到船上来，我们把护照给他查验签印。他问我们有没有带着过额的现款，我们说没有，这就好了，他相信你。"

方宗熙提取行李时，出了一点意外。"行李虽是按着字母排列的，可是因为多，一部分是混在一起了。我花许多时间才把简单的几件行李找出来。可是有一件布袋子的行李，却是体无完肤了。是压坏的，还是掷坏的，我不知道。"

海关的官员来验行李，也不必打开箱子，只是问问，就在行李上画了记号，就通过了。方宗熙回头看看其他的旅客，也一样，需要打开箱子的很少。

---

① 少青：《从新加坡到伦敦》，《风下》1947年第101期，第198页。

出了码头，方宗熙稍事休息，简单吃了点午饭。下午4点多，他坐上特别开行的火车，向着伦敦出发了。

火车行驶得很快，楼房、工厂急速后退，开出市区，火车两边都是田园。时值深秋，树木仍然是绿色的。方宗熙感觉像做梦似的，开始了在英国的生活。

一位坐在方宗熙旁边的英国女郎，看到他看窗外的风景，热情地告诉他："英国一年到头都是绿色。"

"冬天呢？"

女郎笑了笑："除了冬天。"

英国是绿色的国度。"绿色还不够美。美在整洁的绿。你满眼都是整齐干净。乱蓬蓬的野草，难得看到，头秃秃的山，更是没有。最少我沿途看到的是如此。草地很多，牛群平静地在吃草。"

车窗外，有一头牛扭着头，盯着方宗熙看。恍惚之间，方宗熙一下子回到童年。他在故乡福建云霄，放着舅舅家的牛。白云悠悠，蓝天高远，绿草如茵，野花摇曳，有一只牛，也是这样回头看方宗熙，同样的眼神，同样的温润，同样的姿态……方宗熙有一种强烈的感觉涌上心头，这一幕如梦幻泡影，梦里家山，远在天边。此在，彼在，一头牛让他有穿越的感觉，而这种感觉，强烈地提醒他，他已经快到伦敦。

晚上9点多，抵达伦敦。这次漫漫旅途画上了一个句号。方宗熙找齐行李，会见朋友，住进了朋友帮他租下的公寓。

方宗熙躺在了公寓的床上，全身放松，感觉床像铺展在温柔的海浪之上，随着某种韵律微微晃动，他很快就进入一场酣眠之中……

第五章

# 留学生活　伦敦通讯

　　两人的经历相似，专业和志向相同，这次巧遇，让方宗熙收获了一位朝夕相处的好朋友，他在"伦敦通讯"专栏称之为鲁斯博士。他们一起听罗素的演讲，一起参观伦敦的各大博物馆，一起观看伊丽莎白公主与菲利普亲王的婚礼……1949年底，方宗熙获得伦敦大学学院（UCL）人类遗传学博士学位。

# 伦敦大学　发展简史

　　天空蔚蓝高远，云朵洁白柔软，校园里的二球悬铃木（英国梧桐）沐浴着秋日的阳光。和煦的阳光落在树冠上，二球悬铃木仍然绿意盎然，但有的叶片变成黄色，还有的变成了棕色，叶子开始卷曲。阳光落在树叶上，树叶变得斑斓。伦敦大学学院的人行道上，学生们三三两两，有的抱着书籍，互相交谈着。

　　方宗熙走到伦敦大学学院中心地带，这是一栋法度森严的建筑，高耸入云的大方塔位于建筑的中心位置，红色砖墙楼体左右两侧，对称分布中诸多小巧的塔楼，环卫着中心位置的大方塔。红楼前绿草如茵，有不少学生坐在草坪上，或读书，或聊天。

　　置身于世界级的知识殿堂，方宗熙内心升腾着一种自豪感，他下决心一定学好生物学，学有所成，报效祖国。

　　走入伦敦大学学院后，方宗熙更加深入了解了伦敦大学的校史。

　　伦敦大学的前身是伦敦大学学院和伦敦国王学院。[①]1836年，这两所学院组成新的伦敦大学。伦敦大学是英国第二批建立的大学，是英国最古老的大学之一。伦敦大学发展到二战结束后，是一所由多个学院联合组成的联邦制大学，也是世界上规模最大的大学之一。该大学旗下的学院都拥有高度的自治权，下属著名学院除了伦敦大学学院和国王学院外，伦敦政治经济学院、伦敦商学院等地都在世界享有盛名。

---

① 袁传明：《近代英国高等教育改革与发展研究——以伦敦大学百年史（1825—1936）为个案》，广东高等教育出版社2017年版，第22页。

伦敦大学在发展的进程中，创下诸多第一。1878年，伦敦大学可授予女性学位，这比英国的任何学术机构都早。[①]

伦敦大学是第一所可以远程授予学位的大学，学生在英联邦各国学习，无论以何种方式在何地修读学位，获得的学位完全一样。

伦敦大学各学院分散在伦敦各区。到1927年，伦敦大学本部才在伦敦中西区不列颠博物院附近买到大块地段房屋，即开始建造大学中心建筑——办公处、图书馆，以及少数的学院。一个摩登的中区大建筑，叫作大学评议会，于1937年完成。正中矗立着一座高耸入云的方塔，气度不凡，俯视四方，里面有一座空间恢宏的大礼堂。

⊙伦敦大学学生下课后与好友交谈　　⊙伦敦大学的学生在上课

二战期间，伦敦遭到德国战机的轰炸，英国政府指导伦敦大学的各学院实行疏散。大学的办公处转移至郊外，其他学院则移至威尔斯、剑桥、布里斯它尔等处。大学因学生被征入伍，而减少十分之一的人数。但政府与大学当局，对于学生在战时继续求学，十分鼓励。

二战前后，伦敦大学各学院中最大的，要算大学学院及国王学院了。1939学年，前者有2000学生，后者有1500学生，都是可以整天到校的，大

---

① 《戎马倥偬中的伦敦大学：一位典型的伦敦大学学生的日常生活（附照片）》，《东方画刊》1940年第8期，第24页。

约三分之一以上学文科，四分之一学科学及工程。这两个学院都是男女兼收，1939年的牛津和剑桥还是男女分校。<sup>①</sup>

中国学人留学伦敦大学者，较早的当属1920年来到伦敦大学学院学习语言学的刘半农。1920年，在美国留学的徐志摩来到英国，进入伦敦政治经济学院，师从英国社会主义思想家拉斯基教授，并开始一些政治实践，比如参观基层选举。1920年夏天，傅斯年留学伦敦大学心理学系。1924年夏天，老舍来到伦敦大学东方学院当中文讲师，教了5年。1936年，吕叔湘留学英国时，曾在伦敦大学学习图书馆学科。

方宗熙在伦敦大学学院留学时，与中国的留学生在一起，总会谈起这些早期留学者留在那里的文化印记。

---

① 《戎马倥偬中的伦敦大学：一位典型的伦敦大学学生的日常生活（附照片）》，《东方画刊》1940年第8期，第24—25页。

# 留学生活　丰富多彩

伦敦大学主校区坐落于伦敦市中心，邻近大英博物馆、大英图书馆、国王十字车站、牛津街、摄政街和摄政公园。伦敦大学的学生休憩室有四间房子，里面安放了许多椅子、沙发和桌子，木地板上边铺了新的地毯。几个大书橱紧靠着墙壁，书橱前总有学生捧着书读得入迷。书橱里的书，多为英国著名作家的经典，也有一些科学类、人文类的书籍。

桌子上的报刊琳琅满目。学生们下课了随意地坐下，自由地翻阅。墙壁上有许多布告，从保守党、教会到工党、社会主义党、共产党，无一不备。

学生休憩室里有酒吧，出售啤酒、汽水、咖啡，学生三三两两围着酒吧，点一杯自己喜欢的酒品或者饮料，再点上一两块可口的点心，与好友惬意地聊天，谈着伦敦大学里的学术讲座，话题多，转变快，从战后的世界大势，到知名教授的八卦。

⊙伦敦大学的学生在茶歇聊天

有时，某些学会会在学生休憩室举办小型的旧书拍卖会。某天下午一点，方宗熙碰上了旧书拍卖会。旧书是伦敦大学的毕业生赠送的，多是文学经典和政治方面的书。拍卖的钱用作该会的经费。

拍卖的人站在一张椅子上，周围围拢了一群学生。拍卖者手中高高举起一本狄更斯的《鸦片客》，"谁要买？"他环视四周。

人群中有人出价："一先令。"

"一先令六便士。"另一个同学说。

"两先令三便士。"

"两先令四便士。"

"两先令五便士。"

"两先令六便士。"①

没有人再竞价。于是这本书就以两先令六便士的价格卖出了。

紧接着拍卖威尔斯②的《人类前程》，这本书以一先令三便士卖出。

方宗熙觉得挺好玩，他竟拍了一本拉斯基③的《我们往那儿走》，花了一先令。

拉斯基有一句名言："生命是唯一的财富。"方宗熙坐下来翻阅，书籍真的是人类文明前进的阶梯，是无比宝贵的精神财富。他用了一个星期的时间，在学生休憩室把这本书读完了。

方宗熙在伦敦大学求学期间，不忘前往英国时与好友胡愈之的约定。他一到英国就为《风下》周刊写"伦敦通讯"专栏。英国大学生的生活，自然是他关注的。

他发现英国大学生的生活可谓多姿多彩。除了读书之外，有娱乐、运动、恋爱和政治的活动。他们常常自由地做自己喜欢的事情。学校当局，从教授到讲师助教，完全不过问学生的生活。所以一到周末，伦敦大学学生休憩室里顿时变得冷冷清清，因为多数学生把读书和娱乐休息分得很清楚。周一至周五，伦敦大学图书馆里人满为患，一座难求。有时，学生会

---

① 少青：《伦敦大学的生活》，《风下·新妇女临时联合刊》1948年第1期，第14—15页。

② 赫伯特·乔治·威尔斯（1866—1946），英国小说家、社会学家、历史学家。是继儒勒·凡尔纳之后最杰出的科幻作家，被尊称为科幻小说世界的"莎士比亚"。代表作有《时间机器》《隐身人》《星际战争》等。

③ 拉斯基（1893—1950），英国工党领袖人之一，政治学家，费边主义者，西方"民主社会主义"理论家。

早早去图书馆，为了能够顺利地占到一个座位。可是，到了周六，图书馆只开半天，来学习读书者，寥寥无几。周日，图书馆、实验室的大门关闭了。除了把门的校役外，只有温和的太阳伴着一片片的青草地。

大学生们利用周末时间，享受运动和旅行，这成了他们的习惯。

如果到了考试季（年考），周末就取消了，大学生们纷纷挑灯夜战。如果是毕业考，必须"开夜车"[①]了。

⊙伦敦大学的学生在图书馆学习

---

① 少青：《伦敦大学的生活》，《风下·新妇女临时联合刊》1948 年第 1 期，第 16 页。

# 与友同听　罗素演讲

开学一周后，在学生休憩室，伦敦大学的一个叫"理性学会"的学生团体组织了一次讲座，请著名教授荷尔登演讲。这个讲座欢迎非会员参加，可能是吸引新会员入会。方宗熙提前半个小时来到了学生休憩室，室内寥寥几人散坐着，方宗熙看到沙发上只坐着一位帅气的小伙子，就走了过去坐在他旁边。

两人攀谈起来。这位小伙子叫鲁斯，也是来听荷尔登演讲的，是南非留学生，在伦敦大学攻读生物系博士。鲁斯从南非的一所医科大学毕业，毕业后在军队中服役两年，现在到伦敦大学做科学研究。他的志愿是做个科学家，打算学成之后，回到南非的大学里教书和研究。

两人的经历相似，专业和志向相同，这次巧遇，让方宗熙收获了一位朝夕相处的好朋友，他在"伦敦通讯"专栏称之为鲁斯博士。两人聊了一会，来听演讲的学生也聚集了起来，越来越多。老教授荷尔登也来了，坐在一张桌子前，面容和蔼，脸上有一种特别的神气（也许是智慧），目光逡巡学生休憩室。休憩室挤满了人，椅子不够坐，有的听众干脆坐在地板上。教授讲的是绝对真理和相对真理的问题，讲完之后，与听众互动，回答学生的提问。[1]

听完演讲，鲁斯送方宗熙回住处，开着一辆很漂亮的汽车。在回去的路上，方宗熙得知他已经驾驶汽车游览过苏格兰。他把方宗熙送到门口，挥手告别。

---

[1] 少青：《我的新朋友（未完）》，《风下》1948年第116期。

　　从此，两人成了好朋友，经常一起听学术讲座，参观伦敦的各大博物馆。

　　有时，英国保守党的政客来伦敦大学学生休息室演讲，总能吸引一群学生围拢起来听。方宗熙近距离感受到了浓厚的政治空气以及政客演讲的风采。

　　长方形的房子中间，靠墙壁的一面，有一张椅子，椅子上边站着一位圆脸的绅士，三十五岁左右的年纪，红色的领带配着红花纹的棕色西装，精神饱满地叫喊着。两边站满了人。右边站得多，是支持保守党的同学，左边是支持工党的同学。

　　演讲者是保守党的人，口若悬河地抨击近年来工党的政策和措施。说到重要处，支持保守党的同学就叫着"hear，hear"（这是赞同的声音，表达支持的立场），而支持工党的同学则发出"嘶！嘶！"的声音，以示反对，或者用问话打断着。

　　演说的人喊着："我不攻击工党政府的外交政策，工党的外交政策，虽说也有一些错误，但大致我们是赞同的。我们不能同意的是工党的对内政策，尤其是工党要把重要工业收归国营的政策，和工党的许多不必要的控证政策。要知道，把工业收归国营，会降低工作效率，伤害英国工业，因而降低人民的生活水准。"

　　"hear，hear！"这是右边发出的声音。

　　"胡说八道！"这是左边发出的声音。

　　"把工业收归国营是保障工人生活的最好方法。"左边的人叫着。接着，站在左边的人又声述了许多工党的德政，你一句他一声地喊着，演说的人的声音沉入吵闹里。

　　有人喊着："Order，order！"（秩序，秩序！……）

　　吵闹的声音渐渐减少，演说的人带着笑容向着左边的人说："你们是大学生呀！如果需要我来通知你们开会的秩序，是不好意思的呀！"

　　接着演说的人又演讲了："……现在世界最伟大的人是丘吉尔，我

们如果要渡过难关，重建大英帝国的秩序，必须请他做领袖！"

"hear，hear！"这又是右边的话，夹杂着脚击地板的"嘭！嘭！"的声音。

"嘶！嘶！"这又是左边不赞同的语气。

"丘吉尔没有机会再上台了，我们不要他。"

"等着看吧。"①

有人喊得口干舌燥，跑进另一间房子的酒吧里买汽水或啤酒。下午两点了，两边仍然针锋相对地表达着自己的观点和立场，不分胜负。

方宗熙看了一下手表，自己上课的时间快要到了，于是大步流星地奔向教室。他不知道这一场好戏如何收场，觉得双方肯定不会打起来。刚才这一幕，让他对英国的政治生活有了直接的观感。

伦敦各大学以及皇家学会的演讲和学术讲座很多，方宗熙和朋友鲁斯在校内校外听了一些讲座，有的讲得确有东西，有的简直是胡闹。

哲学家罗素的演讲，是超出胡闹之外了。方宗熙对罗素，除了敬仰和期待，还有一些好感。这是因为罗素曾到中国讲学，对中国知识界影响深远。

1920年10月，罗素应北京大学的邀请（实为梁启超主办的讲学社策划）来中国讲学。10月12日，罗素抵达上海后，很多人来拜访他。他就像一个学术明星，中国的知识分子对他顶礼膜拜。当年张申府把罗素的论文翻译为中文，中国的知识界几乎都知道被誉为"现代三大哲学家"之一的罗素。

蒋百里、孙伏园、瞿世英、张申府、赵元任等中国学者拜访罗素。让罗素感到惊讶的是，竟有那么多人能用流畅娴熟、妙趣横生的英语和他交谈，这些人说的是英式英语，用的是英式社交礼仪。这让罗素非常感动。多年后，他在自己的书里仍啧啧称赞："此前我一直不晓得，一个有教养

① 少青：《伦敦大学的生活》，《风下·新妇女临时联合刊》1948年第1期，第15—16页。

的中国人是世界上最有教养的人。"

罗素在上海发表多个演讲，在中国公学演讲的主题是"社会改造原理"，在江苏省教育会会场讲"教育之效用"。他辗转去了杭州、南京、长沙等地，最后才北上，抵达北京。

他在华的9个月间，到各地巡回演讲，共做了大大小小近20个主题的演讲。一个时期内，报刊载罗素的讲演，政界、学界名人以及知识分子纷纷发表评论。"罗素热"风靡

⊙罗素访问中国，在中国公学留影

全国，形成中国社会的一道新风景线。回到英国后，罗素出版了《中国问题》一书，书里说西方文化并不比中国文化优异。

罗素来华演讲时，方宗熙8岁。在厦门大学时，他通过读书了解了罗素在中国的行踪和演讲。

这一次，方宗熙在皇家学会听罗素的演讲，近距离感受哲人的风采，他百感交集。听这次讲座前，方宗熙找了罗素的几部著作读，这些书是《西方哲学简史》《物的分析》《中国到自由之路：罗素在华讲演集》，还在报刊上读了一些介绍罗素生平的文章。

罗素出身于英国伯爵之家，第一次世界大战改变了他，他宣称："我是因为战争结果，从自由主义改变到社会主义。"作为著名的反战人士，他发表了澎湃的时评政论，并因言获罪，被革了职，罚了款，还曾入狱半年。

方宗熙在"伦敦通讯"专栏，特意提到罗素的爵位："不知从什么

时刻开始，他袭了爵位，成为一个重要的贵族了。现在要称呼他，要在他的名字前加上Lord。（虽然他在未获得爵位之前，曾攻击爵位世袭的荒谬。）"

罗素先生是个小个子，六七十岁的人，苍白的脸孔，发沙的声音，出现在那样壮丽的会堂上，讲着那么富有炸药味的题目，有点不相称。

他讲的是原子能的应用问题。可是有大半的话是在非难苏联。……苏联虽然据说也有了原子弹，但他不相信。苏联要有原子弹，须在五年之后。现在世界需要和平，因为战争太残忍了。怎样才能达到和平的目的呢？这要有个世界联合政府。世界联合政府成立之后，各国的军备就可以取消，以后就不会有战争。这世界联合政府要怎样组织呢？这要靠美国英国法国苏联的合作。目前苏联能够跟我们合作吗？不知道。但是我们要问问她。如果她说，"不"。那么我们就要应用原子弹。现在如果不用，五年之后要用就太迟了。因为苏联那时一定会有。①

在场的观众，不断地附和着"是""对"。

听完讲座后，方宗熙有点失望，他和他的朋友鲁斯博士一起走了出来。鲁斯摇头，脸上现出复杂的神情，说道："一百八十度。"

方宗熙明白了他的意思，鲁斯是说罗素从非战到好战，转了一百八十度。他们觉得"罗素不属于新世界的人了"，而"英国的年轻人对世界另有一种看法"。

方宗熙和鲁斯博士还听了几场科学方法论的演讲，这个主题演讲一星期一次。有的讲得非常精彩、有趣，有的讲得很玄虚。"比方说，有一次，他（演讲者）说，科学方法并不是重要的，重要的是天才的脑子。这意思容易懂。接着，他说，科学家的研究，先要有问题，然后去观察。"

①少青：《我的新朋友（续）》，《风下》1948年第117期，第11页。罗素的这次演讲大概在1947年秋冬，此时，正如罗素的判断，苏联的确没有制造出原子弹。1949年8月29日，苏联测试了第一枚原子弹。

听众提问："是问题在先呢，还是观察在先？"

"当然是先有问题。"

"问题从哪里来呢？"

"从心里。"

这位演讲者认为，理论也是从心里来。这是一位彻头彻尾的唯心主义者。方宗熙与鲁斯面面相觑，一脸苦笑。

在此之后，两人听名人演讲的热情慢慢地消退，开始在实验室里与瓶瓶罐罐为伍了。

# 伦敦四季　鸿爪一痕

1947年秋天，方宗熙和鲁斯经常一起逛英国的博物馆（院）。

"伦敦的博物院是很多的，从美术，古物，风俗，到各门科学，应有尽有。我们去参观过的是古物，科学史，及各门科学的博物院。"①

方宗熙最难忘记的是参观大英博物馆。

大英博物馆——又称不列颠博物馆（不列颠博物院），位于英国伦敦新牛津大街北面的大罗素广场，建于1753年，是世界上历史悠久、规模宏伟的综合性博物馆，也是世界上规模最大、最著名的博物馆之一。

博物馆藏品最初来源于英王乔治二世的御医、著名收藏家汉斯·斯隆爵士收藏的8万余件文物和标本。1823年，英王乔治九世捐赠了他父亲的大量藏书。开馆以后的200多年间，继续收集了英国本国及埃及、巴比伦、希腊、罗马、印度、中国等古老国家的文物。

埃及罗塞塔石碑（Rosetta Stone）、古希腊帕特农神庙的埃尔金大理石雕塑（Elgin Marbles）、中国的《女史箴图》是大英博物馆的三大镇馆之宝。

东晋顾恺之的传世之作《女史箴图》是当今存世最早的中国绢画，在中国美术史上具有里程碑的意义，一直是历代宫廷收藏的珍品。世界上只剩两幅摹本，其一为宋人临摹，被北京故宫博物院收藏，笔意色彩皆非上品。另一幅就是大英博物馆中的这件唐代摹本。它本为清宫所藏，是乾隆皇帝的案头爱物，藏在圆明园中。后被盗，1903年被大英博物馆收藏，成为该馆最重要的东方文物。

---

① 少青：《我的新朋友（续）》，《风下》1948年第117期，第11页。

大英博物馆里还馆藏着敦煌壁画。方宗熙看到大英博物馆中馆藏的珍贵的中国文物，内心有一种复杂的情感：这本来是中国的国宝，却出现在这里！

鲁斯对中国的文物非常感兴趣，方宗熙就为他讲解。

"我们一道走，看，讨论，做笔记。做得累了，就在里面或附近的茶室喝茶。休息之后，又再参观。"

大约花了一个星期的时间，方宗熙和鲁斯把伦敦的几个大博物馆参观完了。

伦敦的冬天寒风呼啸，早晨总是雾蒙蒙的。

方宗熙被友情温暖。他和鲁斯的课有时是在晚上。上完课，鲁斯总是开车把方宗熙送回。"伦敦的冬夜是相当冷的，而且又时常下雨，坐了车回去，便有异样的感觉了。"

鲁斯，二十五六岁，精明又干练，热情又开朗。方宗熙年龄比鲁斯大十岁，他像兄长一样照顾关心鲁斯。两人友情的火苗在伦敦的冬天熊熊燃烧，驱散了黑暗与寒冷，冲淡了在异国他乡的孤寂。

1947年11月20日，伊丽莎白公主与菲利普亲王在威斯敏斯特教堂举行盛大的婚礼。这次婚礼，英国全国瞩目。因为伊丽莎白是乔治六世的长公主、英国王储、未来的英国女王。11月19日晚上，公主结婚的前夕，白金汉宫的广场上已经人山人海。方宗熙乘着鲁斯的车去白金汉宫看热闹。

路上挤满了围观的民众，人们纷纷议论着。行车路线全程都挤满了观众，他们早早赶来抢占有利的位置。妙龄女郎特别多，她们坐在路边，等待激动人心的时刻。有的促膝谈心，有的大声唱歌，来排遣漫漫长夜。鲁斯感慨地说：好大的耐性！看来英国女郎都有一个公主梦。

鲁斯把车顶打开，叫方宗熙站起来，向路两旁的女郎挥手，含笑点头，不就成为王子了吗？

方宗熙觉得不好意思，但的确站了起来，路两旁的女郎没有人理睬，而冷风飕飕地灌进来。方宗熙很快坐了下来。两人感受到，英国是个保守性很大的国家，保留了君主，多数国民对君主有好感。英国人对王室的感

情就如对悠久的历史建筑一样，充满着尊重与敬畏。君主现在没有什么实质性的权力，但是国家的传统和象征。方宗熙开玩笑地说假如英国将来成为共产主义的国家，国王还是可能存在的。①

11月20日清晨，有3万多民众聚集在白金汉宫广场上见证伊丽莎白公主与菲利普亲王的婚礼，举国欢庆，民众沸腾。方宗熙与鲁斯也见证了这历史性的时刻。他把与鲁斯的交往写入"伦敦通讯"，把伊丽莎白的婚礼也写入"伦敦通讯"。

在遥远的新加坡，新加坡人喜读方宗熙撰写的"伦敦通讯"。一篇篇脍炙人口的文章，漂洋过海，在《风下》杂志和《现代周刊》（洪丝丝主编，方宗熙是该刊的特约通讯员）上发表。功课虽忙，但他写通讯从不间断。

每篇文章不但通俗易懂，且很有风趣，把伦敦的风土人情、气候变化、政治生活、社会习俗、世态炎凉勾画得十分细腻。有一篇题目是《伦敦的春天》，开头这样写道：

春回大地了。

看啊，门前的篱笆植物已经披上了绿衣，窗口的落叶树也都露了青，这不是寒冬已逝的标记吗？

听呀，那咯咯的不是蛙声吗？那唧唧的不是鸟鸣吗？夜来的猫叫不是春神降临大地的声音吗？

太阳也有了新的生命了，它不再似深闺的姑娘，躲躲闪闪，好几天看不见一次脸。在冬天里，你一天能有三四个钟头一窥它的冷光，已算好运气。现在是不同了：它好像解放的小姐，见你不怕羞，大方而且慷慨，天天和你见面。它很早就登上了蓝天，要走十二个钟头，才走完它一日的路程。

而且它是多么温暖呀。

---

① 少青：《我的新朋友（续完）》，《风下》1948年第118期，第10页。

那温暖赐给春天，注入大地，万物都醒转过来了。

但醒转来的不只是金丝蛙，欧椋鸟，就是吃肉的猫头鹰和恶毒的花青蛇，也开始活动了。①

1948年的春天来得特别的早。方宗熙听一位英国的朋友说起一句民谣：

三月风
四月雨
五月花儿争美丽。

意思是说，三月如果多风，四月多雨，五月里便有百花怒放，花朵更加鲜艳美丽。实际上眼前的春花就够迷人啦。十万春花入梦里，眼前白色的李花道出开，粉红色的杏花在枝头含笑。

春天是多变的，早晨仍然有雾，可是等到温暖的脚步一踏上山头的时候，雾气就渐渐清了。气温虽然回升了，但水沟里的残雪尚未完全消融。

春天是神秘的。它把活力赐给众生。于是地球上的生物都会蠢蠢地动了。美的，坏的，善的，恶的，都着了魔似的起劲地动着。

就是连那公园里几株垂死的老树，也在枝头露出点青了。

生命是神秘的，春色是迷人的。

海德公园位于白金汉宫西侧，是英国伦敦最著名的开放式绿化公园。海德公园郁郁葱葱，道路两旁排列着参天的大树，绿荫笼罩的小道宁静幽深。澄澈透净的湖泊上，霞光云朵投影。游人在湖畔悠闲地漫步，可以看到在湖面上静静浮游的白天鹅，低头欣赏自己优雅的身影，如同静观镜子中的自己。

海德公园内有著名的"演讲者之角"，又称"自由论坛"。每到周

---

① 少青：《伦敦的春天》，《风下》1948年第122期，第8页。

末，几乎整天都有人来这里演讲，除了不准攻击女王和宣传暴力革命外，演讲内容不受限制。

1948年春日的一个周末。天空似无垠的蓝色的空镜子，阳光温暖，春风拂面，方宗熙信步来到海德公园。公园里游人如织，有的在散步，有的在玩球，有的在谈天。

方宗熙在"伦敦通讯"中描绘了伦敦的春天海德公园"演讲者之角"盛况：

成百上千的人，男男女女聚在一起，在听人演说，宣传，布道。在这一堆人里，当中有个汉子在批评现政府怎样不好，以后选举要选举保守党，因为保守党有真正的国家领袖丘吉尔；在几步外的另一堆人里，当中另有一个汉子在称颂工党政府的功绩，说不是工党的执政，现在的工人就要失业，人民就要痛苦；在几步外的另一堆人里则有人在宣传共产主义，在攻击政府，说工党和保守党没有什么分别；在接连着的另一堆人里，则有个老头子在大声讲述耶稣基督的盛德，说要世界和平，只有相信上帝；在另一堆人里，则有人在一边布道一边唱圣诗。好个热闹的世界！①

方宗熙挨个人群听演讲，旁边不见一个警察，但据说便衣警察是有的。他在一堆人后听得入迷时，一个朋友碰了他一下，他回头一看，原来是一位熟悉的朋友。他提醒方宗熙当心扒手。方宗熙哑然失笑，心想，这也是伦敦春天的一景吧。

1948年暑假的一个清晨，方宗熙在写"伦敦通讯"，他的好朋友鲁斯来了。他从欧洲大陆旅游归来。方宗熙问他欧洲大陆的见闻，得知德国工人在发动大罢工，法国要向英国卖煤炭。鲁斯赠给方宗熙"三粒比利时鸡蛋"。方宗熙非常开心："那三粒比利时鸡蛋，白纸包着，倒有些分

---

① 少青：《伦敦的春天》，《风下》1948年第122期，第8页。

量。"

二战结束后直到1948年，在英国，鸡蛋、火腿都算是稀有的食品。一般的居民，每人每星期只准买一粒鸡蛋，现在凭空得到这额外的补品，方宗熙深深感谢好朋友鲁斯。

有一次晚上，是全英国的大学生撒野的日子。伦敦大学学院的学生会早就开始筹备。日子一到，大家热烘烘地大闹一场。

开始的节目是游行示威。大学生整队步行到伦敦最热闹的街道，大呼大喊，说是短裙子运动。路上挤满了人，到处是警察维持秩序。

游行之后，他们就回到学校的广场上，堆着木头放火烧，成群的男女同学就围着篝火奔跑跳跃，有点像野人。

方宗熙和鲁斯坐在高台，远远地观望。"烟火在叫，空中发亮，这庄严的学府，幻成另一境界。"

方宗熙问鲁斯："为什么不下去跳？"

"如果这里是南非洲，我早就下去了。"[①]

外乡人的寂寞之感，染在他年轻的脸上。

方宗熙在伦敦大学的留学生活丰富、充实。他在伦敦这几年留下了雪泥鸿爪，记录在《风下》周刊专栏"伦敦通讯"中。海内存知己，天涯若比邻。他的新加坡的学生、旧友，通过这个专栏了解方宗熙。每当读到他的文章，沈清熙说："感到他虽远隔重洋，却犹如就在身旁，与我们促膝谈心，娓娓动听，分外亲切。"

师生之间靠着通信缩短了彼此之间的距离。沈清熙说："我们二十多位同学曾联合给他寄去圣诞礼物，并写一封祝贺信。这封信以及我的另一封信，他一直放在身边，随他漂洋过海，带回祖国。"由此可见，方宗熙多么珍重情谊。

有一年暑假，方宗熙为了开阔眼界，到了欧洲大陆旅游，在法国、意大利和瑞士考察，了解各大学的科学发展，并搜集写作素材。

---

① 少青：《我的新朋友（续）》，《风下》1948年第117期，第11页。

# 谢绝挽留　曲线回国

1947年秋冬和1948年春夏这个学年是方宗熙到伦敦大学留学的第一年。这一年他听讲座，参观博物馆，是适应阶段，稍微轻松一点。随后的几年，他专注于生物学研究。

60多岁的女房东看到他周末还在研究生物学，就劝他轻松点，教他跳舞。盛情难却，他只和女房东去过一次舞厅，往后的邀请就婉言谢绝了。方宗熙自幼就养成了善于利用时间的习惯。跳舞、打牌这样的娱乐，在他看来，无异于浪费时间，他无法忍受。大部分时间，他上课、去图书馆、作研究，刻苦努力，次年便有成果。

1948年，方宗熙就在英国《科学》杂志上发表论文。1949年底，他以博士论文《手掌上ab掌纹数目的遗传和大舌症低能的关系》通过答辩，得到答辩委员会教授们的赞赏，获得伦敦大学人类遗传学博士学位。

论文答辩前，他就已经获知中华人民共和国成立的喜讯，内心激荡着喜悦和自豪，梦想着早日投入祖国的怀抱。拿到博士学位后，方宗熙就为早日回国做各种准备，他想绕道苏联回中国，看看苏联的社会主义事业。可是，英国政府和国民党"驻英国大使馆"百般阻挠，伦敦大学也是想方设法挽留，许下各种诱人的条件。方宗熙不为所动，他悄悄地改变计划和行程，准备曲线回国。

1950年6月，方宗熙离开英国到达加拿大，在多伦多大学做访问学者，继续研究人类指纹的遗传。加拿大的生活非常安定，科研条件也非常好，在这里潜心搞科研，成果频出是自然而然的事。在加拿大的半年，他写出了《人类指纹遗传》等论文数篇，发表在加拿大的《科学》杂志上，获得

⊙1949年，方宗熙在伦敦大学实验室

了好评。

　　梁园虽好，非久恋之乡。他一边搞研究，一边暗暗寻找回国的机会。1950年12月，机会终于来了，他用自己多年的全部积蓄买了一张飞机票直飞我国香港，辗转回到了祖国的怀抱。他马不停蹄，又买了机票飞往北京。他带回来的东西，除了随身的衣服及一条在飞机上用得着的毛毯外，就是一箱子书。

　　在海外漂泊13年，方宗熙经历了战火的洗礼，科学救国的理想之帆经历了无数风浪和波折。

　　祖国！母亲！游子归来！

　　方宗熙的眼眶里溢满了泪水，久久不忍拭去……

第六章

服务教育　编教科书

　　方宗熙编写的教科书《植物学》《动物学》《生理卫生学》《人体解剖生理学》，均入选教育部和出版总署发布的春秋两季中小学教科用书表，并成为新中国第一套生物通用教科书和小学自然统编教材。方宗熙在编书之余，还与周建人、叶笃庄翻译了达尔文的名著《物种起源》。

# 任职总署　担任编审

北京的冬日，寒风呼啸，疏朗的树木被风撼动，用晃动的树枝在蓝色的天空中作画。风定之时，人走在北京的大街上，凛冽的空气让行人呼出团团热气。天空的蓝色纯净，透明，像薄冰一样透明。威严耸立的紫禁城角楼上的风铃微微晃动，洒落细碎的铃声。

1949年10月19日，中央人民政府委员会第三次会议任命胡愈之为中央人民政府出版总署署长，叶圣陶、周建人任副署长。胡愈之由此成为新中国成立初期中国出版界"运筹帷幄的主帅"。

方宗熙归国后的一天，在出版总署的署长办公室里，胡愈之和方宗熙对坐晤谈，缸子里的茶水冒出袅袅的热气，茶香氤氲开来。

两位好友交流了1947年秋在新加坡分别后的经历。胡愈之对方宗熙在伦敦大学的留学生活很清楚。因为《风下》刊登的"伦敦通讯"，他总是先一睹为快。

这次见面，胡愈之热情地把方宗熙博士介绍给叶圣陶、周建人两位副署长。方宗熙与两人从此结下深厚的友情。后来，方宗熙在工作、科普、翻译等方面，与叶圣陶、周建人都有亲密的合作。

出没风波里，初心永不改。在胡愈之的人生轨迹里，不管大时代背景如何动荡，他的方向始终如一，就是传播知识、开启民众。方宗熙也是如此，他抱定了科学救国的志向，始终不渝地从事生物学研究，孜孜不倦地进行科普工作，开启民智。共同的南洋经历，让两人的友谊更牢固。

胡愈之征询方宗熙下一步的工作意向和打算时，方宗熙想起胡愈之在《少年航空兵——祖国梦游记》里写的这一段话："永远向着未来，不要怀念过去，一切为了明日，不要迷恋昨日。"他动情地对胡愈之说道："我回到祖国，感受到新中国蒸蒸日上的新气象，为之振奋。我愿意为祖国的生物学建设添砖加瓦，请愈之兄安排，我无条件服从。"

经胡愈之介绍，方宗熙在总署编审局担任编审。出版总署来了留学归来的博士，成了一个新闻。叶圣陶回到家中，对儿子叶至善说："署里来了一位留学生，叫方宗熙，学生物的，人挺好。有问题可以去请教他，还可以约他写点儿什么。"①

此时，叶至善在开明书店担任编辑，正编着一套通俗的小丛书《我们的书》。这套小丛书原计划要出200种，每种字数不多，类似小百科，以高小程度的工农兵为读者对象。这套丛书可把叶至善累苦了。因为稿源缺乏，老作者不肯写，新作者又写不好，最后不得不动员店内编辑每人写一本，已经出了20多本。

正当叶至善要去见方宗熙时，不料，方宗熙的信先来了。"他来信就是对这套丛书提意见的。厚厚的一摞，提出的大多是概念方面的问题，哪些表达不太清楚，

⊙叶至善

哪些阐述不够完整，罗列了许多条；还说因为是通俗读物，介绍概念的时候要特别小心，免得读者先入为主，造成以后不易纠正的错误。"

叶至善当年年少气盛，听到的都是称赞的美言。看了这封厚厚的信，"让这一大段意见给噎住了"，不痛快了好多天。等他把方宗熙的来信消化掉后，他才觉得方宗熙是直言不讳的挚友。"友谊是从挺有性格的批评开始的，是认真直率的，一种读书人的性格。"②

---

① 叶至善：《我是编辑》，中国少年儿童出版社1998年版，第182页。
② 叶至善：《我是编辑》，中国少年儿童出版社1998年版，第183页。

# 叶老青睐　编写教材

1950年12月1日，人民教育出版社成立（出版总署编审局改组为人民出版社与人民教育出版社），毛泽东主席题写社名。人民教育出版社直属于教育部，从事基础教育教材和教育图书的研究、编写、编辑、出版和发行。首任社长兼总编辑是我国著名教育家、文学家、出版家叶圣陶先生，宋云彬任副总编辑。当天，叶圣陶在出版总署召开署务会议，通过改制之后各部分负责人名单。他在日记中写道："实行改制以今日始。编审局取消，教育出版社成立，余之兼职非局长而为社长（兼总编辑）矣。"①

1951年2月，出版总署制订的《1951年出版工作计划大纲》明确要求："人教社开始重编中小学课本，并于本年内建立全国中小学课本由国家统一供应的基础。"

1951年3月，中央人民政府教育部召开第一次全国中等教育会议，提出"各科教材必须保持完整的科学性和贯彻爱国主义精神，必须研究中国参考苏联，以苏联的中学教科书为蓝本，编写完全适合于中国需要的新教科书"②。

编写教材，既需要专业素养深厚、高屋建瓴，又需要语言深入浅出、简洁通畅。人民教育出版社急需编辑出版方面的人才。叶圣陶先生求贤若渴，方宗熙以出色的工作能力和专业水准受到他的关注。

叶圣陶对待教科书编写严谨、认真，足为后世楷模。他的日记中，有

---

① 商金林：《叶圣陶年谱长编（第三卷）》，人民教育出版社2005年版，第76页。
② 金松：《方宗熙在人民教育出版社》，《山东教育（高教刊）》2022年Z4。

数次关于看方宗熙主编的教科书的记录。

1951年5月3日，叶圣陶在日记中写道："方宗熙君校订（田）世英之自然地理，指出错误数处，为之重写，皆甚切要。世英于天文、物理、生物皆不甚知，抄集而成书，自既不明，下笔当然模糊。其贻误学生，思之实感疚心。以往通过书稿太随便，今后宜取严格。然如何得人审阅，实为最难解决。方君毕业于英国，得博士，系愈之避地南洋时之友人；近来总署，以后将请其转入教育社，主持生物一组。"①

叶圣陶对方宗熙倍加青睐，很快委以重任。5月，方宗熙调到人教社生物组（后改称生物编辑室）任组长。叶圣陶同月22日在日记中记道："与自然组诸君会谈，告以析自然组为二，一为数理化组，陈同新为组长，一为生物组，方宗熙为组长。"②

1951年5月15日，人教社生物组成立，组长方宗熙，组员李沧、濮源澄。1952年7月，生物组扩充为生物编辑室，人员有所增加，任树德、江乃萼加盟生物编辑室。

因为工作关系，方宗熙就成了叶圣陶家里的常客。叶至善回忆说："他经常跟我父亲商讨课本的编写方案，一同修改稿子，因此成了我家的常客。编写教科书是一项重要的基本建设，他干得非常认真，并不认为屈才。"③

方宗熙所编的生物教科书均由叶圣陶审定。叶圣陶日记里也有记载：1951年9月18日，"下午修改昨日所议之方案数件。看方宗熙所撰植物稿若干页，为之修润"④；10月26日，"晨间与方宗熙等共商自然课本中关于发酵与腐败一段之修改"⑤。

方宗熙经常向叶圣陶请教，一起切磋，对他的写作无疑是一种提升。

① 商金林：《叶圣陶年谱长编（第三卷）》，人民教育出版社2005年版，第116页。
② 商金林：《叶圣陶年谱长编（第三卷）》，人民教育出版社2005年版，第119页。
③ 叶至善：《我是编辑》，中国少年儿童出版社1998年版，第183页。
④ 商金林：《叶圣陶年谱长编（第三卷）》，人民教育出版社2005年版，第143页。
⑤ 商金林：《叶圣陶年谱长编（第三卷）》，人民教育出版社2005年版，第157页。

⊙20世纪70年代末方宗熙（右二）与胡愈之夫妇（中、右一）、叶圣陶（左二）、陈此生（左一）在北京

方宗熙对叶圣陶总是怀着感激之情。

1951年11月21日下午，叶圣陶修改方宗熙重撰之初中植物学原稿。"方君仍据苏联本之体系而加以增损，增者我国之材料，尤注意于我国之特产及我国植物资源之丰富，损者为苏联所重而在我国无足轻重者。方君已撰成生理卫生稿，又修订苏联《达尔文学说基础》之译稿，并将加以改编。继之并将重编动物学教本。渠谓苏联生物部门之各科彼此配合，组织至密，最合科学体统，故欲一手为之，期有利于学生。此种精神大是赞扬也。"①

1952年3月5日晚上9点，叶圣陶书桌上的灯亮着，"改方君《达尔文主义基础》稿上册毕"②。这部七八万字的书稿，叶圣陶用了4天的时间改完，"亦云不慢"。因为看稿子颇花费心思，这天晚上，叶圣陶睡眠很浅。

---

① 商金林：《叶圣陶年谱长编（第三卷）》，人民教育出版社 2005 年版，第 165 页。
② 商金林：《叶圣陶年谱长编（第三卷）》，人民教育出版社 2005 年版，第 203 页。

与此相对应的是，方宗熙夜以继日地编写教科书。他几乎把所有的时间都投入工作之中。

1980年，《人民教育》杂志记者采访方宗熙后写道："书稿写出以后，叶老总是亲自审阅，并且一字一句地修改。"有时，叶老把方宗熙找去，仔细地告诉他为什么要这样修改。叶老说，方宗熙的文章还有"洋气"，许多句子太长了，我国文章的特点之一是短句子。"后来方宗熙常对别人说，叶老是我的文字老师，我受他的教益匪浅。"①

对于方宗熙编修课本，叶圣陶虽然有一些修改，有一些润色，但整体上来说"方君之稿甚好，言动物进化，井井有条，余深感满意"②。

---

① 郭戈：《方宗熙：中国海洋生物遗传学和育种学奠基者》，《中华读书报》2020年6月24日。
② 商金林：《叶圣陶年谱长编（第三卷）》，人民教育出版社2005年版，第258页。

# 教材出版 硕果累累

方宗熙到人民教育出版社后第一项工作是校订林英、文彬如编的《初级中学生理卫生课本》（人民教育出版社1951年8月版）。

接着，他便投入所有生物教科书的自编工作，即初中课本《植物学》（初一年级学生用）、《动物学》（初二年级学生用）、《生理卫生学》（初三年级学生用）和高中课本《达尔文主义基础》（高一年级学生用）。这些课本均为上、下册，1952年春夏出版，助编者为李沧、濮源澄。这套教科书大都以东北人民政府教育部编译苏联的各种生物教材为蓝本改编而成，依据的是教育部1951年《中学生物科课程标准草案》。

⊙方宗熙编的教材《动物学》《植物学》

这套教科书尽管受苏联生物教科书影响较大，但"认真贯彻了教育部和三个中学生物课程标准所确定的编写教材的指导思想和原则……（2）重

视生物学基础知识，教材中有关动植物的结构、功能、种类等基础知识讲得比较系统、全面、详细。（3）重视结合讲述生物学基础知识，联系中国的农业生产实际，学生的生活和卫生保健实际。（4）重视结合有关教学内容，进行爱国主义思想教育"[1]，人民教育出版社课程教材研究所《新中国中小学教材建设史（1949—2000）研究丛书·生物卷》一书如是评述。

方宗熙又根据教育部1952年编订的《中学生物教学大纲（草案）》，结合材料和我国实际，对上述初高中生物教科书进行了全面修订，并都合并为全一册，均于1953年春季由人民教育出版社出版。其中，初中课本《生理卫生学》改称《人体解剖生理学》。他还与任树德合编了高中课本《人体解剖生理学》。

方宗熙还主持编写了高级小学课本《自然》（上下册，编者方宗熙、陈同新、江乃萼、周芬、许南明、任树德，人民教育出版社1953年出版）。该书参照苏联小学自然课本编写而成，适用于小学五六年级。1954年，该书改为4册，并加上彩色插图。

1952年12月6日，叶圣陶在日记记录了看《自然》课本的情况："看方君等所撰小学自然稿十余页。系根据苏联之小学课本，一部分以水为中心，一部分以矿藏为中心，叙述方法甚佳，循序渐进，浅显易晓。余告方君等此稿给小学生读，尤宜注重语言，不可留有文字上之障碍。"[2]

方宗熙编写的上述教科书，均入选教育部和出版总署发布的春秋两季中小学教科用书表中，并成为新中国第一套生物通用教科书和小学自然统编教材。

在人民教育出版社两年，方宗熙全部身心投入工作中，成果相当可观——主编中小学生物和自然教科书6种19册。

方宗熙谦虚、严谨、勤奋的工作态度，赢得了刚从美国留学回国的江乃萼的爱慕。他们两人在办公室是对桌，江乃萼就成了方宗熙工作上的好

---

① 课程教材研究所：《新中国中小学教材建设史（1949—2000）研究丛书·生物卷》，人民教育出版社2010年版，第85页。
② 商金林：《叶圣陶年谱长编（第三卷）》，人民教育出版社2005年版，第279页。

伙伴、生活上的好帮手。方宗熙有一次旧式的婚姻。他在海外漂泊13年，这个婚姻名存实亡。方宗熙与老家云霄县的妻子离婚后，1951年春天，与江乃萼喜结良缘，在东城区东总布胡同有了一个温馨的家。

后来，江乃萼回忆方宗熙编写生物学教材这段时光时说："二年的时间，如果不夜以继日，是写不出那么多书来的，在我的记忆中，在这两年里，他没有去过颐和园、故宫、北海、天坛，观赏北京雄伟壮丽的名胜古迹！"方宗熙在人教社的超强的敬业精神和职业能力令人肃然起敬。

方宗熙主持编写的上述教材出版后，每年春秋两季开学，装进了莘莘学子的书包。无数的学生在小学读《自然》，在初中读《植物学》《动物学》，在高中读《人体解剖生理学》。这些教科书开智启蒙，把科学的种子播撒到学生的心田，落地生根，有的开花结果，有的长成参天大树。

方宗熙以极大的耐性、敬业的精神、科学的素养编写教科书，这些源自他对学生的尊重，对孩子的爱。他在童年缺少书读，深深知道一本课本会给孩子带来什么。

方宗熙主持编写的教科书，起到的作用毋庸置疑。如果把中国生物学教材编写放到20世纪百年历史进程中来看，可以清晰地看到方宗熙编写的教科书承前启后，占据非常重要的位置。

当时我国的生物学教材编写借鉴苏联，甚至以苏联中学课本为蓝本，结合我国实际情况加以改编。苏联米丘林和李森科排斥基因学说，方宗熙主持生物学教科书的编写，难免受其影响。但他勇于正视自己作品中犯过的教条主义的错误，敢于承认"对孟德尔-摩尔根主义作过不公正的评价"，他在后来的教学中向学生全面地介绍了西方遗传学理论和研究进展。

1953年，方宗熙调任山东大学（在今青岛）生物系后，撰写了大学教科书《普通遗传学》，1959年由科学出版社出版。这本教科书共发行了5版，在大学生物系中用了30年。

# 合作翻译　物种起源

1950年12月至1953年4月，方宗熙在北京（先后供职出版总署编审局和人民教育出版社），他的精力主要用于编写生物学教科书，但他仍未忘情于科普创作，更重要的是，他和周建人、叶笃庄合作翻译了达尔文的两部名著《物种起源》《动物和植物在家养下的变异》。

先说方宗熙的科普创作，应叶至善的邀请，他在《中学生》开设"生物学讲话"科普专栏。

《中学生》杂志，1930年1月由夏丏尊先生创办于上海，由开明书店出版发行。1931年夏先生把叶圣陶请来主持编辑工作，从此由叶圣陶先生主编刊物，一直到中华人民共和国成立前夕。《中学生》杂志作为一代名刊，叶圣陶是其中的灵魂人物。新中国成立后，《中学生》复刊，接力棒传递到叶至善手中，1953年与青年出版社合并改组为中国青年出版社。叶至善历任开明书店编辑，中国青年出版社编辑，中国少年儿童出版社社长、总编辑兼《中学生》主编。他受鲁迅、叶圣陶的影响，以出版为阵地推广科普，《中学生》杂志为方宗熙开辟了一块科普园地。

笔者查阅到方宗熙在《中学生》发表的文章如下：

《介绍米邱林的遗传学》　　　　　　　　　　　《中学生》第233期

《血型的遗传》　　　　　　　　　　　　　　　《中学生》第235期

《生物与非生物的区别》（"生物学讲话"之一）《中学生》第237期

《原生质与细胞》（"生物学讲话"之二）　　　《中学生》第238期

《酵素》（"生物学讲话"之三）　　　　　　　《中学生》第239期

《维生素》（"生物学讲话"之四）　　　　　　《中学生》第240期

《过滤性微生物》（"生物学讲话"之五）　　　　《中学生》第241期

《叶绿素和光合作用》（"生物学讲话"之六）　　《中学生》第242期

这些文章发表在1951年出版的《中学生》，署名"少青"。在《叶绿素和光合作用》一文中，有一段与读者交流的话："本杂志的编者告诉我，这个'生物学讲话'颇受读者的欢迎，因此，我想在这里略微说一下我以后准备讲些什么。我开始写这个讲话的时候，是想用新观点新材料来讲生命的本质和进化的。现在还是想按照原来的计划写下去。过去的几次讲话，都是有关生命的本质问题，这一次讲的'叶绿素和光合作用'也可算是这方面的问题。但是生命的本质和生命的进化分不开的，所以从前在讲过滤性微生物的时候，我们实在也触到生命起源的问题；在介绍新的细胞理论的时候，我们也讲到生命进化的事。同样，我们现在讲叶绿素的机能时也要涉及进化。实际上，只有用唯物进化的观点，生命的本质才能够了解得正确。"[1]方宗熙的这段话，写于1951年11月7日。

《血型的遗传》一文，其实是回答读者的来信，这位读者的名字叫张佩年。

很遗憾，笔者未能查到1951年和1952年出版的全部的《中学生》杂志。以上科普文章，显然不是方宗熙这一时期的科普创作的全貌。

方宗熙与叶氏父子成为至交，也许是冥冥中注定的情缘。若追溯方宗熙与《中学生》的文缘，要追到20年前。

1931年，《中学生》杂志发起"怎样使所习学科与实际生活发生关系"大讨论，方宗熙撰写的文章发表在《中学生》第15期上。他从三个方面进行探讨：学习的精神、学习的方法、学习的扩大。对于学习方法，他提出"四到"：口到、眼到、心到、身到。在这篇短文的小结论中，他写道：

"为生活而学习"，这是谁都不能反对的。假使我们能具备上列三

---

[1] 少青：《叶绿素和光合作用》，《中学生》1951年第242期。

件去学习，留意实际生活的需要，处处应用学习的结果，只要我们不死读书，则所习的学科自然和实际生活发生密切的关系：实际生活的需要促进我们的学习，又把学习的结果去改善实际生活。

这篇小文应是方宗熙的处女作，此时，他在厦门大学读预科，相当于高中。作为一名高中生，他写的文章浅显，带着稚嫩的色彩。但这篇文章正是他从事生物学研究的宣言，有决心、有恒心攻研究科学，学习联系实际生活，学以致用。方宗熙一生都在践行学以致用，他的科学研究如此，他的科普创作亦是如此。

方宗熙和叶圣陶说起当年他在《中学生》发表这篇小文时，叶圣陶记不清了。回忆往事，如前尘旧梦。20年后，再续前缘，这是多大的缘分啊。

方宗熙在出版总署工作，与另外一位副署长周建人的合作是翻译达尔文的名著《物种起源》。关于这部译著出版的幕后，另一位译者叶笃庄在《物种起源》后记中有介绍。

解放战争期间，周建人为了避开国民党的迫害，去香港从事民主活动。在香港，他翻译了达尔文的名著《物种起源》，分上下两册，由香港三联书店出版。新中国成立后，因多种原因，周建人想找人进行一次修订后再版。他首先找到了方宗熙。方宗熙在英国留学时，对达尔文、赫胥黎留下的文化氛围感同身受。有这样的邀请机会，方宗熙毫不犹豫地就答应了。周建人为了让修订版《物种起源》尽快付梓，他在审定叶笃庄翻译（从英译本翻译为中文）的《米丘林选集》后，约请他也出马。三位生物学家碰面后一拍即合，于是分工，开始了热火朝天的翻译。

1954年6月，周建人、叶笃庄、方宗熙的译著《物种起源》（第一分册、第二分册、第三分册）出版，是据英文版《物种起源》第六版翻译的。这部译著出版后，受到学界的好评，成为一个经典的译本。

"直到20世纪50年代，也就是《物种起源》问世近100年后，才有白话文的中文译本出现，这就是由周建人、叶笃庄和方宗熙合译的《物种起源》第六版，也是至今在中文世界影响最大的一个版本。"①

⊙周建人、叶笃庄、方宗熙合译的达尔文《物种起源》三卷本

他们在译者前言中，明确指出这是"试译本"，对于这个"试译本"还不十分满意，准备以后再做修订。可是由于不断的政治运动，这一愿望始终未能实现，成为三人心中的遗憾。瑕不掩瑜，这个版本1963年由商务印书馆出版，进入汉译学术名著系列，不断重印。

到了20世纪80年代，三人都表达过要出修订版的愿望。叶笃庄写道：

周建人和方宗熙二位同志，也同样没有忘记这项修订工作。周老于去世前（1982年3月）在《北京晚报》发表过一篇文章说："我们数人合译的达尔文著作《物种起源》最近又由商务印书馆重新印刷发行了。但在我译的部分有不妥处，我因年迈，已无力重新校订……但我总觉得心里不安。"一位九十多岁的老人在临去世前回顾自己的一生时发出这样的感叹，凡是有责任感的人都会理解这一心情的。方宗熙教授1984年去美国讲学前，我在北京见到他，见面后没有说几句话，他就提到"在

---

① 《新译本〈物种起源〉出版发行》，中国科学院网站，https://www.cas.cn/cb/cbdt/201312/t20131201_3988456.shtml。

我们有生之年一定要把《物种起源》的修订工作完成"，不料他在1985年回国后就溘然逝世了。[①]

出版修订版的愿望，就落在了叶笃庄一个人的肩膀上。他"用了一年的时间把《物种起源》修订了一遍"，由商务印书馆1995年2月出版。当叶笃庄拿到出版方送来的样书，摩挲着封面，看到扉页上三位译者的名字，内心百感交集，潸然泪下……

书与人在岁月中都有起伏的命运。这是后事。

当年方宗熙在北京与周建人、叶笃庄翻译完《物种起源》后，意犹未尽。叶笃庄、方宗熙合译了达尔文的另一部名著《动物和植物在家养下的变异》（上卷），1957年9月由科学出版社出版。1957年9月30日，叶笃庄被打为"右派"，他只好偷偷地翻译《动物和植物在家养下的变异》（下卷）。叶笃庄独自翻译的《动物和植物在家养下的变异》（下卷），以他6岁女儿叶梅的名字署名翻译，仍在科学出版社出版，责任编辑黄宗甄冒着危险出版此书，还把稿费送给了叶笃庄的妻子。黄宗甄的壮举和善举令叶笃庄"铭感五内，没齿难忘"！

方宗熙除了编写中小学生物学教材外，在两年多的时间里，发表有关生物教材论文6篇和多篇科普文章，还出版3部著作（含合译2部）。

1953年4月上旬，山东大学（在今青岛）副校长童第周邀请方宗熙到该校生物系任教。方宗熙为之心动，毕竟这是他多年追求的专业方向和科研凤愿，他钟爱的当时全国大学中最好的海洋科学和海洋生物专业此时已聚集于青岛，他大学时代的一些老师和同学也在青岛从事生物学或海洋学研究。

叶圣陶难舍这位得力干将。他的心情颇复杂，一方面"有点儿惆怅"，一方面又为他"庆幸"，因为在山大担任教授，可以直接培养人才，还有做科学研究的条件。

---

① 叶笃庄：《一片冰心在玉壶：叶笃庄回忆录》，山西人民出版社2014年版，第480页。

4月13日下午，叶圣陶邀请"安亭、薰宇、云屏、芷芬、永生集余室，与方宗熙叙别"。

方宗熙、江乃萼携快满一岁的女儿方菁，告别了胡愈之、叶圣陶、周建人等好友，奔赴青岛。他的后半生将在蓝色的大海上展开……

第七章

# 执教山大　青岛盛会

　　方宗熙在山东大学生物系任教授，他的到来，加强了山大生物系的力量。曲漱蕙担任无脊椎动物教研组组长，黄渐担任脊椎动物教研组组长，陈机担任普通植物教研组组长，王祖农担任微生物教育组组长，方宗熙担任达尔文主义教研组组长。方宗熙参加了1956年在青岛举行的遗传学座谈会。

# 生物系史　名家云集

1928年，省立山东大学停办后，国民政府决定在省立山东大学的基础上筹建国立山东大学。由于济南仍被日军占据，筹备工作无法进行。1929年6月，教育部长蒋梦麟向国民政府行政院提交议案并获通过，收用私立青岛大学校产，成立国立青岛大学。1930年4月28日，南京国民政府发出府令，"任命杨振声为国立青岛大学校长"。

杨振声毕业于北京大学，留学美国，先后在哥伦比亚大学、哈佛大学专攻心理学、教育心理学。他学习北大、清华的办学理念，兼收并蓄，广揽英才。

杨振声对于国立青岛大学的办学特色，见解独到而富有远见。他对青岛的地理环境、自然资源以及山东的古物文献等进行了细致的分析，主张文理渗透，提出渐次增设海边生物学、海洋学、气象学等与海洋有关的学科。

海边生物学，中国大学中有研究此学之方便者，惟厦门大学与青岛大学。厦门海边生物种类虽繁盛，然因天气过热，去厦门研究者多苦之，又易发生疟疾。青岛附近海边生物之种类，繁盛不亚于厦门，而天气凉热适中，研究上独较厦门为便。若能利用此便，创设海边生物学，不但中国研究海边生物者，皆须于此求之，即外国学者，欲知中国海边生物学之情形，亦须于青大求之。如此则青大将为海边生物学研究之中心矣……再者，理学院中如海洋学、气象学，亦皆其他大学所未办，

我们因地理上或参考上便利，皆可渐次设立，此理学院自求树立之道也。①

有了蓝图规划，学科的建设和发展还需要人才、科研来落实。1930年9月20日，国立青岛大学举办盛大的开学典礼，生物学主任暂缺。但生物学在国立青岛大学最具潜力，发展前景广阔。1931年9月，曾省被聘任为国立青岛大学生物系主任兼教授，并开展海洋生物的研究工作。

曾省，农业昆虫学家。又名曾省之，1899年9月生，浙江瑞安人，乃曾勉之兄。1917年南京高等师范学校农业专科毕业，留校任助教。南京高等师范学校改为国立东南大学后，他转入生物系，在秉志教授指导下，一边任助教，一边补习必修课程，完成本科规定的学分，于1924年获学士学位。1927年曾到南京郊区农民协会工作一年，1928年晋升为讲师。1929年，经秉志等人推荐，得到中华文化基金资助，前往法国里昂大学理学院攻读昆虫学、寄生虫学和真菌学，1931年获理学博士。后去瑞士暖狭登大学从事生物学研究工作。

1934年，曾省前往济南筹建农学院，并任院长。1935年至1938年7月，出任国立四川大学农学院院长。

曾省来到国立青岛大学，增强了生物系的科研和教学力量。此时，生物系讲师有秦素美、沙风护和兼任讲师张玺，助教高哲生。

随后生物系师资阵容越来越强大，刘咸（教授）、段续川（兼任讲师）、童第周（教授）、王宗清（教授）、林绍文（教授）、曾呈奎（讲师）等名家执教生物系。

国立青岛大学的生物学研究和教学，因地制宜，以海滨生物采集和研究为主开展。

1931年10月生物学会成立，截至1932年5月共开学术会议11次，除了曾省、秦素美、沙风护等教师演讲外，还有5名学生担纲主讲，其题目多涉

---

① 季培刚：《杨振声年谱（上册）》，学苑出版社2015年版，第254页。

及青岛地域的动植物。例如：1931年10月18日曾省讲的《青岛之渔业》；1931年10月31日学生何均讲的《青岛昆虫之调查》；1931年12月19日学生张奎斗讲的《青岛之鲨鱼》；1932年2月29日学生任树棟讲的《青岛之蛙类》。

1931年10月，国立青岛大学生物系连续接到济南齐鲁大学、北平清华大学和北京大学来函，嘱托搜罗鲨鱼作比较解剖学实验材料，"良以两地苦无此物，而沿海各埠又无相当生物学材料可以供给，故咸求助于本校"。

生物系注重海产生物调查和采集，平时每两周前往海滨采集一次。1931年暑假，曾省将学生分组，北往龙口、烟台、威海等处，南至台州、厦门一带，他率领学生在山东半岛北部各海口采集，所得标本甚丰。

高哲生利用星期天和假期，带领生物系的同学去海滨采集动物标本。近的如前海、团岛、燕儿岛、大小港湾，远的如沧口、女姑口、阴岛（今红岛）或者石老人、沙子口等。在生物系学生曲漱蕙的印象中，"尤其令人神往的是海滨公园和小青岛，在那峥嵘参差的岩石下面，在那清澈见底的深水里，可采到各种螺类、螃蟹、海菊花、海盘车等"[1]。有时，曲漱蕙用长竹竿头上装上铁丝，亲自捞取十条八条海参，还可以带回去饱餐一顿。

天津《大公报》撰文报道国立青岛大学生物系发现的两个海产新物种，其中的蟹命名为"杨振声氏蟹"，鱼则命名为"曾省之氏鱼"[2]。

因崂山植物繁茂，向未经人采集，未作系统研究，讲师沙凤护教植物形态学和分类学，他带领学生多人，冒暑到崂山20多天，得草木标本300多种。曲漱蕙回忆说："每次见到他们背着标本策（册）和标本桶回来，那股兴奋愉快的表情和不怕疲劳的忘我精神，使我感受很深，不由自主地跟

---

① 曲漱蕙：《回忆三十年代的山大生物系》，见山东省政协文史资料委员会编《悠悠岁月桃李情：山东大学九十周年》，中国文史出版社1991年版，第316页。
② 《青大生物系发现鱼蟹新种》，《大公报》1932年2月23日。

随他们实验室去帮助整理标本，因此认识了不少花草树木。"[①]

1932年5月1日，青岛水族馆举办隆重的开馆盛典。国立青岛大学生物系师生以青岛水族馆为依托，青岛的海滨生物研究有了基地。

1933年12月，国立山东大学（简称"山大"）学生创办的学术刊物《励学》出版。《励学》内分文史和科学二部，生物系师生的学术研究成果，有了发表的园地。

1933年12月第一期《励学》发表的生物学研究文章如下：

《十年来对植物演进之新贡献》（刘萃杰）

《在活栓杯中培养海滨生物》（高哲生）

《济南淡水鱼之调查》（张奎斗）

1934年6月30日第二期《励学》发表的生物学研究文章如下：

《青岛菊科植物志略》（张奎斗）

《室内害虫之驱除法》（佟元俊）

《死之原因》（刘萃杰）

《死之研究》（刘萃杰）

《青岛海产生物分布概况》（高哲生）

⊙1933年《励学》创刊号

1935年4月30日第三期《励学》发表的生物学研究文章如下：

《发生学上三种不同之卵子》（童第周）

《眼病之遗传》（秦素美）

《寄生虫研究与实验法》（高哲生）

《女子卵巢内分泌及两性之差别》（刘萃杰）

---

① 曲漱蕙：《回忆三十年代的山大生物系》，见山东省政协文史资料委员会编《悠悠岁月桃李情：山东大学九十周年》，中国文史出版社1991年版，第315—316页。

《复兴农村中之虫害问题》（佟元后）

1936年7月15日第六期《励学》发表的生物学研究文章如下：

《海藻采集谈》（曾呈奎）

《眼与颜色》（高哲生）

《行军虫及其防治》（崔友文）

1937年5月15日第七期《励学》发表的生物学研究文章如下：

《青岛苹果果树害虫初步调查报告》（崔友文）

由上述发表在《励学》期刊上的生物学研究文章，可见山大生物系师生的学术成果之丰。山大生物系在青岛开展教学和科研，还有一个得天独厚的优势，就是海洋生物学术机构的建设按照蓝图推进。

1934年3月，中国动物学会第四次理事会接受中华海产生物会的提议，赠送基金6500元，筹建青岛海滨生物研究所，得到中央研究院院长蔡元培、总干事丁文江的支持和大力赞助，同时也得到了以王家辑为书记的太平洋科学协会海洋学组中国分会的赞助，共筹得资金13000余元。

1935年8月，蔡元培为筹建青岛海滨生物研究所又来到青岛。

青岛海滨生物研究所择址青岛海滨公园内的莱阳路2号，这是青岛水族馆东侧预留公地。1936年8月12日，青岛海滨生物研究所奠基，这也是中国海洋科学发展史上的一个里程碑。1937年主建筑落成。

青岛海滨生物研究所由多家科研机构和单位出资建设，国防资源委员会、青岛市政府、国立山东大学、胶济铁路局、中华海产生物学会、中央研究院、北平研究院共同筹资建造，这也可以看出国内各界对发展海洋科学的共识，标志着青岛成为中国海洋科学研究的中心。青岛观象台、青岛水族馆、青岛海滨生物研究所与国立山东大学推动了青岛海洋科学的发展。杨振声规划的海边生物学研究中心初步形成。这些涉海学术机构，也为国立山东大学生物系的科研提供了学术支持。

1936年，在青岛水族馆里，筹备成立了国立海洋研究所。1937年，由于全面抗战的爆发，国立海洋研究所建设搁浅。

抗战爆发后，国立山东大学师生以各种形式投笔从戎，投身抗战大

潮。1937年11月，国立山东大学被迫从青岛内迁，先到安徽安庆，经武昌最终到达四川万县复课。1938年3月，教育部下令"国立山东大学暂行停办"，师生大部分转入国立中央大学、武汉大学等。

1946年春，国立山东大学复校，赵太侔为校长。

复校后，国立山东大学继续加强文、理、工、农等学科的建设，增设了医学院，聘请李士伟、魏一斋、沈福彭等一批医界名家、教授来校任教、任职。利用地理优势创建了全国第一个水产学专业，设立水产学系，由海洋生态学家、水产学家朱树屏任系主任，进行海洋捕捞、水产加工、水产养殖的研究，1948年5月招收研究生，水产学系是中国水产事业的摇篮。

国立山东大学在青岛复校也是生物学发展的一个契机，童第周任动物学系主任，曾呈奎任植物学系主任。在赵太侔的规划中，还有筹建海洋系，由于种种原因搁浅。但成立了海洋研究所，正、副所长分别由童第周、曾呈奎担任。

1949年6月2日，青岛解放，国立山东大学迎来新时代。

1951年3月15日，国立山东大学与华东大学合并，定名为山东大学。学校设有文、理、工、农、医五院，十八个系。华岗任党组书记兼校长，童第周、陆侃如任副校长。

1952年，山东大学经过了全国高等院校院系调整，以华岗校长为代表的老一代山大人能够顾全大局，在失去办学规模和学科门类优势之后，立即把着眼点转到了提高教学质量和科研水平、突出办学特色上，提出了"文史见长，加强理科，发展生物，开拓海洋"的新思路。

生物学是山大的优势学科，成为山大的特色之一。1953年4月，山大副校长童第周邀请方宗熙来生物系执教，方宗熙由此在山大生物系史上留下了名字。

# 传道授业　培育人才

1952年，全国高等院校院系调整，山东大学的动物学系和植物学系合并为生物系，系主任为陈机，共有教师37人。生物系教授有曲漱蕙、王祖农、王敏、钟兴正；副教授有郑伯林、叶毓芬、黄渐、高哲生、李冠国、李嘉咏；讲师有陈惠民、周才武、陈倬、周光裕、方同光、尹光德、李桂舫等。

方宗熙在山大生物系任教授，他的到来，加强了山大生物系的力量。生物系根据学科实际情况，以及教学和社会生产需要，设立了5个教学研究组：无脊椎动物、脊椎动物、普通植物、微生物、达尔文主义。曲漱蕙担任无脊椎动物教研组组长，黄渐担任脊椎动物教研组组长，陈机担任普通植物教研组组长，王祖农担任微生物教育组组长，方宗熙担任达尔文主义教研组组长。[①]

1953年4月至1959年4月，方宗熙在山大生物系执教。

当时，由于受苏联米丘林学说和李森科观点的影响，大学的生物学教学对孟德尔-摩尔根生物遗传学进行批判，在教学中也未进行系统、深入的讲授。

在此期间，方宗熙对达尔文的进化论和摩尔根的遗传学进行了深入研究，推动了教学和研究工作的进展。他除了讲授遗传学和进化论外，还进行科学研究。

杨德渐于1957年考入山大生物系，他听过方宗熙先生的课。杨德渐曾

---

① 翟广顺：《山东（青岛）大学史（1929—1958）》，中国海洋大学出版社2022年版，第442页。

是生物系学生会主席。他在《先生之风，山高水长——忆方宗熙先生》一文中，留下了这样的回忆：

20世纪50年代后期，先生是我们生物系的系主任，也是教我们细胞遗传学的教授。是家父（时任物理系主任）的老同事。先生的夫人江乃萼女士，与家父在抗日战争时期浙江大学西迁贵州湄潭时就认识。尽管他们一起共事多年，但在旧知识分子人人自危的年代，无不小心谨慎，少有来往，哪怕是逢年过节。

先生不善言辞，谨言慎行。记得主持全系大会，总是以"在董书记（时任系书记）的领导下"的口头语作为开场白。

先生上课，每每只带一张卡片或一个小本。引经据典，旁征博引，不急不慢。深得同学们的欢迎。来听课的还有中科院海洋所的几位进修生。

说实话，我虽经先生严格口试得过"优"，但不是先生的好学生。在那细胞遗传学被称为"资产阶级的、反动的、唯心的生物学"的年代，对先生有太多的误解。①

胡建廷撰写的方宗熙传记中，有一段关于方先生上课时的描述，让我们可以领略方先生的神采：

他担任生物系遗传教研室主任时，除了进行科学研究，还讲授遗传学和进化论。他口才很好，善于表述，讲课的特点是深入浅出，诙谐生动，引人入胜。听他讲过课的学生回忆说：方老师给我们上《生物学引论》，我们第一次听他讲课，他像讲故事似的，听出味来了，这节课就该结束了。他有一个习惯，上课前两分钟，他就来到教室门口，与同学

---

① 杨德渐：《先生之风，山高水长——忆方宗熙先生》，见《方宗熙文集》编委会编《方宗熙文集》，海洋出版社2012年版，第653页。

交谈，问长问短，上课铃一响，他就走上讲台，翻开学生名单，提问同学上一堂课最基本的概念掌握了没有，然后才开始讲新课。他上课时间控制得非常好，讲课时从不看讲稿，都是一口气讲完，同学们听得聚精会神。方宗熙讲课的另一个特点是，善于将比较高深的学问，通过事例进行讲解。他讲遗传"三大定律"，讲到一些细胞学理论，经常引用一些简单的事例把很复杂的理论问题说得一清二楚，让学生很容易接受，学生们都特别爱听他的课。他提倡的一流教授要给一年级新生讲课的主张，备受师生欢迎。[1]

方宗熙下课后，总有意犹未尽的学生围住他，提出各种各样的问题。他对学生的辅导非常耐心细致，不管在教室、在办公室，还是在路上，学生提出问题，他总是不厌其烦地耐心解答，直到学生满意为止。因此，他深得学生们的喜爱和尊敬。

蒋本禹、李家俊都是1952年考入山东大学生物系，听方宗熙先生讲授遗传学，开始了生物学研究的学术生涯。1956年，两人都分配至中国科学院海洋研究所工作。20世纪60年代，方宗熙开展海带育种研究，被中国科学院海洋研究所聘为兼职研究员，每周两次到中国科学院海洋研究所研究海带。他当年的两位学生，成了他海带研究团队的得力干将。

方宗熙刚到山大生物系执教时，与在山大兼任教授的水产学家朱树屏交往甚密。

1958年，山大主体迁往济南，生物系也到了济南。方宗熙服从组织安排，到济南执教，留下夫人江乃萼和孩子们在青岛。

江乃萼回忆：

几个月后，我有事出差济南，到他住处敲门，待了一会儿，门开了，他脸色绯红，病了，发烧。他和另一教授全家在校外合住一套房，

---

[1] 李乃胜等著：《碧海丹心：海洋科技历史人物传记》，海洋出版社2007年版，第201—202页。

⊙方宗熙（右一）和朱树屏（右二）合影（朱明提供）

他住一间。吃饭要到校内职工食堂，因病已两餐没有吃了，热水瓶又是空的。那时，我难受极了。他一生很少想到自己，也很少给人添麻烦。就这样不喝水，不吃饭，想挺过去。那时他还不到50岁，自认还年轻，感冒发烧不要紧，让别人操心心里过意不去，有病没和邻居打招呼，他就是这样一个人。好不容易调回青岛山东海洋学院，一家人住在了一起。他感谢组织上对他的关怀，工作的劲头更足了。[①]

1959年4月，方宗熙调往刚刚成立的山东海洋学院（今中国海洋大学），担任生物系主任兼遗传教研室主任。

---

① 江乃萼:《把自己的生命融进了阳光、春风和海洋之中的科学家、科普作家——方宗熙教授传略》，见孙士庆等著《中国少儿科普作家传略》，希望出版社 1988 年版，第 95 页。

# 青岛盛会　研讨遗传

1956年8月，方宗熙参加了盛大的学术会议——在青岛举办的遗传学座谈会。

1956年之前，中国处于全盘学苏联的热潮中。李森科作为苏联科学家的榜样，被较早介绍到国内。他打着苏联著名园艺学家米丘林的旗号，提出环境与生物体是统一的，生物体的每一个部分都能遗传，并否认基因的存在。而经典的摩尔根学派，则师承孟德尔定律，认为基因控制生物的遗传与变异。孟德尔-摩尔根学派在20世纪50年代一度被打上反动的、资产阶级的、唯心主义的标签，遗传学在一段时间内遭遇批判，在中学和大学的生物学教科书中避而不谈。这是政治干预科学最为典型的案例。

令后人觉得特别遗憾的是，1956年的夏天，国内最顶尖的生物学家热火朝天争论地遗传的物质基础是什么。而就在这一年，国际上已经确认了DNA双螺旋分子结构。科学的车轮滚滚向前，中国的生物学却滞留在原地。

1956年8月10—25日，在中宣部领导下，中国科学院与高等教育部联合组织，召集中国遗传学的摩尔根派和米丘林派的主要代表人物，在中国科学院青岛疗养院召开了遗传学座谈会，会议贯彻"百家争鸣"方针，让允许支持摩尔根学说和李森科学说的学者各抒己见，畅所欲言。这次会议是中国生物科学特别是遗传学发展的一次历史转折。

"为了贯彻'百家争鸣'，党决定，对学术问题，党不做决议，让科学家自己讨论。"8月10日，遗传学座谈会开幕，中宣部科学处处长于光远在发言中开宗明义讲道。[1]

---

[1] 李佩珊等编：《百家争鸣——发展科学的必由之路》，商务印书馆1985年版，第22页。

⊙1956年青岛遗传学座谈会合影。前排左起：杨允奎，祖德明，童第周，武兆发，乐天宇，吴仲贤，何定杰，胡先骕，李继侗，李汝祺，谈家桢，周家炽，娄成后，李曙轩，方宗熙（徐自豪提供）

　　时任中国科学院生物学地学部副主任的童第周致开幕词。他说，当前中国遗传学界处在一个尴尬的境地："过去摩尔根学说被批判了，不敢介绍；现在李森科学说也被批判了，更觉得无所适从。"为此，他号召大家："本着百家争鸣的精神，把自己的见解尽情地发表出来，不怕争论，要争论得愈热烈愈好。"[1]

　　会议主要讨论了以下5个问题：（1）遗传的物质基础；（2）环境与遗传变异的关系——获得性能否遗传；（3）遗传与个体发育；（4）遗传与系统发育；（5）遗传学的研究与教学问题。

　　出席青岛遗传学座谈会的56名专家[2]，来自高等教育部、中国科学院、

---

[1] 李佩珊等编：《百家争鸣——发展科学的必由之路》，商务印书馆1985年版，第38页。

[2] 《百家争鸣——发展科学的必由之路》一书收录"青岛遗传学座谈会发言人姓名、工作单位及职务一览表"（按照发言先后次序排列）。另外，据冯永康《毛泽东与中国遗传学》一文可知，列席会议者有20多位。1956年8月10日上午开幕式上，童第周在致开幕词中说，被邀请的专家53位，当天到会的31位。座谈会开幕式结束后，仍有不少学者陆续到会。青岛座谈会闭幕合影留念者有54位。

林业部、农业部、教育部等系统。中国科学院副院长竺可桢参加了这次会议。

这次座谈会安排了14天的专题学术讨论，共有56人在座谈会上作了170人次的发言。

起初两天，大家还有些拘谨。随着会议的进程，气氛越来越宽松，越来越多的人加入讨论，开始抢着发言。会议期间，每天都是上午8点至12点座谈，下午休息。有时，到了吃饭时间，会还没有开完。

方宗熙在整个会议中发言6次。在研讨"遗传的物质基础、遗传与环境的关系"时，方宗熙说：

我是搞人类遗传的，人类遗传学是利用一般公认的遗传原理，利用统计学的方法进行研究的。

现在我对无性杂交和遗传基础问题提出一些意见。

对无性杂交问题，有两种相反的意见：（1）认为无性杂种是根本没有的；（2）认为无性杂种是事实，因此染色体学说就被粉碎了，打倒了。这都是极端的意见。我认为无性杂种是存在的，有那么多实验至少有一部分是事实，问题是怎样去解释它。我想可以用嵌合体理论去解释一部分，也可以用病毒转导（transduction）去解释另一部分，因为茄科植物是富有病毒的。原生质的交流现象，即细胞核的穿壁运动，也可以说明一部分无性杂种的形成，砧木和接穗的相互影响也可能产生无性杂种，至少这是一种可能性。

但是无论哪一种解释都不能粉碎已建立的有根据的染色体学说——基因学说。我认为两种极端的见解都是不必要的。应该考虑到遗传和变异是多样性的，因此解释可能是多种多样的。

其次谈一谈关于遗传的物质基础问题——对染色体学说的评价问题。

自从十九世纪三十年代提出细胞学说以后，在达尔文时代人们认为细胞是有机体的基本单位。其后人们对细胞核和细胞质进行了许多研究，遗传学家着重研究细胞核跟遗传的关系，实验学家着重研究细胞质

跟发育的关系。他们的结论有所不同。现在的研究已经达到了更高的水平，现在有理由认为细胞核和细胞质都是很重要的。在生活中，在遗传和发育中，两者缺一不可。这是一个整体的看法，但并不是简单地回到一百年前的看法。现在许多事实表明细胞核和细胞质是相互密切联系的，遗传的物质基础不仅仅局限于细胞核中，在细胞质中也有，而且很重要。这是一方面的情况。

另一方面，染色体学说还在保持原来的论点。什么是染色体学说呢？"染色体是遗传的物质基础"这是大家公认的染色体学说的定义。现在知道细胞质中有许多颗粒是遗传的物质基础，这是不是跟染色体学说有矛盾呢？我认为这是矛盾的。现代遗传学材料表明染色体是遗传的主要物质基础，但不是唯一的物质基础，因此照旧用染色体学说来概括遗传基础，来概括遗传规律已经显得不够了。虽然如此，Darlington，Mather，Huxley，Dobzhansky，等在1949年以后所出版的书里，还都肯定染色体是遗传的物质基础，还保存染色体学说的论点，这就不妥当了。因为染色体以外，粒线体、中心体等等也都有遗传的特性。现在科学的发展使我们对遗传物质的了解有了加深和扩大，这就暴露了染色体学说的片面性。我认为染色体学说代表一个发展阶段，但不能停留在这里。因此，是否可以把基因的概念修改一下，把细胞质中的遗传颗粒也包括在内。是否可以把基因颗粒看做一个生理单位、遗传单位，它们可以成直线排列在染色体里，也可以不成直线排（在核外），它们有相对的独立性，可以自身分裂，因而有连续性，有相对稳定的遗传性。

但是超出了染色体学说的遗传基础概念，并不是就符合了李森科关于遗传基础的理论。他的理论是有机体的一点一滴都是遗传的基础，这样提法是不对的。他不是根据丰富的事实而是根据个别的现象提出的。他所讲的遗传基础范围太广泛，而证据不足。而我们认为遗传的物质基础应该扩大，这是根据事实提出来的。最后补充一个材料，有人问法拉第的电气实验有什么用？法拉第回答说："一个婴孩有什么用呢？"（What is the use of a baby？）这是科学史上的一个重要的对话。说明我们不能用狭隘的眼光看科学研究。因此我向科学院和高教部建议，在领导科学研究中，不能过分强调联系狭隘的实际，不能过分强调实用，还要照顾初生的小孩子。①

在研讨"遗传与个体发育"时，方宗熙说：

刚才讨论到细胞质与细胞核哪一个更重要的问题。几十年来摩尔根学派遗传学者和实验胚胎学者之间曾有过争论，今天同样在这儿争论相似的问题，前者主张细胞核的作用更大，后者主张细胞质的作用更大。这因为他们所研究的对象和方法有所不同，结论也有所不同。我在这方面知道得不多。只能表示一些粗浅的意见。1953年，爱弗拉西在所发表的书中，初步地总结了近来学者研究细胞质的遗传问题的一些成果，从微生物方面的材料看来，细胞质在遗传上是很重要的。过去遗传学者对于细胞核和染色体研究得比较多而对细胞质的研究很少，特别对于高等动植物方面的细胞质遗传研究得很少。这一部分由于研究细胞质的遗传比较困难。但这不能说明细胞质对于遗传并不重要。从微生物的材料来推论，根据历史观点来看，细胞核和细胞质二者彼此在生活中，发育和遗传中都不能分离，它们都有悠长的历史，它们都有相对的连续性、稳定性和独立性。实验证明在细胞质中有许多结构也如细胞核一样能自己分裂因而有连续性，它们又有相对的稳定性，这样可以看出它们是遗传的很好的基础。根据学者的研究，我认为二者都很重要。目前遗传学家对于细胞质在遗传上的作用估计不足，这由于研究上的困难和研究得太少。

李森科关于植物的阶段发育理论有一定的根据，但有缺点。他在联系个体发育所提出的遗传性的一套理论是没有充分根据的。例如他说什么遗传性在个体发育中转变，他说什么个体发育达到某一程度，遗传性就发展到某一程度即新个体重建到什么程度，遗传性也重建到什么程

---

① 李佩珊等编：《百家争鸣——发展科学的必由之路》，商务印书馆 1985 年版，第 113—115 页。

度，后一个论点跟他所主张的获得性遗传联系在一起，跟勒柏辛斯卡娅的活质假说联系在一起。李森科的这一论点实质上是达尔文泛生论的复活。李森科企图用这个理论来说明个体发育中遗传性重新建立的论点，可惜并没有任何可以令人信服的证据。还有，他违反了生物学上的一条普遍的真理，即细胞来自细胞，生殖细胞来自已有的细胞的真理。[①]

在研讨"遗传与系统发育"时，方宗熙两次发言。第一次发言：

刚才陈世骧先生对物种问题作了总的介绍，反映了世界各国在这问题上的研究成果，我认为他介绍的内容是正确的，当然也应该知道，现在对物种形成过程的详细情况还有待于进一步的研究。

现在谈一谈关于李森科是否把对物种形成看做通过"爆发式"质变的问题，根据我个人的看法，李森科的文章发表在斯大林的"论语言学问题"以前，那时对质变的几种方式还不明确，当时一般所理解的质变是革命，是突变，就是爆发式的质变，苏联某些学者对李森科的批评，说他把物种形成看做爆发式的质变是有根据的，是正确的。我以为李森科所了解的物种形成就是爆发式地完成的，虽然他在论文里没有使用爆发式质变的字眼，但是他反对中间类型的存在，反对可疑物种的存在，反对达尔文的看法，并且认为二、三代就可以形成新物种，这就是证据。从他的论文看来，他认为物种形成没有第二种方式，并且要求动物界的物种形成也是一样由爆发式质变。

我们知道物种形成的方式是多式多样的，而且由渐进式质变形成物种的方式可能要多一些。

根据梁先生的看法，讨论种内斗争问题应该联系着种内斗争是不是生物进化的主要动力，我以为说达尔文把种内斗争理解为生物进化的主要动力的是李森科。我们知道达尔文在著作里并没有专门谈到进化动力

---

[①] 李佩珊等编：《百家争鸣——发展科学的必由之路》，商务印书馆 1985 年版，第 244—245 页。

的章节，但是根据"物种起源"的材料看来，进化的动力应该是自然选择，是生活条件。达尔文曾经指出，生活条件可以包括自然选择在内。因为生活条件不仅引起变异，而且决定哪些变异得以存留和发展。

按李森科的理论，变异只有一种，就是定向变异，就是适应的变异，他所说的选择就是对不同程度的适应的选择，他所讲的自然选择和达尔文的还有所不同，他了解的自然选择的作用是很有限的。根据我的了解，变异的因素跟选择因素应该区别开，这是达尔文的观点，因为引起变异的因素不一定就是进行选择的因素，它们都是生活条件，二者可能是一致的，同一的，也可能不一致，这在拟态、保护色等的起源中，就是如此。这说明进化方式是复杂的，多种多样的，而李森科把它简单化了。

再回来谈一谈种内斗争问题。种内斗争达尔文是很看重的，我认为达尔文的看法是有根据的，因为生活条件是有限的，而生物按几何级数增加的倾向是普遍存在的，因此一定要引起生存斗争，种内斗争。应该记得达尔文所讲的生存斗争是广义的。种间斗争并不排斥种内斗争，二者是可以同时进行的。在种间斗争中，在跟无机条件斗争中，某些个体死亡，另一些个体存留，这同时就是广泛意义下的种内斗争。依达尔文看来，生物进化的条件是个体众多，因为个体多，变异就多，自然选择就能更好地进行淘汰现象是普遍存在的，所以广泛意义下的种内斗争是普遍存在的，种内斗争是进化的必要条件，这是达尔文的意思。因此我认为不必要强调必须把种内斗争作为进化动力问题来讨论。我认为李森科对达尔文的批评有些是不公正的，是把达尔文学说简单化了以后才加以批评的。

剧烈的种内斗争在一定条件下也是存在的，我们作过玉米密植的实验，看到种内关系的情况是很复杂的，密植的植株开始时生长得很好，仿佛种内关系并无矛盾，可是大约经过一个月以后，情况不同了，密植的植株几乎普遍地衰弱，稀植的植株却长得很好。我们又用萝卜作实验，开始时密植的幼苗长得好，但后来块根生长时，密植的植株分化情

况很大，终于大部分死亡了。

总之，我认为种内斗争是普遍存在的，广义地讲，达尔文的生存竞争，适者生存的理论中所讲到的不适者的死亡，不仅牵涉到种间斗争和跟无机条件的斗争，而且牵涉到种内斗争。[①]

第二次发言：

物种的形成是进化上的大问题。与其相联系的是适应问题。米丘林学派和摩尔根学派都认为适应在进化中是基本的、重要的，但是他们对于适应起源的解释却完全不同。历史上对于适应的起源有两派不同的见解：一、拉马克主义者认为适应通过获得性遗传而来。二、摩尔根主义者认为适应由突变和自然选择而来，即通过有利的、偶然的突变的产生。

李森科对适应起源的理解与拉马克学说相接近，认为一切生物随环境而改变，生物所产生的变异是定向的改变，以后变异得到稳定并遗传到后代。摩尔根学派主张获得性不能遗传。从今天已有的材料看来，拉马克的获得性直接遗传的证据在高等动植物里还没有。李森科所提出的这方面的材料都有缺点，说服力不够强。另一方面，用突变和自然选择虽然可以解释许多适应的起源，但是要解释全部的适应现象，早就有人认为不够，认为很勉强。我现用两个最新的理论来解说获得性遗传的可能性，但这不同于拉马克的或李森科所说明的获得性遗传。

英国卫林顿把果蝇的蛹用高温处理：他让果蝇的蛹在40℃高温下生活四小时。受高温影响的果蝇有一部分的成虫其翅膀后部的横脉残缺或消失，但并不遗传。把这种果蝇挑选出来，让它们生殖，又用同样方法处理，到第14代后，发现有一部分个体能遗传新获得性状。以后发现能遗传的个体逐渐增加，于是形成一个新的品系。根据卫林顿的分析，他认为这种遗传性是通过选择和几对基因的重新调整而来的。这一过程

---

① 李佩珊等编：《百家争鸣——发展科学的必由之路》，商务印书馆 1985 年版，第 270—272 页。

开始时，性状变化，但不遗传，经过14代的选择和相似条件的处理以后遗传个体的百分率逐渐熔加。这种现象相当于获得性遗传。他提出了获得性被遗传基础所同化的理论。他根据这实验，做出一些推论，认为人的脚蹠皮厚也是这样发展的为适应走路，它的厚度按拉马克观点是获得性遗传。卫林顿指出在胎儿中，脚蹠皮已经加厚，表明这性状是遗传的。这起初可能是环境影响的获得性，在开始时不遗传，以后经过相当时期，遗传基础发生相应的变化成为遗传的。他指出某种田螺若生活在含钙质很少的水中壳变得很薄，以后生活在硬水中壳又变厚，这表示这种获得性不能遗传。同一物种的田螺在另一些地区钙质少的水中壳也变薄，螺壳低平。如果把它们放回到硬水中，有某几种类型不能恢复原状，即保持螺壳低平的性状，这表明这种性状在某些族里是遗传的，在另一些族里是不遗传的。这表明这种类似获得性遗传的问题很复杂。要遗传，必须通过一定的时间和遗传机制的相应变化，这种变化又可以用基因学说来解说。

克罗斯米在1956年1月号的英国遗传学杂志上发表植物获得性遗传可能性的假说。他认为在一定条件（如低温）下所获得的适应可以通过细胞质基因而遗传。他认为植物的获得性的遗传主要是关于生长和生活强度方面，将来可以从这方面进行研究。

我个人认为获得性遗传像最初拉马克所提出的，并没有充分的证据。李森科也没有充分的证据。卫林顿开始得到真实可靠的材料，并用基因学说和选择学说来解释。按现在的材料看来将来真正能充分提出获得性遗传的证据并说明其机制的可能是摩尔根学派。我认为获得性能遗传的可能性不能抹杀。但是应该注意，承认生物体与环境的统一性并不能由此得出获得性一定能遗传的结论。另一方面，接受基因学说并不像以前那样必须排斥获得性遗传。所以承认获得性遗传，并不能打倒基因学说，相反的却可以用他来解说获得性遗传。这可以帮助我们更好的说明进化问题。

附带谈到定向变异与定向培育的问题。我认为定向变异和定向培育是不同的范畴，不能把它们的关系看得那么死，即不能像李森科那样，认为定向培育的基础是定向变异，没有别的，也不能有别的。今天知道，变异是多种多样的，有定向的，也有不定向的。定向培育的任务是按照一定方向培育出更有益的生物为人类服务。我认为利用定向变异和不定向变异都可以达到定向培育的目的，定向的变异大部分是不遗传的，不定变异大部分是遗传的。利用不定变异，按照已有材料看来，是可以达到定向培育的目的。米丘林学派强调定向培育，但不应排斥不定变异。摩尔根学派并不反对定向培育，只是否认遗传的定向变异的普遍存在。①

在研讨"遗传学的研究与教学问题"时，方宗熙两次发言。第一次发言：

由于当时组内有些人参加会务小组，所以参加本组讨论的人数较少，讨论范围较窄。这里汇报的多系分别提出的意见，没有展开讨论。

1. 两门课即米丘林遗传学和摩尔根遗传学都应该教。

2. 生物系内可开两门遗传学。达尔文主义不必独立成一门课来教，关于进化部分可在遗传学中适当加入。

3. 如条件不够，可先开米丘林遗传学。

4. 只开一门遗传学，即摩尔根遗传学，米丘林遗传学可放在达尔文主义中，在介绍各学派时教。

5. 生物系内只讲一门米丘林遗传学，在遗传专业中可开摩尔根遗传学。

6. 农学院只开米丘林遗传学。

7. 各大学不必有统一的教学计划和教学大纲，尽量发挥教师所长。

8. 师范学院中，达尔文主义教学大纲包括米丘林遗传学，但其教材基本上是反达尔文主义的，在今天新的教学情况下这矛盾应如何解决？

---

① 李佩珊等编：《百家争鸣——发展科学的必由之路》，商务印书馆 1985 年版，第 293—295 页。

9. 细胞学（包括动物、植物）应开设起来。

10. 各高等学校的任务是不同的，培养目标也不同，在教遗传学时应考虑到这个特点。

11. 高中达尔文主义可取消，教普通生物学。

12. 目前大学生知识较贫乏，独立能力弱，尤其应加强技术方面的训练。

科学研究方面：各学派应赶快地展开深入研究。[①]

第二次发言：

刚才武（兆发）先生谈的原则很对。但在一两年内要求有统一的教学计划和教学大纲，还有具体困难。因此应该有一个过渡时期，目前应该在介绍各家的学说的原则下，把达尔文主义和遗传学统一加以考虑。今年各大学可按本校具体条件来掌握。有条件的可开摩尔根遗传学，把米丘林学说并入达尔文主义讲。如条件不够，可开米丘林遗传学，但在历史部分多介绍摩尔根学说，几年来不教摩尔根学说的情况应该改变。故建议高教部考虑，目前来不及有统一大纲时，可让各校先按自己条件教学，摸索经验，等明年或后年再讨论统一的教学大纲。原则上现在已肯定摩尔根遗传学不是反动的、唯心的，可以讲，如何讲由教师自拟大纲。

过去搞教学大纲，多数是教条主义的，这次座谈会很明显地有这样的收获：基本上结束了教条主义。今后应根据座谈会精神，在教学中结合介绍各家学说，发表自己的见解。

经过这次座谈会，两个学派的意见已比较接近，一些误会可以解除。过去米丘林学派视摩尔根学派为死对头，摩尔根学派认为米丘林学说是不科学的。现在可以说摩尔根遗传学基本上是正确的，米丘林学说也是宝贵的，双方应该相互学习。这次座谈会双方已交流了情况，彼此

---

① 李佩珊等编：《百家争鸣——发展科学的必由之路》，商务印书馆1985年版，第306—307页。

有机会学习对方的东西，今后只要大家共同进行科学研究工作，取长补短，相互学习，对科学的发展是会有利的。

最后谈一谈几位先生谈到的中学达尔文主义的教学问题。我是达尔文主义和其他中学生物学课本编写人之一，我们编写的几种课本，是根据教育部的教学大纲，参考苏联教材编写的，因为过去是全盘学习苏联，加以限于水平，教条主义气氛很浓。在工作中虽也得到今天在座的李继侗、胡先骕、曾呈奎等许多专家的帮助，但这些课本中还是有不少问题。另一方面是教条主义地学习苏联过去相当严重，以致影响工作。例如我们当时编写的达尔文主义课本，对于种内斗争问题，我们提到"种内基本上没有斗争"，很快就有读者指责说李森科说的是"种内根本没有斗争"。在这样的情况下，加以水平限制，在编写课本中就难免不犯教条主义。

据我所知，不能说中学达尔文主义的教学成绩全部是不好的，当然缺点是有的，而且有些缺点也相当严重。我很同意中学达尔文主义改为普通生物学，因为这样就可以配合更多的实验。现在达尔文主义的实验很少，有的实验亦非短期可以见效，如春小麦变冬小麦和无性杂交的实验。

中学的教育方针是贯彻辩证唯物主义世界观，这是正确的。但因此有把达尔文主义当做政治课或哲学课来教的情况，结果把科学变成为哲学服务。科学应以系统的可靠的知识教给学生，但由于对教育方针体会得不好，结果即使要为哲学服务也服务不好。科学的教学应强调准确的科学知识，不能降低科学知识水平。因此建议教育部和师范学院应该考虑这个问题。[1]

方宗熙在发言中提出的观点很有代表性：经过这次座谈会，两个学派的意见已比较接近，一些误会可以解除；双方应该相互学习，今后只要大家共同进行科学研究工作，取长补短，相互学习，对科学的发展是会有利

---

① 李佩珊等编：《百家争鸣——发展科学的必由之路》，商务印书馆 1985 年版，第 314—316 页。

的。这也是大多数与会专家的心声和观点。于光远的讲话也说，两派要互相学习，取长补短。

值得一提的是，在这次大会上，方宗熙坦承自己在编选生物学教材中，犯了教条主义的错。在当时全盘学习苏联的大背景下，"在编写课本中就难免不犯教条主义"，这是时代的局限性。这是一位科学家可贵的理性，勇于反省，直面错误，虚心认错，在今后的科研、教学和著作中加以改正。

在山东大学执教时，方宗熙编写了一些大学教材和参考书。《生物学引论》1958年由高等教育出版社出版；《达尔文主义》1959年由高等教育出版社出版；《普通遗传学》由科学出版社出版发行，从1959年第一版到1984年第五版，先后修订了5次，每一次修订，都吸收国际上生物学研究的最新理论和成果，是一本经典的大学教科书，使一代又一代的生物系学子受益。

这次会议，在当时各方面看来，是成功的大会，难得的盛会。正如于光远后来所说，遗传学问题成为中共中央制定百家争鸣方针的一个主要依据。并且，它也成为最早受双百方针之惠的试验田。[①]研讨会结束后，各大报刊发表了与会专家的表态、综述和展望。

著名的遗传学家、摩尔根遗传学的推崇者谈家桢在1956年9月6日的《人民日报》上发表文章《我对遗传学中一些问题的看法》，表达了贯彻百家争鸣方针，虚心学习，消除一切不必要的和非科学性的成见的愿望。

青岛遗传学座谈会结束后，谈家桢不失时机地于1956年9月在复旦大学办起全国第一个专门讲授基因染色体理论的研究班，招收研究生和进修生，先后组织多位一流学者给研究班授课，以培养人才。与此同时，借助遗传学座谈会带来的浓厚科研气氛，谈家桢经过诸多努力于1958年正式设立复旦大学生物系遗传学教研室并任教研室主任。

祖德明在1956年9月15日的《人民日报》上发表文章《各学派共同努

---

① 钱炜：《1956年青岛遗传学会议："双百方针"的试验场》，《中国新闻周刊》2011年第29期。

力，把我国遗传学推向国际水平》，认为遗传学研究应努力达到从争鸣到团结到相互启发和帮助的目标。

方宗熙在1956年10月的《生物学通报》上发表《参加遗传学座谈会的一些体会》，从六个方面论述了两派之争及各自的不足之处。

对于此次座谈会，有两篇较为全面的评述文章，一篇是陈英的《遗传学上的百家争鸣》，发表在1956年第10期的《农业科学通讯》上；另一篇则是由中宣部科学处的两位工作人员黄青禾与黄舜娥撰写的《一个成功的学术会议》，刊登在1956年10月7日的《人民日报》上。

北京大学李汝祺教授的文章《从遗传学谈百家争鸣》，首发于1957年4月29日的《光明日报》上，被《人民日报》5月1日转载，转载时换了一个醒目的标题《发展科学的必由之路》。按语中说："我们欢迎对错误作彻底的批判（一切真正错误的思想和措施都应批判干净），同时提出恰当的建设性的意见来。"这可以说是对"百家争鸣"方针最深刻的概括。[1]

此次遗传学座谈会影响深远，不断有研究这次座谈会的论文发表，也有研究专著出版。但直到1978年全国科学大会以后，中国的遗传学研究才真正走向正轨。

---

① 王之强：《发展科学的必由之路——读任元彪等的〈遗传学与百家争鸣——1956年青岛遗传学座谈会追踪调研〉》，《自然辩证法研究》1996年第9期。

第八章

# 进军海洋　海带育种

　　大海的蓝色是方宗熙的生命底色，丹心报国是他生命的乐章。他的心中流淌着澎湃激昂的蓝色交响，"海青"系列海带新品种是他智慧与汗水的奉献，是向海图强的精神之光。

# 研究海带　攻克育种

1958年山东大学主体迁往济南，方宗熙去了半年后又回到青岛，任生物系主任兼遗传教研室主任，同时兼任中国科学院海洋研究所研究员。除了学校正常的教学和科研外，每星期二他还去海洋研究所进行研究工作。作为科学家，科学研究是方宗熙的另一项重要的工作。

从1958年开始，在兼任中国科学院海洋研究所研究员时，方宗熙率领科研课题组开展了大型海藻的研究工作，着眼于海藻遗传研究和育种研究。经过20余年的研究，硕果累累。在海带常规育种和有关遗传研究方面，培育出"海青一号""海青二号"和"海青三号"三种海带新品种和自交系，并推广了海带常规育种的原理和方法，为我国海带遗传育种打下了良好的基础。

为了读者能够理解方宗熙从事的科学研究多么重要，很有必要回顾一下海带在中国的养殖简史。

海带，海藻类植物之一，是一种在低温海水中生长的大型海生褐藻植物，属于褐藻门，为大叶藻科植物，因其生长在海水，柔韧似带而得名。

全世界海带品种共有30多种，其中日本自然分布的海带有十几种，经济价值较高的有真海带、长叶海带、三石海带和矾谷海带等。海带属于2年生藻体，假根纤维状，从茎下端纵列呈叉状分枝，形成一个大的圆柱状附着器。[①]

1860年11月（中俄《北京条约》）之后，我国没有了天然海带的分布

---

① 刘秋明、李美真、胡炜、张豫：《科技进步在我省海带养殖业发展中的地位与作用》，《齐鲁渔业》2002年第19卷第7期。

区，海带成为舶来品，在我国也成为珍贵的海藻。[1]

据曾呈奎的调查：中国海带养殖起始于大连；日本海带最早移植到大连是在1927年。后来，曾呈奎告诉方宗熙，当时的海带是从日本本州的北海区来的，以后曾几次从北海道引种到大连。日本技术人员大槻洋四郎参加了引种工作。[2]

大槻洋四郎在大连开展半人工养殖试验，即于竹筏上绑种海带自然采孢子，进行幼苗养成。这属于筏式孢子养成法。[3]

1940年，大槻从日本取得海带和裙带菜筏式养殖专利权（特许），在大连开始海带养殖试验。

1943年，海带从北纬39°的大连移植到北纬37°的烟台。

大槻洋四郎是新中国成立后留用的日籍技师。1950年，他来青岛筹备山东水产养殖场，定居青岛，受聘兼任国立山东大学水产系教授，讲授海水养殖，连续讲课三年，由张定民担任翻译。海带从烟台移植到北纬36°的青岛。当年10月，山东省海水养殖研究所李宏基开始跟大槻学习海带养殖技术。

1951年，大槻设计"绑苗投石"海带养殖法。[4]

李宏基撰写了论文《大槻洋四郎与我国的海带养殖》，概述了大槻洋四郎对我国海带养殖的贡献：1. 海带人工南移的倡导者；2. 具有科学精神的实践家，第一个完成了人工控制下的海带生活史的循环；3. "绑苗投石"与海区水质肥贫不同的发现；4. 第一次提出海带施肥问题。海藻学家曾呈奎于海藻及其产品学术讨论会上报告说大槻洋四郎对我国海带养殖业作出过贡献。[5]

---

[1] 李宏基：《中国海带养殖若干问题》，海洋出版社 1996 年版，第 17 页。

[2] 方宗熙、张定民：《大槻洋四郎对我国海带早期养殖的贡献》，《山东海洋学院学报》1982 年第 12 卷第 3 期。

[3] 李宏基：《中国海带养殖若干问题》，海洋出版社 1996 年版，第 3 页。

[4] 王清印：《海水养殖业发展的几个阶段》。

[5] 李宏基：《大槻洋四郎与我国的海带养殖》，见《李宏基文集》，中国海洋大学出版社 2013 年版，第 4—10 页。

1982年9月，方宗熙与山东海洋学院水产系张定民撰写的论文《大槻洋四郎对我国海带早期养殖的贡献》发表在《山东海洋学院学报》第12卷第3期。这篇论文中对大槻洋四郎在中国开展海带养殖也持有积极而中肯的评价："大槻先生是海带筏式养殖法的创始者。对我国海带养殖是有贡献的。我国现在所采用的筏式养殖法是对大槻先生方法的提高和发展。他对我国怀有良好的感情，是我国的友人。"①

1953年4月，大槻洋四郎返回日本后，仍与中国水产养殖有诸多友好的交流，仍帮助山东省海水养殖研究所的青年科学家李宏基研究海带养殖中出现的难题。

我国为什么在20世纪50年代大力发展海带养殖业呢？

新中国成立后，国外排华势力对中国进行全面垄断和封锁，包括关系百姓健康的常规食品也都是违禁品，碘也在其中。而碘在人们的生活中非常重要，缺碘就会得甲状腺病。为解决这一问题，国家大力组织科学家，包括山东海洋学院、山东省海水养殖研究所、中国科学院海洋研究所、中国水产科学研究院黄海水产研究所等一大批科研单位，攻克海带人工养殖难题，从海带中提取碘。

"国家的需要就是第一位，作为海洋生物学家，完成这一重任更是责无旁贷。方宗熙深深懂得这一点，义无反顾地投身于这场火热的攻坚战中，虽历经千辛万苦却始终无怨无悔。"②

海带养殖关系到国计民生。方宗熙从国内沿海海带养殖的实际情况出发，把海带遗传育种作为突破口，培育优良的海带品种，实现海带的增产增收。

从1958年至1962年，方宗熙在中国科学院海洋研究所，带领蒋本禹、李家俊（两人都毕业于山大生物系，是方宗熙的学生）等青年学者组成的

---

① 方宗熙、张定民：《大槻洋四郎对我国海带早期养殖的贡献》，《山东海洋学院学报》1982年第12卷第3期。
② 胡建廷：《著名海洋生物遗传学家方宗熙传记》，见《方宗熙文集》编委会编《方宗熙文集》，海洋出版社2012年版，第6页。

团队，从事海带遗传育种的研究。

⊙20世纪60年代，方宗熙（右一）和他的
　学生在试验田

⊙20世纪60年代，方宗熙（左二）与学生
　合影

　　海藻遗传的研究在国际上做的很少，育种工作还未见进行。为进一步适应海带养殖业的需要，1958年起，在海洋养殖的科学事业中又开设了一个新方向的研究，即海带遗传育种研究。1962年第一次培育出一个海带新品种——"海青一号"。这个新品种在诞生的当年，就推广到养殖中。

　　种瓜得瓜，种豆得豆。经过4年的辛勤播种，风雨无阻，方宗熙和他领导的团队，在实验室里做实验，到海带养殖场取样本。寒来暑往，他们获得了大量的海带遗传和育种方面的数据；春华秋实，他们在深夜不眠的书灯下撰写论文，在海带遗传和育种研究方面获得重大学术成果。

　　方宗熙、蒋本禹、李家俊合写的论文《海带柄长的遗传》发表在1962年第4期《植物学报》。

　　方宗熙、蒋本禹合写的论文《海带自然种群的杂种性及其利用前途》发表在1962年第1期《山东海洋学院学报》。

　　方宗熙、吴超元、蒋本禹、李家俊、任国忠合写的论文《海带"海青一号"的培育及其初步的遗传分析》发表在1962第3期《植物学报（英文版）》。

以方宗熙为首的研究团队，撰写了中国科学院海洋研究所调查报告第219号《海带叶片长度的遗传》。

科学研究无止境，很快，方宗熙带领团队培育出海带新品种"海青二号"。在《海带长叶品种的培育》论文中，方宗熙说明了材料来源：

育种所用的原始材料是1958年7月从青岛山东水产养殖场取来的一批配子体。这批配子体是由许多棵成熟海带放在一起所采的孢子长成的。"海青一号"和"海青二号"都起源于这一批配子体。①

在论文《海带长叶品种的培育》中，方宗熙分析"海青二号"的形成及其特征，"叶片特别长，其他经济性状也符合要求，被认定为有培养前途"。

"海青二号"与"海青一号"有明显的区别。在孢子体成熟时期，"海青二号"叶片较长，较狭，柄部较短，成熟较早。这两个品种的叶片自然脱落较轻。在小规模试验中两个品种所得的产量相近，都比普通海带（即对照组）提高产量30%—40%。②

方宗熙制作出表格，1962年、1963年、1964年同一海区"海青二号""海青一号"和对照组的生长数据一览无余，指出"海青二号"可以增产，1964年"海青二号"干重高出普通海带约36%。

这篇论文还研究得出"海青二号""海青一号"都比普通海带雌配子体较能适应高温。

培育出适应高温的海带品种，为海带养殖继续南移带来可能。

从1958年至1966年，方宗熙团队在海带遗传和育种研究方面，获得重大进展。他的学术成果和研究成果可以这样概括：

---

① 方宗熙、蒋本禹、李家俊：《海带长叶品种的培育》，见《方宗熙文集》编委会编《方宗熙文集》，海洋出版社 2012 年版，第 286 页。

② 方宗熙、蒋本禹、李家俊：《海带长叶品种的培育》，见《方宗熙文集》编委会编《方宗熙文集》，海洋出版社 2012 年版，第 288 页。

方宗熙教授将遗传学理论较为系统地应用于海水养殖领域，通过深入研究海带野生群体的性状特征，首次验证了数量性状遗传规律，计算出叶长、叶宽等主要数量性状的遗传力，并以此建立了海带选择育种技术，培育出了"海青一号"优良养殖品种和"海青二号""海青三号"等几个自交系，是世界上首例海洋生物优良品种的研究报道，并为后期海洋生物遗传育种研究奠定了重要的理论与方法学基础。[1]

中国海洋大学海洋生命学院回顾90年的发展历程时，把方宗熙这一时段的研究概括为：

方宗熙将教学与科研紧密结合。与其他学者一起，着手对海带的遗传育种进行研究，发现和揭示了海带经济性状的数量遗传规律，并建立了海带选择育种技术理论与方法，先后培育出"海青一号"宽叶品种、"海青二号"长叶品种和"海青三号"厚叶品种等海带新品种，使我国成功跻身国际上实现海洋生物良种培育的国家之列，开启了我国海水养殖业良种化养殖的序幕。[2]

大海的蓝色是方宗熙的生命底色，丹心报国是他生命的乐章。他的心中流淌着澎湃激昂的蓝色交响，"海青"系列海带新品种是他智慧与汗水的奉献，是向海图强的精神之光。

正当方宗熙团队乘风破浪之时，"文革"爆发了，他的科研被迫搁浅，在动荡起伏的岁月，他又何去何从，遭遇了什么滔天巨浪呢？

---

[1] 杨洪勋：《方宗熙：中国海藻遗传与生物技术的奠基人》，《中国海洋大学报》2012年5月18日。

[2] 冯文波、廖洋：《在蔚蓝大海谱写绚丽的生命乐章——写在中国海洋大学海洋生命学院建置90周年之际》，《中国科学报》2020年5月26日。

## 动荡岁月　忍辱负重

1966年8月9日，山东海洋学院党政主要领导和系主任及一部分所谓有问题的干部、教师，被迫半天检查；有的被揪斗，有的被挂黑牌子在校园里游街，受到残酷斗争。随后，一些教授的家被抄。

"文革"前期，教育和科研被当成反动的东西。方宗熙和他的合作者花了多年心血培育出的海带优良品种"海青"系列，被这股恶风一扫而光。方宗熙除了惋惜，就是痛心。

方宗熙因为留学英国，学习西方的遗传学，被视为"资产阶级反动学术权威"，受到冲击，被批判，被抄家。

据方宗熙的女儿方菁回忆：

1966年6月，"文化大革命"开始，学校提前放假，我每天中午吃过午饭去第一海水浴场游泳。记得应该是7月初的一天，下午3点我游泳回家，看见院子里有海洋学院的学生扶着红旗，恶狠狠地看着我。我上楼后看见家里还有几个学生，我爸爸正在翻箱倒柜，我问他找什么，他说找伦敦大学的博士毕业证书。另有几个学生让我妈妈找相片，我看了一些我从未见到的相片，于是一张一张在看，有一个女学生看着我，没好意思说，可能因为我是小孩。我看一张她收一张……听我妈妈说，"文革"后只退回一小部分相片。

整个暑假我爸爸都在学校拔草。有一天下午我游泳回来，看见他拿着草帽正从院子里快步走出来，去学校拔草，我看着他的背影，想起了

朱自清的"背影",心里很难过……①

方宗熙家住青岛市南区在金口一路16号,本来是二楼一层楼,共4个房间,"文革"后先让出一间,后又让出一间。剩下的一大一小两个房间住不下方家六口人,方宗熙的小儿子只好住在一楼的楼梯间,谁上下楼梯都从他头上咚咚地走过。"造反派"硬塞进两家来,厨房和厕所三家合用。在那个年代,原来的方家成为被歧视的对象。

1968年11月,山东海洋学院工宣队组织1200多名师生赴山东文登县沿海农村,在侯家、泽库两个公社和贫下中农同吃同住,接受再教育。同时开展一系列大批判和清理阶级队伍的"深挖"活动,进一步扩大了打击面。此次下乡为期两个多月,师生于1969年1月返校。②

这次去文登下乡,方宗熙和江乃萼放心不下小儿子,因为他患有哮喘病。于是,他们带着小儿子一起去了文登农村。方菁回忆说:"在文登期间,我妈妈说房东特别好,看见我小弟弟哮喘病,有时候会单给他做点好吃的。"

1969年3月,山东海洋学院在即墨县蓝村淡水养殖场建立"五七干校"。后来,师生频频到蓝村。

1969年10月11日,山东海洋学院组织600多名师生到蓝村公社支援"三秋"生产,为期两周。方宗熙先生曾被下放蓝村进行劳动改造。

据方菁回忆:

大概是1971年或1972年春季,父亲去蓝村农场劳动改造,每天都挑担子。由于以前没有干过,再加上年纪大了,所以不停地摔跤。听母亲说父亲摔断了肋骨。但是他自己不说。劳动改造了三个月才回青岛。

---

① 2022年9月17日采访方菁。
② 张静主编:《中国海洋大学大事记》,中国海洋大学出版社2014年版,第90页。

方宗熙是自己摔断的肋骨吗？同在蓝村劳动改造的杨德渐先生在纪念文章中写道：

> 在兰村（蓝村）挖鱼塘，系里的学生和养鱼场的职工不知哪来这么大的仇恨，借"大批判"对先生大打出手，脚踢扇耳光。
>
> 这也使我大为迷惑，不是"要文斗不要武斗"吗？怎么能如此野蛮呢！后来，我也因种种"罪名"被"专政"。①

方宗熙断的这根肋骨成为他永久的伤痛。一到阴雨天，疼痛难忍。方先生忍辱负重，默默地舔舐自己的伤口，一句抱怨的话都没有说。

杨德渐先生写道：

> 回到学校，我们又是拾粪者。每天都在中山公园的后山，抬着筐漫山遍野拾粪，有时还到民居区中掏粪，并在现26中的后山上开辟了捣粪晒粪场。这，有被传颂的留洋大教授的身影吗？在那总把他人当成异己分子的时代，活在世界上不易，"体面"地活着更不易。
>
> 后来，我们被"解放"了。每天九点半后，我就到先生在厕所下一楼的"办公室"里下象棋，在那个特殊的日子里，无他事可做，只有这样打发时日。时间长了，先生才说出在兰村（蓝村），被打断肋骨的事，说时仍是那样平静。②

由此可见方宗熙先生宽广如海洋一样的胸怀，以及对妻子和儿女的温柔爱心。他担心家人得知自己被打断肋骨的真相，故意说是自己"摔断了肋骨"。

---

① 杨德渐：《先生之风，山高水长——忆方宗熙先生》，见《方宗熙文集》编委会编《方宗熙文集》，海洋出版社 2012 年版，第 653—654 页。

② 杨德渐：《先生之风，山高水长——忆方宗熙先生》，见《方宗熙文集》编委会编《方宗熙文集》，海洋出版社 2012 年版，第 654 页。

# 身处逆境　创新突破

即使身处这样的逆境，方宗熙也没有完全放弃科学研究。他关注的仍然是海带育种。运用常规的育种方法，海带育种需要的时间较长，培育出来的品种数量少，遗传性也不稳定。他想找一个海带育种的新的突破口。

方宗熙苦苦思索。有一天夜晚，他在睡梦中突然醒来，刹那间，有个想法电光石火一般出现在他的脑海，他为这个想法激动不已。

1970年前后，国内外小麦和水稻等农作物的花粉培养即单倍体育种的成功，给方宗熙带来新的启示。这是农作物育种上的一个新途径、新方法，海带能不能进行单倍体育种呢？当时，方宗熙拿到的资料把单倍体育种否决了。既然若干农作物可以成功，海带也应是有希望的。他决定在"华山一条路"上闯一闯。他把这个大胆的想法写成了方案，向领导汇报，得到了山东海洋学院领导的支持。1973年，海带单倍体遗传育种的研究工作比较系统地开始了。

"什么叫单倍体育种呢？单倍体育种是采用植物父本或母本单方面的遗传性进行育种。海带单倍体育种，是用海带单个配子体，不经过受精作用而进行的育种。这种育种方法，培育新品种的时间可以缩短，品种数量可以较多，遗传性很稳定，由此利用杂种优势进行生产会比较方便。而且由于单倍体的遗传性是纯的，在研究中便于发现遗传问题，有很大的学术价值。"[1]

1973年的冬天，方宗熙心中燃起一团火。在"文革"前的关于海带的

---

[1] 宫苏艺：《开拓与播种——记山东海洋学院方宗熙教授》，《人民教育》1980年第5期。

研究成果和设备都已被毁的条件下，进行海带单倍体育种谈何容易。

"面对缺设备、少仪器、人手不够的困难，他们因陋就简，积极上马。没有车子运海水，就用水桶到海边去提；没有显微操作器来分离出单个配子体，就用自己制作的微小的滴管代替。观察分析是一项相当艰苦细致的工作。方宗熙亲自上阵，聚精会神地伏镜观察、记录，认真分析研究。"①

"方宗熙和课题组通过单个生殖细胞形成雌雄配子体的分离培养，首次发现海带的雌性生活史。即由雌配子体经孤雌生殖产生的孢子体，其后代全部发育成雌配子体。这种雌性生活史在人工隔离培养条件下，可以稳定遗传。他首次发现海带配子体在人工条件下可以无限生长，由此形成海带配子体无性生殖系，使短命的配子体变为长寿。这些单倍体细胞系为海带的种质保存和遗传研究提供了前所未有的应用前景，并成为海带单倍体育种的新的基本方法。"②

奋战一年，实验取得了可喜成果，雌配子体，由孤雌生殖长出了幼嫩的小海带。看着那嫩绿的小小的叶片，方宗熙视为海带宝宝，心里乐开了花。方菁清晰地记得父亲这些日子脸上绽放的笑容，她甚至向母亲江乃萼抱怨，弟弟出生，也没有见爸爸这么开心。

方宗熙每天观察它，记录它，就像照料一个刚出生的孩子。可是好景不长，因为实验室没有低温设备，这些小海带不能度过盛暑而夭折了。为克隆出生的小海带建立适合其生长发育的低温实验室迫在眉睫。

1975年，山东海洋学院支持方宗熙建成低温实验室，孤雌生殖的小海带长了出来。这些生机勃勃的小海带，带来了更多好消息，方宗熙走到了历史的转折点。

狂风暴雨过去了，雨过天晴，青岛湾变得风平浪静。

1976年，方宗熙的教学和科研回到正轨。因为他的家被"掺沙子"进

① 宫苏艺：《开拓与播种——记山东海洋学院方宗熙教授》，《人民教育》1980年第5期。
② 胡建廷：《著名海洋生物遗传学家方宗熙传记》，见《方宗熙文集》编委会编《方宗熙文集》，海洋出版社2012年版，第7—8页。

来的住户糟蹋得不轻，学校让方宗熙一家暂住科学馆，对金口一路16号小楼进行修缮。

方菁回忆说：

1976年，学校给我家房子大修，我们就搬去海洋学院科学馆暂住。方明明（小弟弟）睡在父亲在一楼的办公室，说是办公室，原来就是厕所，后拆了变成父亲的办公室，很窄的一条。楼上仍然是厕所，经常听见哗哗的流水声。父母住在实验室的夹道里，早上起来把折叠床拆了收好。方江（大弟弟）住另一个实验室。我的待遇最好，住在二楼的储藏间，可以放下一张床，一个写字台还有几个箱子。吃饭都去食堂买回来，很方便。[①]

在方菁看来，这是一家难得的团聚时光，虽然住处简陋，不像一个家，但家人都在一起，可以看到彼此。"那半年虽然有些不快，但是那个时候应该是姐弟相聚最快乐的时候。两个弟弟和我周末就在科学馆门前打羽毛球……"周日，科学馆前方家姐弟打羽毛球的身影，在绿荫斑驳的树影中晃动。

"文革"结束后，方宗熙的海带育种工作从阴影走到光明，他奋起直追，要把荒废的时光追回来。小鱼山下的一盏书灯亮了起来，伴随他废寝忘食地工作。这一盏书灯，与青岛湾上空的星光相辉映，昭示着科学的春天即将来临……

方宗熙又可以公开发表论文了。方宗熙、戴继勋、崔竞进、欧毓麟合作撰写的《海带雌性孢子体的首次记录》发表在1978年第1期《科学通报》，论文中得出以下结论：

（1）海带雌配子体由孤雌生殖所长成的孢子体是雌性的，这是科

---

① 2022年9月19日采访方菁。

学上的一个新发现。

……

（4）海带可以由人工方法培育出雄雌分开的孢子体，这为海带杂种优势的研究和利用开辟了广阔的前途。①

方宗熙与欧毓麟、崔竞进、戴继勋合作撰写的论文《海带配子体无性生殖系培育成功》发表在1978年第2期《科学通报》。

方宗熙放下写论文的手，又拿起了做实验的试管；放下试管，又乘船航向海上海带养殖区。

实验室里用单倍体培育出来的小海带，还需要移到海上继续培养。生育在实验室里的海带宝宝最终要在大海里独立生活，搏击风浪。精心抚育的小海带下海后，遗传小组的科研人员每周三次定期划船出海，精心管理，记录数据，七八个月没有一次延误。"为了掌握海带海上工作的第一手资料，方宗熙不顾年老体弱，有时也亲自到海上观察小苗的生长情况。一次，海上风大浪急，刚上船一会儿，他就头晕眼花，脸色苍白，恶心呕吐起来。同志们要送他上岸，他硬是不肯。他不顾海浪冲击，小船颠簸，和大家一起仔细观察，一直到工作结束后才返回岸边。"②

辛勤的播种，以汗水浇灌，结出了硕果。海带单倍体遗传育种实验成功了！鲜美深绿的海带，在海水中飘摇，仿佛在向方宗熙招手致谢。在方宗熙看来，阵阵涛声是大海的欢歌，飘飘海带是曼妙的舞姿。在天空与大海之间，生命的交响曲激荡回响。眼前的一切，令方宗熙感到欣慰，克隆出来的海带都能正常地产生后代。

方宗熙团队前后用了三年多时间，终于攻下了海带单倍体遗传育种这一科研项目，选育出了"单海一号"海带新品种，比当时推广的优良品种产量提高15%以上。这是单倍体育种在海藻中首次获得成功的记录。其后，

① 方宗熙、戴继勋、崔竞进、欧毓麟：《海带雌性孢子体的首次纪录》，见《方宗熙文集》编委会编《方宗熙文集》，海洋出版社 2012 年版，第 375 页。
② 宫苏艺：《开拓与播种——记山东海洋学院方宗熙教授》，《人民教育》1980 年第 5 期。

他们又乘胜追击，应用海带不同雌雄配子体无性生殖系杂交，选育出高产、高碘、抗病性强的杂交种——"单杂十号"优良海带，该杂交群体优势显著，产量超过生产品种的70%，碘含量超过80%，1985年获得山东省科技成果一等奖。[1]

时间的指针指向1978年。这一年的春天来得早，春寒料峭的二月份，处处传递出春天的消息。中山路上的新华书店大门还没有开，门外就排满了热情的读者，长长的队伍向大海的方向延伸。江苏路基督教堂的钟声响起，钟声悠扬，弥漫于海天之间，在钟声袅袅的余韵中，一群白鸽围绕着绿顶的塔楼盘旋。基督教堂坐落在一个小小的山岗上，山坡上垂下迎春花的藤蔓，青青藤蔓上点缀着几朵黄色的迎春花。

青岛湾的海水像宝石一样散发迷人的光彩，像风中的丝绸一样起伏，耸起蓝色的纹路。天空透明，蓝得像一页童话。栈桥之畔，每天早晨，英语角聚集了很多人学习英语。数不清的海鸥在海面上飞翔，有的飞累了，就栖息在栈桥两侧的石柱上，还有的在沙滩漫步。有一只海鸥特别神气，红色的嘴巴，尖尖的，两只黑色的眼睛，圆圆的。它气定神闲地在沙滩散步，脖子灵活地转动着，红色的腿，红色的爪子，在白色的羽毛映衬喜爱，格外引人注目。它看到有孩子们提着小桶，向它飞奔而来，这只红嘴海鸥扭了一下头，眼睛里仿佛流露出不屑的神情，似乎在说：不和你玩儿。海鸥扇动着翅膀，低飞而去，盘旋在蓝色的大海，越飞越高……

早春的周日的早晨，方宗熙写完一篇论文，走出书斋。这天，他颇有兴致，沿着青岛老城区、栈桥前海，溜达了一大圈。他自由地徜徉在青岛前海，眼前的每一场景，都令他神清气爽。他走进了浩荡无垠的春风里……

---

[1] 胡建廷：《著名海洋生物遗传学家方宗熙传记》，见《方宗熙文集》编委会编《方宗熙文集》，海洋出版社2012年版，第8页。

第九章

# 科学大会　春天序曲

　　方宗熙获得1978年全国科学大会奖。"我们民族历史上最灿烂的科学的春天到来了。"郭沫若庄严宣布！在掌声中，方宗熙的思绪飞到祖国的海岸线，在浩瀚的大海上飞翔。他看到了未来中国海洋养殖的美好前景，向海而强的未来蓝图。

# 出席盛会　见证历史

小鱼山下，一株梅花开了。

1978年3月初，方宗熙在海边散步，回到家中书房，他看到一封来自北京的信。这是一封全国科学大会的邀请函。方教授要代表青岛的科学家参加全国科学大会的消息不胫而走，这个好消息传遍了校园的每一个角落，山东海洋学院的师生为之自豪。

3月15至16日，各代表团陆续到达北京。出席大会的有来自包括台湾在内的30个省、自治区、直辖市以及国务院各部委、国防科工方面的5586名代表，其中科技人员3478人。

哪些科学家参加了这次盛会？据参加这次科学大会的山东代表初学导回忆：

> 山东文教战线的21名代表中有很多知名的老教授老专家。例如，海洋研究所的中国科学院院士曾呈奎教授，海洋大学的海带专家方宗熙教授，山东大学著名数学家中科院院士潘承洞教授，山东医学院的耳鼻喉科专家孙宏泉教授，山东工学院的流体力学专家刘先志教授，山东农学院的烟草专家陈瑞泰教授，大白菜专家李家文教授，小麦专家工程院院士余松烈教授等。[1]

1978年3月18日下午，盛况空前的全国科学大会经过近一年的筹备之

---

[1] 初学导：《难忘1978年的全国科学大会》，《曲阜师范大学学报》2015年5月21日。

后，在北京隆重召开。

在筹备科学大会的过程中，鄙视知识和知识分子的风气迅速得到扭转。在1977年5月24日的谈话中，邓小平就呼吁"尊重知识、尊重人才"，他指出："不论脑力劳动，体力劳动，都是劳动。从事脑力劳动的人也是劳动者。将来，脑力劳动和体力劳动更分不开。"①华国锋在提议召开全国科学大会时明确提出科学家应该受到人民的尊重。这就从思想上清算了"四人帮"对科技知识分子的倒行逆施，是对知识分子政策的正本清源和拨乱反正。②

一年前，在青岛，方宗熙已经感受到风向的变化，感受到了尊重知识分子、尊重科学的空气。他在"文革"后期从事海带单倍体育种时，预感到这种时代的转变即将来临。他从事的海带遗传与育种研究，恰逢其时，是科学大潮涌动时诞生的一颗明珠。

1978年3月的北京，春风浩荡，桃红柳绿，天空蔚蓝，风筝飘飞。方宗熙来到北京，向全国科学大会筹委会报到，领取会议材料，办理入住手续。他看到首都欣欣向荣的景象，感受到从大地深处喷涌而出的勃勃生机。

方宗熙与好友、中国科学院海洋研究所副所长曾呈奎参加了这次盛会。来自青岛海洋科学界的两位代表，在大会开幕前夕，见到了好友童第周。他们愉快地交流着各自的研究和生活。全国科学大会召开前，童第周被任命为中国科学院副院长。方宗熙、曾呈奎向童第周表示了祝贺。

3月18日，邓小平同志在全国科学大会开幕式上的讲话明确指出"现代化的关键是科学技术现代化"，"知识分子是工人阶级的一部分"，重申了"科学技术就是生产力"。他的讲话非常鼓舞人心，不断被持久的掌声打断。这个讲话，彻底解放了知识分子，崇尚科学成为时代的潮流，向科学进军成为改革开放的先声。

中共中央政治局委员、国务院副总理、国家科学技术委员会主任、中

---

① 中共中央文献研究室邓小平研究组编著：《邓小平画传》，四川人民出版社2004年版，第196页。
② 王扬宗：《中国科学技术事业的历史性转变——回望1978年科学大会》，《中国科学院院刊》2008年第4期。

国科学院副院长方毅作了报告，报告分三部分：我国社会主义科学技术事业发展的新阶段；树雄心、立壮志，向科学技术现代化进军；全党动员，大办科学。①

来京报到，大会开幕，分组讨论，方宗熙不仅见到很多从事生物学研究的同行，还见到了党和国家的领导人。每一天都欢欣鼓舞，每一天都是新气象。邓小平同志作报告时，台下与会代表热烈地鼓掌，句句讲到他们的心坎里。有的老代表，喜极而泣；有的科学家，拍红了手掌。这次大会，让全国的知识分子重拾尊严。会场上热烈的气氛，让他们激动，让他们振奋，让他们憧憬未来，让他们奋发图强。没有经历过寒冬，哪能深刻体会到春天的温暖。

3月24日下午，邓小平主持大会。华国锋作题为"提高整个中华民族的科学文化水平"的重要讲话。他指出提高全民族的科学文化水平，是亿万人民的切身事业，号召全国人民向科学技术现代化进军。

3月27日至30日，全国科学大会开始进行大会发言。

3月27日，中国科学院数学研究所研究员陈景润作题为"科学有险阻，苦战能过关"的发言。

陈景润在会上说："研究哥德巴赫问题的实践，使我深深体会到，向科学进军，光靠个人奋斗是不行的。如果没有优越的社会主义制度，没有毛主席革命路线的指引，没有党中央的亲切关怀，没有各级党的领导和同志们的支持，像我这样一个病魔缠身的人，绝不可能有勇气和毅力去向世界难题挑战，也绝不可能有勇气和毅力去战胜病痛的折磨，党的亲切关怀，是我攀登科学高峰的动力！"②

3月31日大会闭幕。86岁高龄的中国科学院院长郭沫若发表了书面讲话《科学的春天》，由于身体原因，这篇文章由著名播音员虹云朗读。

**我们民族历史上最灿烂的科学的春天到来了。**

---

① 陈晓红：《把科学交给人民：高士其学术成长研究》，科学普及出版社2021年版，第250页。
② 姚荣启：《全国科学大会唤醒"科学的春天"》，《工会信息》2020年第8期。

……

现在，在共产党的领导下，我们民族正在经历着一场伟大的复兴。恩格斯在谈到十六世纪欧洲文艺复兴时曾经说过，那是一个需要巨人而且产生了巨人的时代。今天，我们社会主义祖国的伟大革命和建设，更加需要大批社会主义时代的巨人。我们不仅要有政治上、文化上的巨人，我们同样需要有自然科学和其他方面的巨人，我们相信一定会涌现出大批这样的巨人。

……

伟大的天文学家哥白尼说：人的天职在勇于探索真理。我国人民历来是勇于探索，勇于创造，勇于革命的。我们一定要打破陈规，披荆斩棘，开拓我国科学发展的道路。既异想天开，又实事求是，这是科学工作者特有的风格，让我们在无穷的宇宙长河中去探索无穷的真理吧！[1]

"让我们在无穷的宇宙长河中去探索无穷的真理吧！"方宗熙听得心潮澎湃，他觉得自己肩负的使命就是从事海洋生物遗传研究，把有限的生命投入无垠的科学的海洋。科学需要有这样一种精神：既异想天开，又脚踏实地。自己从事的海带单倍体育种，不就是这样吗？

我的这个发言，与其说是一个老科学工作者的心声，毋宁说是对一部巨著的期望。这部伟大的历史巨著，正待我们全体科学工作者和全国各族人民共同努力，继续创造。它不是写在有限的纸上，而是写在无限的宇宙之间。

春分刚刚过去，清明即将到来。"日出江花红胜火，春来江水绿如蓝"。这是革命的春天，这是人民的春天，这是科学的春天！让我们张开双臂，热烈地拥抱这个春天吧！[2]

---

① 郭沫若：《科学的春天》，《人民日报》1978 年 4 月 1 日。
② 郭沫若：《科学的春天》，《人民日报》1978 年 4 月 1 日。

　　会场上顿时响起一阵阵春潮般的掌声。在掌声中，方宗熙的思绪飞到祖国的海岸线，在浩瀚的大海上飞翔。他看到了未来中国海水养殖的美好前景，向海而强的未来蓝图。

　　"我们民族历史上最灿烂的科学的春天到来了。"这一讲话画龙点睛，凸显了全国科学大会的历史性意义，为大会画上了圆满的句号。

　　在全国科学大会上，有826个先进集体、1213名先进科技工作者和7657项优秀科技成果的完成单位和个人受到党中央、国务院的表彰。方宗熙获得全国科学大会先进科技工作者奖。这也标志着山东海洋学院海洋生命科学步入了快速发展的新阶段。

　　方宗熙获奖的当天夜晚，他小心地把奖状放在桌子上，看了又看，简单的奖状上写着：

⊙1978年，方宗熙带领的山东海洋学院生物系以海带单倍体遗传育种获得全国科学大会奖状（集体奖）

全国科学大会奖状

编号0001837

　　为表扬在我国科学技术工作中作出重大贡献者，特颁发此奖状，以资鼓励。

　　受奖者：方宗熙

全国科学大会（章）

一九七八年①

⊙1978年，方宗熙获山东省委颁发的奖状

---

①笔者在方宗熙先生的遗物中没有发现这个奖状。这是中国海洋大学藏方宗熙人事档案中的一个抄件。

方宗熙心中流淌着巨大的喜悦，躺在床上幸福地睡着了。梦境里有一片浩瀚的海洋，他化身一只自由的海豚，在万顷蓝色的波涛中畅游……

醒来又是崭新的一天。

4月2日，中共中央主席华国锋，中共中央副主席叶剑英、邓小平、李先念、汪东兴以及党和国家其他领导人在人民大会堂接见了出席全国科学大会的近6000名代表，同他们合影留念。定格了历史瞬间、记录科学盛会的大照片长130厘米，宽20厘米，成为每个参会者最珍贵的礼物。

1978年全国科学大会是我国科学史上一次空前的盛会，在中国科技发展史上具有里程碑的意义。这是一次有重大现实意义和深远历史意义的大会，迎来了中华民族历史上科学的春天。这次大会，不仅确立了一个国家尊重知识、尊重人才的根本方针，也为中国未来的发展指明了方向，成为改革开放的序曲。

1978年春天的故事，科学是主旋律。

# 海洋科研　新的长征

方宗熙用海带单个配子体进行单倍体遗传育种的研究，引起国际上的重视。

方宗熙在北京参加全国科学大会，他所在的青岛，通过电视、报纸关注这次盛会。《青岛日报》的总编辑约请方宗熙写一篇参加全国科学大会的感想，以此来鼓舞全青岛的人们。

方宗熙接到约稿通知，他在开会间隙，写了《我要参加新的长征》一文，这篇文章发表在1978年3月30日的《青岛日报》。

方宗熙在文章中说："我是一个受'四人帮'迫害的知识分子，从'臭老九'一下子被看做团结和依靠的力量，我既感到欣慰、兴奋，也感到责任重大。"①

⊙方宗熙在山东海洋学院实验室工作

---

① 方宗熙：《我要参加新的长征》，《青岛日报》1978 年 3 月 30 日。

在这篇文章中，乘着科学大会的东风，方宗熙表态：

我要积极跟同志们一起开展科学研究，向海洋科学进军，从必然王国走入自由王国，使海洋科学充分为人民服务。我要积极培养青年，使我国社会主义科学事业后继有人。一句话，我要用自己有生之年全部精力为我们伟大社会主义祖国的正义事业而奋斗，生命不息，战斗不止，向二零零零年进军。

生命不息，战斗不止！这是方宗熙从事海洋生物研究的宣言，也是他不变的誓言。

1978年全国科学大会结束后，全国上下都在宣传、学习和落实大会精神。5月17日，《青岛日报》推出《向科学进军》专刊，在编者致读者的话中，道出了开辟这个专刊的宗旨：

在学习、贯彻全国科学大会精神的热潮中，在全省科学大会胜利召开的日子里，本报《向科学进军》专刊第一期与大家见面了。

这个专刊，得动员、鼓舞广大干部、群众，认真学习和贯彻英明领袖华主席发出的"树雄心，立壮志，向科学技术现代化进军"的伟大号召，大力提高整个中华民族的科学文化水平，胜利地实现新时期的总任务做出应有的努力。

热情欢迎广大读者以及战斗在各条战线上的专家们，多写稿，多来信，多出点子，多提意见。

在科学的春天里诞生的《向科学进军》，靠大家辛勤耕耘，定会成为科普之花盛开的园地。

在《向科学进军》第一期，《青岛日报》的编辑约请方宗熙先生撰写了科普文章《浅谈遗传工程》。这篇文章不长，抄录如下：

　　方毅付总理在全国科学大会上指出，在我国科学技术的八年规划中要把八个影响全局的科学项目放在突出的地位。遗传工程是其中的一个。

　　遗传工程指的是采用类似工程技术的方法，按照人的需要，把一定的遗传物质介绍进某种生物的细胞里，以创造出崭新的生物。

　　什么是遗传物质呢？遗传物质是含有遗传密码的一大类分子，叫做核酸。核酸是由核苷酸组成的，像蛋白质是由氨基酸组成的那样，它们都富有多样性。但核酸另有特点，它能用自己的分子作样板，复制自己，准确地传下自己的特异性，又能指导蛋白质和酶的合成，从而控制细胞的新陈代谢。这就是各种生物特性之所以能够传给后代的分子根据。

　　什么是遗传密码呢？原来任何植物和动物的生命一般都由一个细胞开始。比如就人讲，人是从一个受精卵开始的。一个受精卵就是一个细胞。可是在这个细胞里，没有人的头、躯干，连头发的痕迹也找不到。它所有的就是发育成为人的各种遗传密码。你会有什么血型，你的眼睛会有什么颜色，手掌会有多少指头等等，大体上都是由细胞里的遗传密码决定的。这就是生命发展的内因。

　　现在已完全知道，遗传密码并不神秘，而是由核苷酸组成的，核苷酸有四种，或者是A，T，C和G，或者A，U，C和G，也已完全确定，遗传密码是由三个核苷酸（或叫三个字母）组成的。一切生物都是这样。遗传密码有好几十个。各个遗传密码可说是不同氨基酸的信号或标记。遗传物质里的遗传密码排列顺序不同，细胞所产生的蛋白质和酶就不同。大家知道，酶也是蛋白质。

　　家蚕为什么会吐丝呢？这因为家蚕的细胞里有产生蚕丝的遗传密码。蚕丝是一种蛋白质。为什么有人患糖尿病呢？这因为他的细胞里产生胰岛素的遗传密码有了变化或不能正常工作了。胰岛素也是一种蛋白质。

　　能不能叫细菌产生蚕丝呢？

　　能。就是把家蚕产丝的遗传密码用人工方法取出来，介绍进细菌

里，一个细菌就是一个细胞。

能不能把胰岛素的遗传密码介绍进细菌里，让细菌产生出胰岛素呢？

能。这在国际上已有初步成功的消息。

有些细菌能把空气中的氮气转化为氮肥。这是因为它有固氮酶。能不能把细菌固氮酶的遗传密码取出来，介绍进水稻、小麦等谷类作物的细胞里呢？

原则上也可以办到。如果办到了，以后我们重点就可以不必施氮肥了，因为空中氮气多得很，可以被固氮酶转化为氮肥。

以上这些工作都是在化学分子的水平上进行的，目的都是根据人的需要来定向改造遗传性，使生物更好地为人类服务。

从以上简略的叙述可以看出，遗传工程这个科学的新领域是大有文章可做的，它将为农业、工业、医药等的生产带来重大变革，大大增强人类征服自然的力量。[①]

这就是方宗熙科普文章的魅力，深入浅出，言简意赅，把复杂的生物学理论讲得明白透彻。

在这科学的春天里，方宗熙是大学教授，春风化雨，为国育才；在这科学的春天里，方宗熙是海洋生物学家，向海洋进军；在这科学的春天里，方宗熙是科普作家，在这块园地，辛勤耕耘……

---

① 方宗熙：《遗传工程浅谈》，《青岛日报》1978 年 5 月 17 日。

第十章

# 科普大家　播种耕耘

　　方宗熙思接千载，视通万里，想象的翅膀飞过小青岛上的灯塔，飞过太平洋……

　　他的眼睛穿过了时光的河流，时空似乎倒转，他看到生物的演化简史，如电影一样，投影于蓝色的海洋之上……生命啊，壮哉！生命啊，伟哉！科普创作宛如一条红线贯穿他一生。

# 生命遨游　视通万里

　　一场纷纷扬扬的大雪，从子夜的天空悠然飘落。

　　片片雪花飞舞，弥漫天地之间，两个小时后，地上已经积了厚厚一层，雪花就像洁白的羽毛，温柔地把青岛的山峦、雪松、红楼覆盖。这场大雪飘向潮涨潮落的青岛湾，飘向人们酣眠的梦境之中。

　　方宗熙清晨五点起床，发现窗外一片洁白。他把窗户打开一道缝隙，一股凛冽的空气，夹杂着雪花的清凉，扑面而来，让他打了一个激灵。他欣喜地发现青岛迎来了这个冬天的第一场雪。破晓的时刻，黑暗仍然笼罩着岛城，但是落在地上的积雪冲淡了夜色。

　　方宗熙是福建人，小时候没有见过下雪。他到伦敦留学后，见到人生中的第一场雪。如今，人在青岛，1977年冬天的第一场雪，让他想起了自己的人生，无数个场景一下子涌入脑海。这些念头和场景，带着往事的滋味，纷至沓来。

　　他想起小时候在故乡云霄，看到漳江入海口的红树林，无数的白鹭在绿浪翻滚的红树林中翩翩起舞，而远处是蓝色的大海，似乎有帆船从云雾流动的海天深处驶来。

　　他想起在厦门大学读书时，曾跟随刘五店的渔民捕获文昌鱼，当他看到神奇的文昌鱼进入渔船时，巨大的惊喜如同海浪层层叠叠，那种激动，无以言表。

　　他想起在印度尼西亚苏门答腊岛巨港中华学校执教时，一路飘摇来到苏门答腊岛西岸的海滨小镇Kroe采集海洋生物，印度洋的滔天巨浪撞击在礁石上，"轰"的一声散开，白色的水滴和水雾散开；等潮水退去，散落在海滩上的珊瑚礁里隐藏着无数的海洋生物，沙滩上无数黑色的海胆密密麻麻，非常震撼；他采集到一种大海兔，可以放红色液体；这里的海洋生物多穴居，海滩上的沙蚕、海参一半身体隐藏在穴内……

他想起在遥远的加拿大、瑞典、挪威的北方，常有一种旅鼠军团成群结队地迁徙，它们出现时，可谓漫山遍野，被一股神秘的力量驱使着，爬过山岗，泅渡河流，经过村庄，走过草原，老鹰、死神不能阻挡，它们来到海洋，争先恐后地进入大海，集体蹈海，自杀而亡……[①]

他想起去英国留学时，乘坐雪丝亚（Soythia）大轮船经过印度洋，海面上腾空而起飞鱼，划出一条美妙的曲线，飞行一段距离，纷纷落入海中；船经过红海，一轮又红又圆的夕阳把天空染成红色，海上的落日静穆中蕴含神圣感；船经过苏伊士运河时，大轮船距离两岸很近，似乎一跳就到岸上，而岸上是沙漠，略灰色的沙远接天边，近处稀稀疏疏地长着一些低矮得可怜的植物，浅浅的绿色紧贴地面……

他想起爱尔兰海域成群的长须鲸，也许这是一个家族，追逐鲱鱼。无数的鲱鱼抱团发展，在洋流中拼命游泳，而鲸鱼闯进鱼群，打散鱼群，进食饱餐，鲸鱼穿过成球的鱼群，刹那间，鲱鱼又组成团……那壮观景象令他震撼。

他想起英国伦敦海德公园的秋天，金色的落叶在空中随意飞舞并铺满了草地，白色的鸽子、灰色的鸽子像绅士一样，优雅地在草地漫步，灵活的脖子转动着，发出咕咕的温柔的叫声；天鹅在明镜似的湖面对影自怜，梳理着羽毛；树枝间跳跃的红胸鸲，自由地歌唱……

他想起在加拿大多伦多大学做访问学者，想到多伦多大学的校徽，像加拿大其他大学的校徽一样上面有动物、书本及皇冠意象。校徽上方有一棵大树。皇冠下方是两本翻开的书和一个河狸。下边的饰带上写有拉丁文校训，意为"像大树一样经受岁月的风雨而不摧"。河狸，别名海狸，是加拿大历史的象征；在加拿大人的心目中，这是一种可以通过改变环境来

---

① 少青：《为什么集体投海——谈迁徙与维他命》，《风下》1946 年第 31 期。

维持生存的"智慧而高贵"的动物……

他想了很多，思接千载，视通万里，想象的翅膀飞过小青岛上的灯塔，飞过太平洋……

他的眼睛穿过了时光的河流，时空似乎倒转，他看到生物的演化简史，如电影一样，投影于蓝色的海洋之上……

生命啊，壮哉！生命啊，伟哉！这颗蓝色的星球，是各种各样生物的家园。有的生物经过了几千万年的进化。比如，鲸鱼经过了5000万年进化；生活在澳大利亚的鸭嘴兽出现在2500万年前。人类的祖先南方古猿生存于距今420万年至100万年前。1921年，中国考古工作者发现了一个完整的远古人类头盖骨化石，这就是震惊世界的北京人，他们已经会使用工具，生活在距今约70万年至20万年。

这一天清晨，晨曦的光照到方宗熙的窗前，积雪的光反射到方宗熙的窗前，他心中激荡着生命的狂想曲。他放眼窗外的积雪，似乎看到积雪下、土地里的生命和微生物，他放眼五大洲，行程十万里，生命的足迹留痕于时空。已经65岁的方宗熙，研究生物学，他懂得生命的意义和价值，懂得人类的来处和去处。

这一天，他在打开的方格稿子上完成了《生命进行曲》的最后一章节。

天亮了，青松挺拔而苍翠，伸展的树枝上覆盖着白雪。

大雪初霁，院子里有一株柿子树，一只蓝色的喜鹊落在柿子树上，长长的尾巴翘着，左右摆动。一撮积雪落下来，蓝喜鹊发出一串响亮的聒噪……

窗外的世界消逝了，方宗熙在方格稿子上创造了另一个世界。

# 科普之旅　始于厦门

方宗熙的科普创作宛如一条红线，贯穿他一生。他的科普创作之旅始于厦门大学。

1933年3月，方宗熙就读厦门大学生物系，他和顾瑞岩、洪毓汶、洪福增、薛澄耀、卢嘉锡、刘福达发起成立厦门大学民众科学社。这个学生组织拥有62名会员，成立的宗旨是"灌输民众以科学常识宣传科学救国"。他们借助厦门的报纸，出版科学旬刊，并计划将科学旬刊排印成册，出版民众科学第一辑与第二辑。①

方宗熙早期的作品，除了在厦大生物学会期刊发表的3篇留存下来，其他的已难以查阅到，大多数已经沉入岁月的长河之中。方宗熙善于把所学的生物学知识与社会和实际生活相联系，撰写成短小精悍的科普文章，简洁流畅的文字下蕴涵着丰富的内容，为青少年送去了一份份精神食粮。

在那个风雨如晦的日子，科普文章如同海滨的灯塔，指引夜航船。更重要的是，经历了大学发表科普文章的历练，方宗熙产生了一种科普情结，他把介绍科学、传播常识视为天职，把启蒙民众、启迪读者视为己任。

如果说方宗熙的科普创作像一粒种子，萌芽于厦门，那么在南洋期间，种子开始茁壮成长。

方宗熙在印尼巨港中华学校执教时，有过两次生物采集之旅。他每次都撰写了采集日记，供师生阅读。他撰写的采集日记，就是一种科普文

---

① 《厦大周刊：厦门大学十三周年纪念专号》1934年第13卷第19期，第103页。

章，令读者开阔眼界，激发起对各种各样生命的探索的热情。他于1938年7月10日至18日撰写的《Kroe采集日记》，发表在《巨港中华学校三十周年纪念刊》（详见本书附录1）。这篇采集日记，用半文半白语言写成，有趣、简洁、生动、优雅，更有近代生物学的严谨，科学观察、科学描述、科学采集。从这篇科普文章来看，方宗熙既有深厚的文学功底，又接受了近代科学的熏陶，可谓中西合璧。

抗战胜利后，方宗熙到新加坡华侨中学执教，他参与创办胡愈之主编的《风下》周刊，并成为该刊的专栏作家。他开设"科学小品"和"每周一课"两个专栏，辛勤耕耘，在这个时期发表了大量的科普佳作。

科学小品《割来肠子当食管》《换心与接腿》《为什么集体投海——谈迁移与维他命》，只看标题，就能激起读者的好奇心与求知欲。

每周一课《为什么研究生物学》《生物学研究些什么》《细菌是怎样生活的》，普及生物学常识，播撒科学的种子。

方宗熙撰写的科普文章范围广泛，不仅仅局限在生物学，他还写了《太阳黑斑与印度饥荒》。这样的科普文章展现了他广博的知识体系，自然生物，天文地理，历史人文，无不涉猎，涉笔成趣。

就生物学而言，方宗熙在《风下》周刊发表的科普文章《原子能与人种——从突变论专家穆勒讲起》，堪称这一时期他的科普代表作。

总而言之，在南洋执教期间，方宗熙正值青年，在《风下》发表了大量的科普文章，这是他第一次集中创作科普的时期。方宗熙去世后，江乃萼曾到新加坡收集这一时期的作品，所获甚少，只得篇名。

# 京华编书　创作科普

　　要是有人问你："现在世界上的人，是从哪里来的？"你一定觉得他问得好笑。"谁不知道人都是父母生的！这是常识。"

　　"那么你的父母又是从哪里来的呢？"

　　"是我的父母的父母生的。"

　　"你的父母的父母又是从哪里来的呢？"

　　"这也是很明白的，又是他们的父母生的。"

　　"且慢。照你这样一代一代推上去，世界上最早的一代人又是从哪里来的呢？是谁生的呢？"

　　"啊！"

　　"能回答吗？"

　　"不能。"

　　"是的，这个问题就不是那么好回答了。

　　"可是，世界上最早的人离开现在已经很久很久，谁能知道他们是从哪里来的呢，谁能回答这个问题呢？"

　　科学能够回答这个问题。我们这本书就要来回答这个问题。[①]

　　这是方宗熙创作的科普读物《古猿怎样变成人》一书的开篇，从生活的场景出发，以对话描摹生活中常见的问题，激起读者的阅读欲望。

　　1951年春天，方宗熙在人民教育出版社负责编辑中小学生物学教材，

---

① 方宗熙：《古猿怎样变成人》，中国青年出版社1990年版，第1页。

他与叶圣陶、叶至善父子交往甚
密。叶氏父子是中国出版界的重要
的出版家，他们非常重视科普读物
的出版。叶至善擅长科普读物的选
题策划，他约请方宗熙为青少年创
作了《古猿怎样变成人》，1952年
由中国青年出版社出版发行。这是
《古猿怎样变成人》的初版本，后
来，方宗熙不断地根据新材料修订
此书，到了中国青年出版社1990年
8月的版本，已是第五版，中间为
1958年版、1965年版、1978年版。
由此可见，这本科普小册子多么受
读者的欢迎，成为中国科普的经典

⊙方宗熙的科普著作《古猿怎样变成人》

读本。1965年，中国青年出版社把《古猿怎样变成人》收录进"自然科学
知识丛书"；1978年3月，全国科学大会召开，号召科学家创作科普读物，
乘着科学春天的东风，中国青年出版社不失时机地在3月推出《古猿怎样变
成人》；1990年，中国青年出版社把《古猿怎样变成人》收录进"青年文
库"。《古猿怎样变成人》还被译成了维吾尔文和藏文，在神州大地的少
数民族中也广为传播。

　　方宗熙在北京编辑教材不到两年半的时间，生活的时时刻刻被书占
据，他在繁忙的工作中，挤出点点滴滴的时间创作科普文章和科普读物，
迎来他人生中第二次创作科普的高峰。此时，是他人生的壮年。

　　宇宙万物皆变的思想，是我们认识世界的基本观点之一。人类由古猿
进化而来的论点是现代进化论的一个重要内容。

　　"古猿怎样演变成人，有各种不同的看法。这本书对这个问题作了探
讨，阐释了达尔文学说和恩格斯劳动创造人的观点，对有关的一些有争论
的问题进行分析和评论，并且回答了人类的前途往何处去的问题。从这本

书，读者不仅可以了解自然发展史和人类发展史，还可以学习辩证唯物主义和历史唯物主义的一些基本原理。"《古猿怎样变成人》的内容简介如是说。

方宗熙善于用简练、生动的语言描绘人类进化的画卷。他的科普作品是硬核科学，而又离不开文学的想象。当硬核科学遇到文学想象，就产生了奇妙的化学反应，不妨欣赏方宗熙描绘北京猿人使用火的片段：

野火一烧起来，在适宜的条件下，常常不会一下子熄灭。

起初看到火，猿人大概和其他动物一样，是很害怕的，不敢去接近它。

可是，猿人跟别的动物已经不一样，他们有手，能够用手拿着木棍去接触火，不必用自己的肉体去接触火了。

还有，在看到火的时候，他们有时也可能嗅到烧烤兽肉的香气。以后他们也可能吃到野火烧过的兽肉，发觉烧过的肉比没有烧过的肉味道更好。

可能就这样，他们逐渐对火发生了兴趣，对火有些好感。于是，什么地方出现了野火，他们就会到那里去把火来利用一番了。

……

大概就在这个跟火接近的过程中，他们逐渐地认识了火的脾气。他们知道火的脾气很大，过分亲近不得。知道火怕水，火碰到雨水就要熄灭。为了保护火，必然设法不让它跟水接触。知道如果用木头去"喂"火，火可以燃烧得更久些。[①]

从这些片段可以看出，方宗熙遣词造句非常准确，想象又非常节制，用极简的文字描绘出画面。用木头去"喂"火，这个"喂"字真是神来之笔。他把野火视为大自然中的一头怪兽。北京猿人慢慢地驯服了这头

---

① 方宗熙：《古猿怎样变成人》，中国青年出版社1990年版，第86页。

怪兽：

　　经过一些时间，猿人例如北京猿人终于逐渐学会把火带回到洞穴里去。洞穴里是雨水淋不到的地方。火在那里不会遇到雨水。他们还学会用干燥的野草和树枝不断地去"喂"火，把火"养活"在家里。[1]

　　方宗熙的这段描述是基于考古的发现：北京猿人洞穴里存在厚厚的灰烬。

　　猿人使用火是人类文明进程中的一个里程碑。火给猿人带来温暖，更重要的是，火的使用使他们的食谱变得越来越丰富；食物的丰富保证了猿人的健康和营养，促进了他们的大脑发育。"猿人就获得了新的知识，就更加有智慧，更加离开了动物的状态，更加表现出人的性质了。"

　　火给人类的进化带来了光明。猿人初步掌握了大自然的规律，改造环境。读这样的科普佳作，青少年能获得新知，获得新鲜的阅读体验，也会跟随作者一起思考人类的问题。

　　《古猿怎样变成人》探讨人类从何处来、又往何处去这样的终极问题。最后一章"人类往何处去"分为四个小节：技术与科学的发展，人口的增长，社会发展的动力，人类的前程。方宗熙对人类的文明前景和终极命运持乐观、积极的态度，他引用毛泽东同志的论断：

　　人类的历史，就是一个不断地从必然王国向自由王国发展的历史。这个历史永远不会完结。

　　人类总是不断发展的，自然界也总是不断发展的，永远不会停止在一个水平上。因此，人类总得不断地总结经验，有所发现，有所创造，有所前进。[2]

---

① 方宗熙：《古猿怎样变成人》，中国青年出版社1990年版，第87页。
② 方宗熙：《古猿怎样变成人》，中国青年出版社1990年版，第162—163页。

　　劳动创造人，劳动创造世界；人类通过劳动而出现和发展。方宗熙在创作科普读物时，以辩证唯物主义和历史唯物主义的哲学思想为指导，如"润物细无声"的春雨，滋润广大读者的心田，也无形中起到了树立正确的人生观的作用。

　　这本小书，囊括了人类的起源、物种的演变、文明的进程等诸多大命题，把生物学理论和哲学思想相融合，可谓大家小书。汇聚宇宙万物、自然历史、人类进化于一卷，写得生动活泼，通俗易懂，举重若轻，可见方宗熙创作科普读物的功力。

# 生命进行　曲接大荒

"文革"后期，只要方宗熙能在动荡的岁月中安静地坐下来，他就笔耕不辍，进行科普创作。这是晚年方宗熙的科普创作，他人生中第三次集中创作科普的高峰。

他在新加坡时期的学生沈清熙，在新中国成立后，从事外交工作。有一年冬天，沈清熙来到青岛，到恩师住处拜访，目睹了方宗熙是在如何艰难、简陋的情况下进行科普创作的：

当时他已从农村返城，原来的住房已被两家占用，他一家五口只留给两个房间。方老师夫妇住的一间，除了放一张床之外，就是堆满一屋的书和几件简单的家具。我一进房门就见到方老师正坐在床边的小矮凳上，围在火炉旁，一叠稿子放在膝盖上的一块木板上，弯着腰身，埋头在那里爬格子。我顿时感到一阵心酸。过后，江师母说，他们的小儿子从小就患哮喘病，晚上经常发作，半夜里还要起来轮流背他、照顾他。方老师的作品都是从这样的业余时间和环境里挤出来的。千千万万读过方老师著作的读者们，可曾想到这些呢？方老师就像一支洁白的蜡烛，把自己燃尽，将智慧的火花留给人间。①

"文革"结束后，崇尚科学开新风。他终于可以坐在安稳的书桌前进

---

① 沈清熙：《怀念恩师方宗熙》，见《方宗熙文集》编委会编《方宗熙文集》，海洋出版社2012年版，第647—648页。

行科普创作了。

方宗熙是学生物学出身的，破解生命的奥秘，追寻生命的本质，是他一生的职志。

地球上的生物经历了亿万年的演变，在一次次绝灭中重生，并更加坚韧地繁衍下去。方宗熙对地球上任何进化到现在的生命，都有一种敬畏之情。他追溯生命的源头，不断地叩问生命。

早在20世纪60年代，方宗熙就试图揭开生命的奥秘，完成了面向生物学爱好者发行的《生命的进化》。这本书探讨生命的起源与进化、遗传与变异的基本规律，引领读者进入现代生物学的殿堂。书中每一章末尾附录参考文献。这是一本学术专著，结构清晰，论证严谨，但又具有科普读物的特点，以简洁凝练的语言，把深奥的理论讲得明白通畅，非生物学专业的青年朋友，也能够读下去，一窥堂奥。

生命的进化，开始非常困难，非常微弱。原始的生命在地球上最早出现时，它对环境没有什么威力。可是，万事起头难，新生的东西一开始总是微弱的。但它们经常具有不可战胜的力量。它们会战胜环境，改造环境，不断向前。生命在地球上出现以后，就逐渐地发展，利用周围环境的物质和条件，改变环境，壮大自己，产生出各种各样的生物。环境不管怎样千变万化，生命的进化汇成潮流，向前发展。

生命的进化，好比长江大河。起源处，小泉潺潺，若断若续，微不足道。一旦形成巨流，汹涌澎湃，势不可当。

这是什么道理？生命究竟是怎样起源的？怎样进化的？生命进化的动力在哪里？为什么生命进化的能力愈来愈强大？人类又是怎样起源的？新构造新器官是怎样形成的？这些都是本书准备讨论的问题。[①]

1977年秋天，北京的天空瓦蓝瓦蓝的，丝丝絮状的白云点缀着天空。

---

① 方宗熙：《生命的进化》，山东人民出版社1963年版，第2页。

天空下，一树树黄叶、红叶在秋阳下格外安静，秋风微微晃动着树叶，似乎有一种悠闲、慵懒的气息。

方宗熙与叶氏父子阔别多年，在这个金秋相逢。他们各自谈着过去十年的遭遇，方宗熙苦笑着说，他耗费大量心血培育的海带品种全给毁了……有的朋友已经不在人间，他们不胜唏嘘。劫后重逢，感慨良多。叶至善主持中国少年儿童出版社，他有一个宏大的出版工程——编辑出版"少年百科知识丛书"。他热情地向老朋友发出邀请，并把陶宏先生编译的《生命进行曲》旧作，交给方宗熙，请他修订。他当即爽快地接受了这个任务，他非常乐意为孩子们写点什么。

借着创作《生命进行曲》，方宗熙对生命又有了新的认识和思索。

1977年的深秋，方宗熙每天早晨起床创作《生命进行曲》。有一天凌晨，窗外的秋风晃动着树木，树叶簌簌地落满地。此时，天空，星辰闪烁；大海，浪花飞舞。天地之间，两者似乎进行某种对话。方宗熙像往常一样，坐在了书桌前。书桌上的书灯散发着温暖的光芒，方宗熙在方格稿子上写道：

我们回到电影院里来，看这部缺了上集的《生命进行曲》吧。开头，我们看到的是单细胞生物，它们渐渐变得复杂起来，出现了各种不同的形状，发展成为最简单的植物和动物。这时候，这部电影已经演过了一半。接着，我们看到海洋里出现了低等植物和低等动物，后来又出现了鱼，有的鱼爬上岸来。这时候，植物早就上了陆地。爬上岸的鱼，有的变成了两栖类动物，接着又出现了爬行类动物。最大的爬行类动物是恐龙，它们占了大约五分钟的时间，然后出现了哺乳类动物。早期猿人，要在电影结束之前的五六秒钟才出现在银幕上。等到现代的人出场，银幕上立刻映出两个大字："再见！"

这部电影告诉我们：现代所有的植物和动物无论怎样不同，它们都是亲戚，都传自共同的祖先，都属于一个家族系统。这样从一个物种变到另一物种的缓慢演变，就是生命进化，简称进化。因而凡是生命，都有共同的物质基础：生命是统一的。①

　　方宗熙创作的《生命进行曲》富有激情，文笔也有诗意和画面感。"在树上的进化"就像电影里的长镜头，"岩石里的时钟"就像电影中的定格聚焦，从"细胞出现"到"恐龙上台"就像一组精彩纷呈的蒙太奇。其实，他已将老版的《生命进行曲》全部改写，带有自己鲜明的个人风格。

　　中国少年儿童出版社拿到方宗熙改写的书稿后，决定作为新书出版，并在"后记"里提到了陶宏先生早期的工作，于1978年出版。1989年，该书又入选"少年百科丛书"（120种精选本），装箱成套出版发行。②

⊙ 方宗熙、江乃萼编写的科普著作《生命进行曲》

　　《生命进行曲》一书有藏文版与维吾尔文版。这本书成为方宗熙晚年的科普代表作，并在岁月更迭中显示出强大的生命力。

---

① 方宗熙、江乃萼编写：《生命进行曲》，中国少年儿童出版社1978年版，第10—11页。
② 陈天昌：《科学家写科普的一个典范》，《科学时报》2009年6月25日。

# 科普座谈　书面发言

　　1978年3月，全国科学大会召开前后，方宗熙在繁忙的科研、教学以及行政工作中，仍然投入时间和精力进行创作。这时方宗熙已66岁，学术成就和声誉闻名国内外，他依然热爱科普创作，又迎来一个科普创作高峰期。他计划每年为青少年写一本科普读物。全国科学大会召开后，他更有了动力，写起科普读物来劲头十足，好像是一位不知老之已至的年轻人。

　　1978年5月23日至6月5日，全国科普创作座谈会在上海浦江饭店召开。浦江流淌着一江春水，激荡着科学的浪花，来自全国的科普名家济济一堂，共赴春天的约会，共话科普蓝图。会议对如何繁荣科普创作进行了深入的讨论，并发起成立了中国科学技术普及创作协会筹委会。这次会议成为中国科普创作协会（后改为中国科普作家协会）创建的先声。

　　关于这次座谈会的盛况，有学者撰文还原：

　　时任全国人民代表大会常务委员会副委员长、著名科普作家周建人给座谈会发来贺信。中国科协副主席茅以升致开幕词，副主席刘述周作了《繁荣科普创作，为提高整个中华民族的科学文化水平做出贡献》的报告。中国科协顾问高士其、中国科学院副院长华罗庚、国家科学技术委员会副主任于光远、教育部副部长董纯才、国家出版局副局长王子野，以及著名科普工作者温济泽、贾祖璋、赵学田、张金哲、史超礼、符其珣、常紫钟、郑公盾等专程赴上海参加会议并讲话、发言。上海市领导杨士法，著名科学家苏步青、谈家桢、李国豪、卢于道、李珩等出席了开幕式和闭幕式。方宗熙、顾均正、叶至善等知名人士写来了书面发言。与会者共计285人。时任中国科协副主席、党组副书记刘述周主持了会议。[①]

由于有科研重任在身，方宗熙没有参加全国科普创作座谈会，但他写来了书面发言，请人代为宣读。他书面发言的题目是《写什么，怎么写》，这是所有科普作家在创作中无法绕开的两个根本的问题。"他对科普创作的选题、加强作品的思想性，以及写作程序等问题提出了精深的见解。"[②]

让科普的鲜花开遍祖国大地！这是周建人、华罗庚、高士其、方宗熙等名家的共同心声。

⊙方宗熙的中国科普创作协会会员证

方宗熙是全国著名的科普作家，也是青岛科普创作的领军人物。在他的带动下，青岛的科普创作呈现出勃勃生机，涌现出一大批科普佳作。

"青岛市出版办公室组稿列入出版计划的科普读物的选题，上半年只有十几种，下半年猛增到五十余种，《青岛日报》的《向科学进军》专刊已刊出十二期，用稿约六十篇，青岛人民广播电台的《学科学》专题节目

① 岳嵩：《1978年：科普创作之春——侧忆全国科普创作座谈会》，《科普创作》2019年第4期。
② 王世维、李书和：《方宗熙与科普创作》，《青岛日报》1985年10月30日。

已播出三十六次，用稿一百一十三篇。"①

进入20世纪80年代，方宗熙的科普创作瞄准了生物学的最前沿阵地——遗传工程。

"随着生物科学不断发展前进，生物科学由观察生命活动现象逐渐深入到认识生命活动的本质，从而形成了一门全新的学科——分子生物学。遗传工程便是人们运用分子生物学知识所设计的巧妙方法，是定向改造生物遗传性的一种先进技术。"②

"运用科普作品宣传生物学知识和遗传工程，是方教授近年来撰写科普作品的主要题材。《遗传工程》《遗传工程浅说》《遗传工程——定向改造生物的新科学》是内容类似的科普著作，但方教授针对读者的不同知识水平，分别条分缕析，使读者对这门崭新的生物技术有一个完整的了解。全文约十二万字的《生物进化的故事》曾连载于《科学实验》杂志，是方教授奉献给读者最后的一部科普佳作。"③

与时俱进，孜孜不倦写科普，可谓春蚕到死丝方尽，这是方宗熙先生一生的写照。

———————————

① 《贯彻科学大会精神，普及现代科学技术知识，我市今年科普创作欣欣向荣》，《青岛日报》1978 年 11 月 28 日。

② 李明春：《心系科普的科学家——记著名海洋生物学家、科普作家方宗熙》，《海洋世界》2009 年第 2 期。

③ 王世维、李书和：《方宗熙与科普创作》，《青岛日报》1985 年 10 月 30 日。

# 科普创作  肩负责任

在科普园地播种耕耘是一项伟大的工作，能够让人心态年轻。方宗熙为何这样钟情于科普工作？他在接受媒体记者的采访时，多次表示：出于责任。

方宗熙对青少年的成长十分关心。他常说："我老了，但我觉得我的心依旧年轻，希望寄托在年轻一代，我要为千千万万、万万千千的儿童少年、青年尽我的绵薄之力，使小读者们学到科学知识，从而引起他们对科学的爱好，肯于付出心血，甘愿发奋攻关，振兴中华。"[1]

方宗熙对青少年有特别的偏爱，这使他乐于也勤于写科普读物。

粉碎"四人帮"后，为实现四个现代化，需要全国人民的努力。方宗熙常常说："四个现代化的关键是科学技术的现代化。革命需要科学，人民需要科学，在优越的社会主义制度下，我国人民发挥了聪明才智，若再给以现代科学知识，必将涌现出更多的人才。如果通过科普读物的启发，100万人中出一个爱迪生，那将是多么了不起的成就啊！"[2]

1978年，科学的春潮席卷神州大地，带来无限的生机和活力。科普创作让方宗熙焕发青春活力。一篇在《青岛日报》发表的专访，透露了方宗熙创作科普的秘密和经验。

绝大多数人都会有这样的疑问，方宗熙承担了繁忙的工作，他怎么有

---

[1] 江乃蓂：《把自己的生命融进了阳光、春风和海洋之中的科学家、科普作家——方宗熙教授传略》，见孙士庆等著《中国少儿科普作家传略》，希望出版社1988年版，第94页。

[2] 江乃蓂：《把自己的生命融进了阳光、春风和海洋之中的科学家、科普作家——方宗熙教授传略》，见孙士庆等著《中国少儿科普作家传略》，希望出版社1988年版，第96页。

时间来写科普？

一是源于对青少年的热爱；二是利用好时间。他每天凌晨即起床，早晨5点，他已经在伏案写科普。每天写2个小时，完成两三千字。他写作之前，已经深思熟虑，打好了腹稿，所以写起来下笔如有神，格外顺畅。写完了，吃早饭，他的大脑高速运转，考虑一天的教学、行政和科研工作。白天的时间，他处理工作。他在小鱼山校园，步履匆匆，走路时都在思考科研问题。路上师生见到他，向他打招呼问好，他常常是"目中无人""视而不见"。因为他正聚精会神地思考着问题，完全沉浸在科研与科普的世界里，海带裙带菜育种、遗传工程等占据了他的心灵。学生们最初觉得方先生挺怪，是一位"科学怪人"，等了解他了之后，不仅不觉得"怪"，反而对他肃然起敬。

吃过晚饭后，他忙着备课、收集资料、撰写论文、回复读者来信。晚上10点准时睡觉，他一躺在床上，不到1分钟，就打起了呼噜。他的梦境是万顷碧波，是深邃的海洋蓝色。

每天如此，周而复始，年复一年。他没有休息日，没有节假日。他把时间利用到了极致。他就像一台精密的仪器，在岁月中有条不紊地运转着。他常说，有规律地工作就是人生最大的幸福。

有一年春节，大年初一，早晨他吃过饭后，偕夫人江乃萼到山东海洋学院生物系实验室工作。大街上噼里啪啦的鞭炮响着，营造了春节祥和欢乐的气氛，孩子们穿着新衣服，走在大学路红色的宫墙下。空气中有幽微的鞭炮的火药气息，家家户户的门上贴着簇新的春联。在阖家团圆的新春春节，方宗熙一头钻进实验室，开始了他的工作。

方宗熙的时间表表明，如果一个人真的喜爱一项事业、某种兴趣、一种工作，不存在没有时间的问题。没有时间，都是借口。关键在于肯不肯付出心血，是否甘于劳动，是否甘于奉献。

对待科普读物，方宗熙态度严谨。他这样告诫自己：春天年年有，年年不尽同，在写作之前，必须先阅读有关的新资料，自己融会贯通了，打好腹稿，列出编写计划，方可动笔书写。

读过方宗熙科普读物的读者都感叹，方先生的笔具有魔力，引人入胜，让人欲罢不能。他是如何做到的呢？

科普作品应该具有思想性、科学性、通俗性和文艺性。思想性，就是通过介绍科学知识与先进的政治观点结合起来，特别要自觉地宣传和捍卫马列主义毛泽东思想。比如，有些资产阶级的学者贩卖"优生学"，意在为资产阶级专政制造遗传学的理论根据，方教授就针锋相对，用自己的文章加以揭露和批驳。科学性，是指所写的科学知识要准确，并且起点要高，用现代科学知识武装读者。通俗性和文艺性，就是要在通俗易懂、生动活泼上下功夫。说到这，他打开《古猿怎样变成人》的第一页说，这里一开始就问，人是从哪里来的？你的父母和祖父又是哪里来的？接着写"这本书就是要来回答这个问题"。总之要设法勾起读者的兴趣。为了避免枯燥乏味，遣词造句要通俗、简短、明了，尽可能不用科学术语，非用不可时也要赶快解释清楚。①

这段访谈也道出了方宗熙科普作品的特点和特色，带有那个年代的色彩和印记。科普作品读起来容易，写起来难，没有渊博的科学体系和深厚的文学功底不能为之。

为了吸引更多的作家进行科普创作，方宗熙在访谈中，也谈到了如何才能写出思想性、科学性、通俗性和文艺性俱佳的科普作品。

第一，要认真学习马列著作和毛主席著作，用正确的政治观点把自己武装起来，去统帅科普创作。

第二，要多读书，扩大知识面，特别要多读国内外新书，了解新的科技成就，并要养成读书时做卡片、积累资料的习惯。写作前，一定要

---

① 卢林：《出自责任　来自勤奋——访科普作家、山东海洋学院教授方宗熙》，《青岛日报》1978年11月28日。

把所写知识的原理弄透彻，不"深入"是没法"浅出"的。

第三，要学点文学。他青年时代就爱读茅盾、曹禺、老舍、巴金等作家的作品，还写过小说和诗。这对后来从事科普创作是大有益的。①

在科普创作写作技巧和方法方面，方宗熙也多次谈到他的经验。

他的作品脉络清楚，很有条理。这几本书几乎用了同一个模式，即每章有几个小节，每个小节标题下又分一、二、三、四……每节末尾都有一个小结，全书结尾还有一个提纲挈领的总结，叫人看了清清楚楚，也容易记住。②

方宗熙创作的科普作品，还有一个令人赞叹不已的特点：他把国内外最新的科研成果、考古发现、生物学动态巧妙地写进书中。他的《古猿怎样变成人》《生命进行曲》等经典科普作品，每次再版他都做增订，把新发现、新材料、新观点融入书中。这源自他的勤奋与渊博。山东海洋学院海洋生物系资料室订了十几本国内外的生物学杂志，他每一期、每一本都仔细阅读，并养成了做读书卡片的习惯。所以，他写起来左右逢源，得心应手。

方宗熙怀着对祖国科学事业的大爱，进行海洋生物的研究；怀着对青少年的关爱，创作科普作品。他响应周总理提出的"活到老，学到老，改造到老"，他表示还要"写到老"。

他是这样说的，也是这样做的。从1977年到他逝世的1985年，他几乎一年有一本科普著作出版。

《揭开遗传变异的秘密》是方宗熙病故前创作的一部作品，1986年10月由中国少年儿童出版社出版。可惜他还没有来得及见到样书，就魂归海

---

① 卢林：《出自责任　来自勤奋——访科普作家、山东海洋学院教授方宗熙》，《青岛日报》1978
　　年11月28日。
② 孙士庆等著：《中国少儿科普作家传略》，希望出版社1988年版，第361页。

洋了……方宗熙先生逝世后，他的夫人江乃荨整理他的科普遗著。

方宗熙的科普工作所采用的形式也是多样的，他曾在中央人民广播电台星期日演讲会上作专题讲座，为全国政协领导人做"海洋开发"讲座[①]。

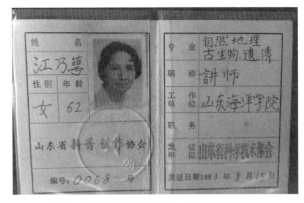

⊙江乃荨的山东省科普创作协会证件

为了鼓励更多人进行科普创作，方宗熙总结了自己的创作经验，撰写文章，金针度人。他完成了指导科普写作的文章《写什么？怎么写？》、《科学性是科普作品的命根子》（与江乃荨共同创作）、《实事求是地写好科普作品》[②]和《编写科普读物要处理好几个关系》。

"经年辗转异土，归程波折无数。授业人空巷，海藻育种齐瞩。科普，科普，雏鹰振翅高骛。"有人写词《如梦令》，描述方宗熙的科普人生。

1985年方宗熙病逝后，他的多部科普佳作不断再版。他大半生在科普园地辛勤地播种耕耘，结出累累硕果，惠及后人。一代一代的少年儿童在他的科普佳作中获得智慧。诚如他的夫人江乃荨纪念他的传记题目所说，他已经"把自己的生命融进了阳光、春风和海洋之中"，人生虽然短暂，但可以立功立言，生命趋于永恒……

---

① 据方菁的纪念文章，1984年的春天，方宗熙先生在全国政协礼堂做"海洋开发"讲座。方菁说："这是我第一次听他讲课。他把我认为枯燥的海洋开发，讲得栩栩如生，我真没有想到平常在家不爱说话的人，口才竟然这么好。"

② 此文发表于1982年第5期《科普创作》。

# 老骥伏枥　志在千里

　　三尺讲台一亩田，种桃种李种春风。方宗熙觉得自己首先是一位老师，然后是科学家，最后是科普作家。育人是他的人生底色。《孟子》中有句"得天下英才而教育之"，在方宗熙看来，这是人生的一种幸福。方宗熙被誉为中国海洋生物遗传学与育种学奠基人，他的科研多是开创性的，以海洋藻类的遗传和育种研究蜚声国际。

# 三尺讲台　学高为师

一列火车风驰电掣，行驶在古老的齐鲁大地上。麦苗顶着晶莹的露珠，苗壮成长。大地如绿色的织锦，原野上盛开各色的鲜花。小河里涌动的春水，漂着桃花花瓣，奔腾着流向大海。火车轨道两侧的白杨树挂着毛茸茸的花絮，在春风中飘拂。几个孩子牵着风筝跳跃，高高飘飞的风筝，就像美好的希望，牵引着孩子们成长。方宗熙饶有兴致地看着车窗外的风景，他的心中升腾着一曲春天的交响曲。

1978年4月上旬的一天，方宗熙在北京开完全国科学大会，载誉归来。火车经过的山坡上有一片桃林，桃花盛开，灼灼其华。远看，如同云蒸霞蔚。桃林上方的天空，一朵汗漫的白云在游荡。又一个山坡，是一片李树，开满了白色的花朵。

三尺讲台一亩田，种桃种李种春风。方宗熙觉得自己首先是一位老师，然后是科学家，然后是科普作家。育人是他的人生底色。《孟子》中有句"得天下英才而教育之"，在方宗熙看来，这是人生的一种幸福。

1936年，他自从厦门大学毕业后，就开始教书育人。虽然因英国留学、北京编书中断了7年，但弦歌不辍贯穿了他整个的生命乐章。他在八闽大地教书，他在南洋诸岛教书，他在齐鲁大地教书，一闭上眼睛，不同时期学生的面庞就出现在他的眼前：沈清熙，黄祥坤，黄辉白，陈立贵，蔡亚能，蒋本禹，李家俊，方永强，杨德渐，张学成，王清印……

火车进入胶州境内，胶州湾的潮声远在火车外。这些学生的面孔，如同过电影一样，在脑海浮现，最后定格在王清印。

王清印于1975年9月考入山东海洋学院海洋生物系。到校不久，他就

听到系里的老师介绍方宗熙教授，知道他是一位著名的遗传学家，著述很多。"后来上遗传学课程，方先生亲自给我们授课，才有机会近距离接触他。至今仍清楚地记得，听方先生讲课是一种享受，对一些很复杂的科学原理，他会用简单明了、深入浅出的方式讲给我们听，使我们很快地掌握这门课的要点和精髓。"①

2022年9月22日下午，在中国水产科学研究院黄海水产研究所（下文简称"黄海水产研究所"），满头银发的王清印，回忆起恩师方宗熙，眼睛里充满光彩和深情。"方先生很儒雅，说话不快不慢，他讲话带有闽南口音，但大家伙都能听得懂。闽南口音重的老师，北方的同学听不明白。他不是这样。他给我们讲普通遗传学，别的老师讲不清楚的问题，请方先生来讲，他讲得深入浅出，比如遗传育种'三系配套'父本母本原理，他讲得很清楚。"王清印最大的感受是，方宗熙擅长把复杂的问题讲得清清楚楚，明明白白。方宗熙驾驭语言的能力超强，不论是口头语言，还是书面语言。

在王清印看来，方宗熙是标准的学者，惜时如金，治学严谨。他就像一个强烈的磁场，吸引王清印向他学习。"方先生知识渊博，平易近人，有问题找他，往往会获得意外的收获。"亲其师，信其道。被方先生深深地吸引，他打算报考方宗熙老师的研究生，继续跟着他学习。

谈起方宗熙的科普著作，王清印从办公室的大书橱中找出一本恩师的《生命发展的辩证法》。这本书署名"方宗熙、江乃萼"，1976年10月由人民出版社出版，"尝试运用马克思主义辩证法来分析、讨论生命进化的问题，即讨论生命起源和发展中的唯物辩证法问题"。这本230页的32开本小书，是他1977年10月在青岛中山路新华书店购到的。买到手后，他如获至宝，反反复复地读过多遍。这本书对王清印影响深远，他在书页的空白处，写满了密密麻麻的眉批和旁批，记录了求学时代的读书感悟，对书中

---

① 王清印：《追忆方宗熙先生》，见《方宗熙文集》编委会编《方宗熙文集》，海洋出版社2012年版，第655页。

探讨问题的理解，生发出的思考。

"对于各种复杂的生命现象，小到DNA的转录、蛋白质的合成，大到生命的起源、生命的发展，方先生都用浅显易懂的语言，像老师讲故事一样，由浅入深，由简单到复杂，自始至终贯穿着辩证唯物主义的观点和思维方式。这对于当时刚刚开始学习生命科学的我产生了极大的影响。在此后的科研生涯中，我总是比较习惯用辩证唯物主义的理论及方法去认识或分析科研结果，解释科研中遇到的各种现象，这都与学生时代所受到的方先生的影响有关。"①

王清印格外珍视这本书，在扉页上钤有藏书章，注明购书的时间和地点。每当打开这本书，恩师的音容笑貌就出现在他的脑海之中。一本并不厚重的《生命发展的辩证法》，寄托了王清印对恩师深远的思念和无尽的缅怀。

一位优秀的科学家，对世界的影响，绝不仅限于实验室。方宗熙的著作影响了一代又一代的青年。一位尽职尽责的教授，对学生的教育，也绝不仅局限于三尺讲台。生活之中，教室内外，都是道场。

---

① 王清印：《追忆方宗熙先生》，见《方宗熙文集》编委会编《方宗熙文集》，海洋出版社2012年版，第656页。

# 招收硕士　指导研究

全国科学大会召开过后，青岛的四月，樱花盛开，灿若云霞。有一天，方宗熙经过深思熟虑后对江乃萼说："十年浩劫，百废俱兴，可惜啊，在教育事业和人才培养上，我国何止倒退了十年，在知识分子的结构中，缺损整整一代人。中小学基础教育遭到的破坏，造成现在一部分青年知识分子先天不足，成才时间推迟。现在上级希望老知识分子招收研究生，我虽年事已高，但健康尚佳，我打算招收五名研究生。"

"五名？太多了吧，你兼职多，工作忙，能吃得消吗？"江乃萼担心地问。

"我能挤出时间来。余热应该发挥，把我长期积累的知识和经验传给后辈，尽早为国家多培养一些人才。"①

就这样，66岁的方宗熙一下子招收了五名研究生。

这五名研究生，张建中来自江苏扬州水产养殖场，陈家鑫来自山东烟台海水养殖试验场，唐延林来自广东湛江海洋工作站，张大力来自青海的一所中学，王清印是山东海洋学院应届毕业生。

唐延林后来对江乃萼说："我小时候就读过方先生写的科普文章和教科书，是这些书把我带进了知识的海洋，方先生的名字也就在我年轻的脑海里占了一定的位置。粉碎'四人帮'后，中央决定恢复研究生招生制度，怀着在学术上对方先生的崇拜，我报考了山东海洋学院遗传专业研究

---

① 江乃萼：《方宗熙和他的五位研究生——纪念方宗熙逝世一周年》。

生。"①

这五名研究生，有的是1966年前的大学毕业生，有的是"文革"时期毕业的大学生，有的是工农兵学员。学业基础参差不齐，怎样因材施教？这是方宗熙时常思考的问题。

陈家鑫是上海水产学院1963届海水养殖专业毕业生，"文革"期间，工作受到冲击，学习陷入停滞。陈家鑫和其他四位研究生进校第一次见导师方宗熙，第一次踏入生物系遗传研究室时，"人人面有难色，方宗熙老师看出了我们的心思"。

方宗熙循循善诱地问道："是不是觉得自身条件差，被难住了？"五位研究生点了点头。

"'四人帮'横行十年把我们害苦了。几乎整整耽误了我们一代人的工作，这正是我急于要招研究生的原因所在。尽管条件差，但我们要创造条件。我希望你们迎着困难上，夺回被'四人帮'糟蹋的年华。"②方宗熙语重心长地说。

为了让研究生学到更多的知识，方宗熙根据每位研究生的情况，分别开设课程，他还聘请了全国有名的遗传学家刘祖洞和盛祖嘉两位教授来校授课。打好基础后，方宗熙指导他们进行海藻研究。

他不仅给研究生补遗传学的课程，还给他们恶补英语。为了训练研究生的英语听力，有些课程他用英语讲授。一些术语用中文写在黑板上，便于听者领会。

方宗熙与五位研究生朝夕相处，建立了深厚的师生情谊。他的书房对研究生开放。王清印就经常出入方宗熙的书房，借书，读完，还书，然后再借。

王清印在实验室做实验，有个课题是"铜对海带雌配子体和幼孢子体生长发育的影响"，方先生讲得很详细，手把手地指导。做完实验，他指

---

① 江乃萼：《方宗熙和他的五位研究生——纪念方宗熙逝世一周年》。
② 江乃萼：《方宗熙和他的五位研究生——纪念方宗熙逝世一周年》。

导王清印如何分析，怎么做图表。

在学业上谆谆教导，在生活上温暖关怀。陈家鑫回忆说："隆冬的一天，老师让我们陪他去宿舍看望因病缺课的同学，当看到我们住在一间北向背阴的房间，又无取暖设备时，心中快快不乐，随即向院方反映了这一情况。亲切的关怀，难得的深情厚谊啊。"[1]

1978年之后的几年，方宗熙不仅承担着繁重的教学与科研任务，还经常率团出国访问，进行学术交流。每次出国前，他都要抽时间和研究生做个别谈话，指导他们应看哪些参考书，怎样进行科学研究，

⊙方宗熙教授在山东海洋学院实验室

详细了解他们学习上有什么困难，并帮助制定解决方案。临行前，方宗熙还和教研室的每位教师谈话，一切交代清楚后，他才放心出行。

一晃，三年过去了。五名研究生完成了学业，要毕业了。他们是"文革"后山东海洋学院首批硕士生，是否授予硕士研究生学位，招收时上级尚无明文规定。1983年5月21日，山东海洋学院授予这五名研究生硕士学位，1984年1月16日颁发了学位证书。

陈家鑫在黄海水产研究所进行海水养殖研究，很快，他就被提拔为黄海水产研究所副所长，后任所党委书记。方宗熙仍然关心他。1985年暮春，方宗熙病重，陈家鑫去医院探望。躺在病床上的方宗熙对陈家鑫说："小陈啊，听说你踏上领导岗位了，担子重，你要学习，只有努力学习才能做好工作。"在陈家鑫看来，方宗熙先生给予了他慈父一般的关怀。

---

[1] 江乃萼：《方宗熙和他的五位研究生——纪念方宗熙逝世一周年》。

　　唐延林毕业留校执教。他想出国继续深造，方宗熙为他联系好了去美国马里兰大学海洋生物工程中心攻读博士学位。

　　王清印到黄海水产研究所从事科研工作，1994年任副所长，2005年任所党委书记，2008年任所长。张建中到自然资源部第一海洋研究所工作。张大力至陕西师范大学生物学系执教，1992年1月至1993年12月，担任生物系副主任。

　　1983年，方宗熙又招收了三名研究生：张全启、孔杰、徐建荣。张全启毕业后留校，公派出国，至日本、美国做学术合作与交流，回来后在中国海洋大学执教，任博士生导师，曾任海洋生命学院院长。孔杰至黄海水产研究所工作，从事对虾的育种和养殖研究，后任副所长。徐建荣毕业后至江苏海洋水产研究所工作。方宗熙的这些学生在学术研究领域取得了骄人成绩，为我国科技事业的发展贡献了力量。

　　孔杰在接受笔者采访时说："读研究生期间，方宗熙先生为我们三人开设普通遗传学课程，这门课针对我们的遗传学理论和英语薄弱开设。方

⊙1983年6月27日，方宗熙正在观察海带

先生用英文讲，每周半天。这门课听下来，打下了坚实的遗传学基础，英语听说读写的能力明显提高。方先生每次上课，准备非常充分，他思路清晰，把深奥的理论讲得很明白，我们三人受益匪浅。"

为了更好地培养人才，山东海洋学院开展多种形式的学术活动，在学术交流方面，一方面是走出去，一方面是请进来。方宗熙安排张全启、孔杰、徐建荣三人到复旦大学微生物遗传实验室学习，做了一个月的实验。方宗熙又邀请复旦大学三位教授，来山东海洋学院，为研究生和青年教师讲学一周。孔杰记得，其中一位是刚从美国做学术交流归来，讲授国际上最前沿的海洋生物遗传和育种学术成果，让师生们开阔了学术视野。

方宗熙作为中国海藻遗传育种的奠基人，他培养的研究生，后来都成长为海洋生物学领域的骨干。他们开拓海洋生物遗传和育种蓝色沃土，在各研究机构和大学担任重要职务，把方宗熙的接力棒传递下去。

诚如王清印在纪念方宗熙的文章中所说："他昔日的弟子们现在分布在不同的科研及教学单位，弟子们以及弟子的弟子们已经发展成多个颇有创新能力的科研团队，在海洋生物遗传育种研究中取得了令人称道的成绩。科研成果获得过国家技术发明奖和国家科技进步奖，研究范围也从过去的海洋藻类扩大到海洋虾蟹类、海洋贝类等品种。我坚信，在'蓝色经济'已上升为国家战略的大背景下，方宗熙先生开创的海洋生物遗传育种学科也必将进入蓬勃发展的新时期。"[1]

---

[1] 王清印：《追忆方宗熙先生》，见《方宗熙文集》编委会编《方宗熙文集》，海洋出版社 2012 年版，第 657 页。

# 指导助教 提携后学

在教学和科研中，方宗熙对青年教师的成长也非常关心，他把传帮带视为促进海洋科学教育事业发展的重要环节。他关心青年教师的成长，帮助他们在生物学教学上挑大梁，并为他们的学术研究指明方向。

20世纪60年代，方宗熙培养了大量的生物学人才，从事海洋生物研究和教学，张学成就是其中一位。

1960至1968年，张学成在山东海洋学院读了本科和硕士研究生。张学成师从海洋生物遗传学与育种学奠基人方宗熙教授，正是在这位名师的指引下，他选择了龙须菜这一研究方向。张学成在回顾自己的学术和科研生涯时，觉得自己师从方宗熙很幸运。

1978年，张学成在山东海洋学院生物系担任助教。方宗熙先是安排他做科学实验，让他在实践中咀嚼消化专业知识，继而鼓励他大胆走上讲台，让他担任遗传学的教学任务。

第一次登台讲课，这对张学成来说，是一件人生大事。尽管在方老师的指导下，他准备得很充分，但心里仍然惴惴不安。他怕讲不好，怕教室里学生们齐刷刷的期待的目光，怕漏掉重要的知识点，怕辜负方老师的殷切希望。他想了一个妙招。"请方先生先上台讲《绪论》，万一方先生讲高兴了，一口气把两节课都讲完，他就有了更多喘息的时间。"[1]

方宗熙似乎看透了他的心思。他很爽快地登台讲，他讲完一小节，就走下讲台，伸出热诚邀请的胳膊，请张学成上台接着讲。张学成望着方先

---

[1] 李乃胜等著：《碧海丹心：海洋科技历史人物传记》，海洋出版社2007年版，第203页。

生期待的目光，感受到一种无形的压力。时间仿佛静止了，他硬着头皮走上讲台，额头上冒出汗滴，手里也攥着一把汗水。他都不知道自己是怎样走上讲台的，喉咙发干，他想起方先生平时对自己的鼓励，自己也在心里安慰自己：都这样了，豁出去了，讲吧。

刚开始，他的声音都有点发抖，讲着讲着，不那么紧张了。几分钟后，张学成紧张的情绪不翼而飞。

"方宗熙静静地坐在教室后面，从头听到尾，下课后立即找同学们征求意见，同学们反映不错，说可以，挺好的。这下，两个人才同时长舒了一口气。"

后来担任中国藻类学会副理事长、中国海洋大学教授、博士生导师的张学成，怎么也忘不了方先生当年对他扶上马、送一程的精心栽培。

万事开头难，张学成就这样走上大学课堂讲台。方先生非常敬业负责，他经常听张学成的课，提出改进意见。

他告诉张学成，老师教课首要的目的是让学生理解和掌握，必须让他们听明白、愿意听。讲课的时候要生动，要把基本的原理用生动的事例来体现，千万不要照本宣科，照本宣科能把学生讲睡了，更不要试图故弄玄虚，把一些问题复杂化。比如遗传学上有"三大定律"，不是写在黑板上怎么讲，而是反复举例子，来说明这"三大定律"。这样学生学的东西真的是活的，十年二十年之后，他不搞这一行，其他东西都忘了，但是遗传学"三大定律"，在概念上仍然会非常清楚。[1]

张学成遇到了良师益友，他学到了方宗熙先生讲课的真经，也悟得师者真谛。后来，张学成在曾呈奎的举荐下，前往加拿大，师从藻类遗传学家J. P. van der Meer学习新品种培育技术。

张学成完成了恩师方宗熙的遗志，在海洋生物遗传和育种领域取得了丰硕的科研成果。

他与中国科学院海洋研究所研究员费修绠合作采用化学诱变技术和选

---

[1] 李乃胜等著：《碧海丹心：海洋科技历史人物传记》，海洋出版社2007年版，第203页。

育技术，历时多年培育出了适合南方海域栽培的龙须菜新品种"981"。作为我国自主培育的首个龙须菜新品种，"981"龙须菜于2007年获得农业部水产新品种证书，并在我国东南沿海得以推广栽培，多年来，为工业生产提供了源源不断的琼胶原料，为鲍鱼养殖提供了大量新鲜的饵料，给广大养殖户创造了丰厚的收入，也点缀着老百姓的餐桌，改善着人们的饮食，还为改善海域生态环境作出了巨大的贡献。[①]

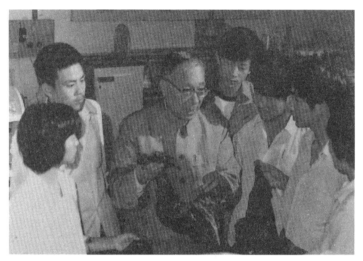

⊙1984年，方宗熙指导学生做研究

像张学成这样得到方宗熙的指导与帮助的青年教师，还有很多，比如包振民。

1982年春天，包振民申请来到方先生的海洋生物遗传学教研室做毕业论文设计。"之所以选择方先生的实验室做毕业论文，一是因为在遗传学课上聆听了方先生的授课；二是读了方先生编著的《细胞遗传学》，使我对方先生的学识充满敬仰，并对遗传学研究产生了浓厚的兴趣。因此，我本科毕业论文选择了遗传学研究——海带配子体发育条件的研究，由方先生

---

① 廖洋、冯文波：《琼胶的新原料：中国海洋大学成功培育出龙须菜2007新品种》，《中国科学报》2014年9月4日。

的助手欧毓麟老师指导。"①

一天中午，大家都去吃午饭了，包振民因实验尚未结束还没有离开，出差归来的方先生来到了实验室，他看了看包振民，关心地问道："怎么还不吃饭，在做什么呀？"

包振民告诉方先生在做的实验。

"那我看看。"方先生走过来，用显微镜认真地看了一会，告诉包振民如何区分海带雌配子体和雄配子体，如何观察配子体的发育情况。

师生交流了一会后，方宗熙勉励包振民："做学术研究，要广泛地查阅资料，看看国内外其他人都在这个方向上已开展了哪些工作。不仅在海藻上做了哪些，还要查在植物上做了哪些，甚至在动物上是否有类似的研究。比较实验方法和结果后得出结论，看看有没有可质疑的地方，再对照自己的研究，确定研究目标和改进的地方。这样做，一方面可以吸收他人的经验和知识，另一方面也避免重复，科学研究只有第一，可没有第二啊。"②

能得到方先生的亲自指点，包振民非常激动和兴奋，他走出实验室时，脚下生风，脸上带着笑，心中带着梦。"以后一定要到方先生的实验室做海洋生物遗传学研究。"在这个奋斗目标的激励下，包振民以优异的成绩留校工作，先到其他实验室做了一年多，转了一圈，最终梦想成真，回到了方先生的海洋生物遗传研究室。

三十年后，包振民成为中国海洋大学海洋生命学院院长。他回忆起方先生在实验室的教导时，仍然心潮澎湃："我慢慢领悟到，方先生的话是对我进行科学研究方法和科学道德的启蒙。"

包振民从科学的春天走来，那个时代崇尚科学、崇尚读书，青年学子精神饱满、意气风发，他回忆起往事，为能亲炙方宗熙先生的风采而感到荣幸和骄傲。

---

① 包振民：《忆恩师方宗熙先生二三事》，《海洋世界》2012 年第 5 期。
② 包振民：《忆恩师方宗熙先生二三事》，《海洋世界》2012 年第 5 期。

那时，方先生年已七旬，不仅担任着山东海洋学院的副院长，也是全国人大代表、政协委员、侨联委员等，并在多个学术团体担当领导职务，工作的繁忙可想而知，常常见他风尘仆仆的身影。那时出差基本上是乘坐火车，对一个年已七旬的老人来说，已是超负荷运转，但方先生总是精神抖擞，回校后不是忙着布置科研，就是指导研究生和年轻教师的学习和教研。为了开阔我们的眼界，快速提升年轻人的学术水平，他利用各种机会推荐大家到北京、上海等地的研究单位和高校进修学习，或请专家来校讲课。方先生非常重视教学工作，常常组织教研室老师进行教学研究和教学讲评，记得每次最后，方先生都要亲自上讲台，给大家进行教学示范并对重要概念进行详尽解释。[①]

1985年早春，一个星期天的上午，方宗熙所住的院子里的白玉兰绽放，满树白色的花朵，如冰雕玉琢，又宛如在枝头停憩的白鸽，在浩荡的春风中晃动。包振民来到方先生家，为他誊抄文稿。

为了节省时间，午饭就简，方先生提议，把昨天剩的饺子热热一起吃。这样一顿简单的午饭，在包振民看来是人生的飨宴。一边吃饭，一边谈话，方宗熙先生为包振民的研究指明了方向："我们实验室不仅要做海带、紫菜的遗传育种，将来也要开展海洋动物的遗传育种研究，希望你多往海洋动物育种的方向努力，要瞄着国家和产业的发展需求开展工作。三十岁前，你把时间每三年分成一段，每段确定一个学习和工作的目标，努力去实现它，等你三十岁时就真正三十而立了。"

经过这次午饭谈话，包振民了解到恩师只争朝夕，还有三本书的写作计划。他听了内心无比钦佩，在他的心目中，老师已经著作等身、功成名就，但没有躺在功劳簿上享受掌声与鲜花，而是和往常一样勤奋、拼搏，他的精神永远是昂扬的、奋发的。

---

① 包振民：《忆恩师方宗熙先生二三事》，《海洋世界》2012年第5期。

　　"后来才知道，病魔此时已开始侵入先生的身体，先生常常感到身体的疲惫和疼痛。但先生就是这样的生活简朴，勤奋努力，平易近人，淡泊名利。甘为孺子牛就是方先生一生的真实写照。"①

　　如今，包振民成为院士，他很清晰自己承担的历史使命，生生不息，继往开来。

　　童第周、曾呈奎、方宗熙、张学成、包振民……这长长的名单，如同一首歌。这首歌从历史深处响起，回旋在蓝天碧海之间。中国海洋大学海洋生命学院院歌为《生命的摇篮》，歌词这样写道："这深深的蓝啊无边的蓝，托起生命的摇篮。生命之河奔腾浩瀚，生生之德孕育无限灿烂……"

---

① 包振民：《忆恩师方宗熙先生二三事》，《海洋世界》2012 年第 5 期。

# 工作繁忙　兼职众多

方宗熙的工作实在太忙了。他的兼职之多，当时在国内不多见。据
1980年8月的统计，他的职务共有31个：

1. 山东海洋学院副院长

2. 山东海洋学院生物系主任

3. 中国遗传学会副理事长

4.《遗传》杂志主编

5. 中国海洋学会副理事长

6. 中国大百科全书海洋学科副主编

7. 中国科普创作协会副理事长

8.《遗传学报》编委

9.《海洋科学》编委

10. 中国科普丛书编委

11. 中国海洋湖沼学会副理事长

12. 中国动物学会理事

13.《海洋湖沼学报》编委

14. 山东省科普创作协会理事长

15. 山东省水产学会副理事长

16. 全国侨联委员

17. 山东省侨联副主席

18. 青岛市侨联主席

19. 山东省政协副主席

20. 青岛市政协副主席

21. 全国三、五、六届人大代表

22. 山东省五届人大代表

23. 民盟中央委员

24. 民盟中央联络工作委员会委员

25. 青岛市民盟常委

26. 山东海洋学院学术委员会副主任委员

27. 山东海洋学院海洋研究所副所长

28. 山东海洋学院学报编委会主任委员

29. 山东海洋学院海洋生物遗传研究室主任

30. 中国科学院海洋研究所学术委员会委员

31. 中国科学院海洋研究所兼职研究员

在这个兼职名录中，可以看到全国、省市侨联的职务，这是因为他于1938年至1947年生活在南洋，在南洋文化和教育界具有影响力。方宗熙熟悉华侨，他教过的许多华侨子弟也已成才，诚可谓桃李遍天下。他任民盟中央委员，也是源自他在20世纪40年代，在南洋与胡愈之从事民主运动。

1980年8月的这份兼职名录，还在不断地变长。随后，方宗熙兼任山东海洋学院图书馆馆长。

在方宗熙看来，每一个兼职，都是一份责任。老骥伏枥，志在千里。他承载着沉甸甸的责任，奔驰在科学的春天里。

# 海藻研究 蜚声国际

　　方宗熙教授被誉为中国海洋生物遗传学与育种学奠基人，他的科研多是开创性的，以海洋藻类的遗传和育种研究蜚声国际。

　　方宗熙教授不仅致力于海带等大型褐藻的遗传育种研究工作，而且还积极地推动我国其他海洋藻类和植物的研究工作，在海洋藻类资源的保存与利用、大型海藻组织培养与再生植株等方面颇有建树。在其指导下，我国建立了世界上第一座大型海藻（海带、裙带菜）种质资源库和中国第一座海洋微藻种质库，完成了孔石莼、浒苔、条斑紫菜等原生质体分离培养和细胞融合，海藻工具酶的发现与利用，紫露草细胞微核监测环境污染、耐盐水稻品种培育等工作。这一系列的工作是我国早期的生物技术研究重要成果，奠定了我国在国际海洋植物研究领域的重要学术地位。

　　方宗熙一生硕果累累，海藻研究主要贡献在以下五个领域：

　　一、海带常规育种和有关遗传研究，培育出海带新品种"海青一号""海青二号""海青三号"，并推广了海带常规育种的原理和方法。

　　二、海带单倍体遗传研究，选育出性状优良的"单海一号"新品种，在推广应用中，获得较好的经济效益。

　　三、对海带杂种优势的研究获得成功，培育出高产、高碘、抗病性强的杂交种"单杂十号"。海带杂种优势的研究，在国内外也属首次，填补了该项工作的空白。他所创立的海带杂交育种技术仍是现今国内外大型经济褐藻育种研究所沿用的技术手段。

　　四、我国海藻细胞工程技术的奠基者，在这些方面做出了开创性的贡献：海洋藻类资源的保存与利用；大型海藻细胞与组织培养的再生植株；

石莼、浒苔、紫菜等原生质体分离培养和细胞融合；海藻工具酶的发现与利用等方面。他带领的团队对裙带菜和紫菜等体细胞的培养，已取得初步成果，在国际上也处于领先地位。

五、与美国西伊里诺大学马德修教授合作进行了应用植物微核技术检测环境污染物的研究，在全国建立了检测环境污染的遗传学方法。

方宗熙为探索适合我国情况的生物监测环境污染技术而勤奋攻关，他与美国学者合作，运用紫露草微核技术的研究以监测海陆空的环境污染。这项科学研究引起了全国各地环保部门的重视，纷纷派人来青岛取经，后来举办了两届全国性的学习班，才满足了各地的需要。

我国拥有1.8万千米的漫长大陆海岸线和辽阔的海域，方宗熙对培育耐盐农作物也非常感兴趣，从1976年开始，他

⊙会见国外来访科学家时，方宗熙讲话

领导的研究小组开始进行耐盐水稻新品种的选育，取得了一定成果，以求把海边2000余万公顷的盐碱地更好地利用起来。

由于在海带研究方面取得了若干重要的发现和技术突破，1976年首次发现海带的雌性生活史，1978年，方宗熙荣获全国科学大会奖。他在海带育种方面的发现与研究成果获1985年国家教委科技进步二等奖。"单杂十号"问世，在海带养殖生产中产生了巨大的经济效益，1985年获得山东省科技成果一等奖。

方宗熙这些科研成果处于国际领先地位，使他在海藻遗传育种领域享有国际盛誉，他也因此频频走上国际学术交流的舞台……

## 第十二章

# 出国交流　学术访问

　　方宗熙多次出国开会、考察，进行学术交流，但他从不为自己购买一件免税商品。1982年，他曾两次出国，夏天去加拿大参加国际藻类学大会，为期一星期左右。他作了关于海带遗传学的学术报告，深受外国同行的欢迎。出国访问期间，方宗熙省吃俭用，为国家购买先进的仪器和设备，把剩余经费全部上交。

# 多次出访　大公无私

　　1977年和1979年，方宗熙两次赴法国巴黎参加联合国教科文组织属下的"政府间海洋学委员会"的会议，他在会议上宣读了论文。这是我国科学家自"文革"后首次走向世界推介海洋生物学研究成果，向世界释放了中国海洋学参与国际学术的强烈信号。

　　1980年10月，山东海洋学院方宗熙、王滋然、张定民随我国高等院校海洋科学考察团应日中海洋、水产科学技术交流协会的邀请，到日本访问，进行学术交流。方宗熙和张定民在学术交流期间，去看望了当时已年逾八十的大槻洋四郎。他热情地接待了中国来访学者。后来大槻先生的女儿大槻一枝提供了一些具体的书面材料，让人们进一步了解了大槻洋四郎来中国养殖海带的经过。从日本回国后，方宗熙和张定民撰写了关于大槻洋四郎与中国海带养殖的论文。

⊙1982年，方宗熙（第二排中）访问日本

⊙1982年，方宗熙（前排左二）带队访问日本

　　方宗熙多次出国开会、考察，进行学术交流，但他从不为

自己购买一件免税商品。1982年，他曾两次出国，夏天去加拿大参加国际藻类学大会，为期一星期左右。他作了关于海带遗传学的学术报告，深受外国同行的欢迎。他回到北京后，把节约的生活费270元8角5分全部上交给了教育部。

随后，由他领导的三人小组赴联邦德国、英国、美国、日本和中国香港访问考察，为期约一个月，他们省吃俭用，7000余美元的生活费，只花了1000余美元，剩下6000多美元他们购买了60多种仪器和用具，将尚剩的800余美元上缴给了山东海洋学院。①

① 江乃萼：《把自己的生命融进了阳光、春风和海洋之中的科学家、科普作家——方宗熙教授传略》，见孙士庆等著《中国少儿科普作家传略》，希望出版社1988年版，第99—100页。

# 中美合作　研究海藻

一架飞机从长长的跑道上起飞，呼啸着飞向蓝天，飞向太平洋彼岸。

1984年8月10日，方宗熙、江乃萼夫妇应美国大学的邀请，出国访问，与美国的海藻学家进行科学研究。

在出访之前，方宗熙就与美国有关方面确定好研究课题。合作的科研课题是褐藻遗传学，研究的具体对象是海带和巨藻这两种经济海藻。短期的科研项目是对海带和巨藻配子体的诱变研究，目的是探索此项科研是否能在实际应用中有所贡献。

为了这项课题的顺利开展，美方申请了课题经费。课题由加州大学圣塔芭芭拉分校的纽哨博士与方宗熙、江乃萼讨论后，向美国国家科学基金会（NSF）提出申请资助。美国NSF按惯例将申请书发给若干美国有关专家评议。评议结果一致认为此项中美学术合作值得进行。其中有的评议指出，此项合作对美国有利，因为方宗熙博士所领导的遗传学实验室对海藻遗传学研究已有多年历史，而且不断发展，步步深入。因此，美国NSF根据中美学术交流协议，批准申请，同意资助方宗熙、江乃萼赴美在加州大学海洋研究所工作60天。

⊙1984年，方宗熙在美国与科学家合作

1984年8月13日，已72岁的方宗熙教授不顾旅途劳顿，进入实验室工作，全身心地投入课题研究中。

具体科研项目是海带和巨藻配子体的突变研究及海带和巨藻配子体细胞培养的生物学特点。这两个项目都由我方具体设计进行。美方安排助教协助。纽哨博士也参加工作。

这两项科研项目都是利用单倍体细胞做实验材料，彼此相互联系，已取得了初步成果，并由方宗熙写出论文初稿，交给合作教授纽哨博士向美国NSF汇报。

纽哨博士是美国知名的藻类学家，对巨藻遗传学有过初步研究，但不系统，也不深入。而方宗熙对海带等海藻的遗传研究已进行了25年，既有基础研究的成绩，又在生产上已经发生作用（从1962年起就开始培育出若干海带品种供养殖），在国际上已有一定影响。方宗熙发现美国的实验室设备比我国先进，利用先进的实验室仪器和设备，进行海藻研究，可谓如虎添翼。

"他们有一台显微分光光度计，可用以测出每个细胞遗传物质(DNA)的含量。这有利于鉴定细胞是单倍体、二倍体或多倍体，也可用以推测突变型是由于基因突变还是染色体突变。我们在工作中应用了这项仪器，丰富了科研内容。"[1]后来，方宗熙、江乃萼在美国学术访问结束后，在访问报告中说。

方宗熙、江乃萼与纽哨博士合作，获得两项科研的初步成果。

第一项是用紫外线照射海带等配子体所引起的变异主要表现在所产生的孢子体上。经一定剂量的紫外线照射后，配子体细胞大部分死亡。存活下来的细胞，经过培养，能继续进行细胞分裂，长成新的克隆细胞；这克隆的细胞又能长成孢子体。所长成的孢子体大部分是畸形的。不同克隆所长出的畸形孢子体各有特点。因为同一克隆的不同细胞能持续长出畸形孢子体，由此可以推知突变已经发生。如果有个别突变型有经济价值，保存

---

① 方宗熙、江乃萼：《访问美国的报告》，方婧提供。

有关的克隆就保存了突变型。利用配子体细胞系（克隆）进行突变研究，并利用由此产生的突变型克隆来保存突变的基因型，这在藻类学上是首次发现。

另一项有意义的发现是海带和巨藻的配子体一旦形成克隆，不论是野生型还是突变型，都能以活细胞的形式长期保存。这些细胞既表现遗传的稳定性，又表现发育的全能性，这对保存和丰富这类海藻的基因资源很有利。①

⊙方宗熙与美国学者查看养殖的海带，江乃萼在岸上观望

方宗熙回国后，这两项研究仍然由山东海洋学院和加州大学持续进行。

方宗熙、江乃萼夫妇在美国主要进行上述科学研究，还应邀参观，做学术讲座。他们参观了加州大学生物系和俄勒冈州立大学动物系，看到了那里若干先进的仪器，并了解那里所进行的科研项目。

方宗熙在俄勒冈大学作了一次学术报告，题目是"中国海藻遗传学的研究"；在加州大学作了一次学术报告，题目是"细胞培养技术在海藻

---

① 方宗熙、江乃萼：《访问美国的报告》，方婧提供。

遗传研究和养殖中的应用"。方宗熙的英语非常好，这两次报告都是用英文讲。每次讲完，学术报告厅都响起热烈的掌声。在学术讲座讲完后，照例有提问环节，方宗熙回答了若干有关问题，由此结识了若干国外的同行。中国的留学生也闻讯赶来，提问环节结束，他们纷纷拥上前，热情地围绕在方宗熙身边。有的意犹未尽，表达敬佩；有的提出问题，向方先生请教；有的咨询祖国高校的发展动态。江乃萼看着中国的留学生围着方宗熙，她想起36年前刚到美国时遭遇的往事，今昔对比，不胜感慨。她为方宗熙先生感到自豪，因为他为中国赢得了美国学术界的尊重。

在俄勒冈大学访问时，该大学校长和动物系主任（他是遗传学家）分别宴请了方宗熙、江乃萼夫妇。在加州大学期间，该校生物系领导和若干教授宴请了他们，并于周末邀请他们一起去郊游。

方宗熙在美国学术访问时，收到位于美国的学者Naotsune Saga的信：

Dear Dr. Fang:

Welcome to Santa Barbara! It's my great pleasure to meet you and it's very honorable to talk with you, because you are a great, world famous psychologist, emphasizing seaweed's genetics. I have enclosed our recent papers, I'll be happy if you enjoy them. Also, I enclosed a small present for you, that's our university tiepin. I hope you have a good time while you are in U.S.A.

See you again.

Sincerely Yours,

Naotsune Saga

Aug. 17, 1984

Naotsune Saga称方宗熙是"伟大的、世界闻名的生物学家"，赠送了论文，赠送了小礼物领带夹。从这封信中，可以感受到Naotsune Saga对方宗熙的尊重。

　　由于实验工作的连续性，再加上临时增加的学术交流活动，方宗熙、江乃萼夫妇在美国停留的时间由60天延长到70天。

　　方宗熙、江乃萼把发表的论文单印本分赠给有关专家，他们也把自己的论文单印本回赠。

　　在加州大学做科研和学术访问期间，方宗熙、江乃萼夫妇与三位山东海洋学院的博士留学生交流，勉励他们奋发有为，学成回国，报效国家。当方宗熙了解到其中一位留学生遇到的困难后，便积极与加州大学的生物学教授和该系领导联系，帮助解决了这名留学生的学费、生活费和学位难题。这位留学生得知方先生把他的难题全部解决后，感动得说不出话来。

　　临别的时间到了，加州大学生物系为方宗熙开道别茶话会。加州大学的同行纷纷赠送方宗熙科研成果和资料：

　　（1）加州大学（DAVIS）爱斯登教授赠送小麦耐盐品种三份和大麦耐盐品种三份。这些种子可在海边缺乏淡水地区试种。

　　（2）加州大学（UCSB）纽哨教授赠送巨藻配子材料三个物种。

　　（3）加州大学（UCSB）义波教授和波尔内博士赠途三种鲍鱼的消化酶。

　　（4）加州大学（UCSB）莫尔斯教授赠途GABA药品一份（用于鲍鱼幼苗的养殖）。①

　　方宗熙、江乃萼夫妇这次美国之行，收获良多。他们在美国大学停留的时间较长，对美国大学教育有了较多了解，感想较多，这些感想就像窗外排列的云朵一样，浮现眼前，他还想到中国大学发展的建议。这些感想和建议，方宗熙经过深思熟虑，最终落在访问美国的报告上：

　　（1）美国社会既很富有，又相当安定，博士很多。教授大都是由

-------

① 方宗熙、江乃萼：《访问美国的报告》，方婧提供。

有水平的博士担任，年纪较轻，基础课大都由教授担任。助教大都由研究生担任。助教既教实验课，也做辅导工作。这样，教学质量比较有保证。

（2）教授一般都参加或指导科研，科研经费大部分来自校外。这需要经过申请才能得到资助。而科研要有成果，才比较容易得到资助。

（3）实验室设备不断更新，计算机已广泛应用。

（4）生物学各学科大部分向分子生物学发展，遗传工程是重点。

（5）教授很爱才，对有培养前途的大学生和研究生遇到经济困难，就设法资助。教授在这方面有发言权。

（6）师生感情融洽。在室内是师生，课后是朋友。

（7）海洋开发的课题已得到重视，海洋生物的遗传学研究已逐步展开，鲍鱼的遗传工程已计划进行，我们参观了这个实验室。

（8）在加州大学，外国学生很多。我国留学生大约有三百人，其中大部分是从台湾去的，其次是从香港去的，大陆去的最少，约有五十人。据说在美国许多大学里，我国留学生也是台湾去得最多。我国各地留学生，彼此相处一般都很好，遇到困难，能相互帮助。他们的另一特点是都很用功。

（9）遇见许多旧友，畅叙别情。大家都关心祖国的前途。对极左路线深恶痛绝。对新政策（开放政策）非常赞赏。我们深感一个现代的国家，闭关自守，是甘于落后，没有前途，只能继续过贫困生活，自己吃亏。[1]

在出访美国前，方宗熙经常听到有人说"美国大学的水平比不上我国"。经过这次考察，他实事求是地指出：

就数学讲，美国大学数学水平一般较低。就遗传学讲，美国大学水

---

[1] 方宗熙、江乃萼：《访问美国的报告》，方婧提供。

平一般则较高。不过有一点值得指出，美国大学教育已逐渐普及，他们重点是培养研究生。特别是博士和超博士。我们必须看到，我国现在的科技水平远远落后于美国。我们必须继续扩大学术交流。在人才上急起直追。只有科技上先进，才能有强大的生产力。[1]

    方宗熙把这些观点讲给江乃萼听，她非常赞同。他们轻声聊起在美国见到的老朋友，方宗熙见到了在美国的大学里执教的厦大校友，江乃萼见到了在美国的大学里执教的浙大校友。令江乃萼开心的是，她见到了她的姑姑江学珠。1948年，江乃萼去美国，与姑姑江学珠别后，再也没有机会见到。江学珠获悉江乃萼在美国学术访问，她专程从台湾飞到美国，与侄女见面。一别36年，她们紧紧地拥抱在一起，喜悦的泪水顺着饱经风霜的脸庞滴落。

    飞机跨越太平洋，从此岸到彼岸；记忆穿过岁月，从现在到过去。方宗熙听着飞机马达发出的声音，渐渐地产生困意，他进入了梦乡。在梦里，他回到了新加坡华侨中学的校园……

---

[1] 方宗熙、江乃萼：《访问美国的报告》，方婧提供。

# 星洲重游　学术演讲

　　"方老师，我不是做梦吧，我在梦中梦到您好多次，终于在有生之年见到了您！……"方宗熙学术演讲结束后，一位1946年曾在新加坡华侨中学读书的学生，紧紧握住方先生的手，激动得涕泪横流。方宗熙内心百感交集，前尘如梦，又不是梦，眼前的鲜花与掌声，旧雨与学生，都是这样的真切。

　　方宗熙和江乃萼在美国结束了学术访问后，应新加坡国立大学植物系主任RAO博士之邀，到新加坡访问。

　　1984年10月22日，方宗熙和江乃萼抵达新加坡，开始了在新加坡国立大学的学术访问。"方宗熙在该大学作了学术报告。演讲的题目是：（1）海带和裙带菜雌性生活史的发现；（2）褐藻配子体（单倍体）是诱变研究的好材料。学术报告后，该大学的理学院院长请吃午饭。"[①]

　　方宗熙当年在新加坡华侨中学的学生们闻讯赶来。他们都还记得方先生在《风下》周刊发表的文章，以及长篇小说《心花》。方宗熙在新加坡国立大学进行学术演讲时，他的诸多弟子静静地坐着聆听，恍惚之间，他们似乎又回到了华侨中学的课堂……

　　1945年，抗战胜利后，方宗熙和颜乃卿到新加坡华侨中学执教，一晃39年过去了。那时候的新加坡，街道肮脏、市容凌乱，许多矮房低屋，1984年时一切都不同了。变化是巨大的，当年在郊区的校园已经消失，成了繁华的地段。方宗熙旧地重游，受到了热情的款待。

---

① 方宗熙、江乃萼：《访问新加坡的报告》，方婧提供。

⊙1947年8月，方宗熙正在新加坡南天酒楼欢送会上讲话

⊙1984年11月，方宗熙、江乃萼夫妇在香港与新加坡华侨中学的学生在一起

方宗熙感慨良多，当前来拜访的人如浪潮一般退去，他在笔记本上记录了感想：

（1）新加坡是一个新兴的小国，人口约二百五十万，大约有75%是中国人。40年代它还是英国殖民地，人口约50万，85%左右是中国人。当时我在华侨中学教书，那时学校规模很小，没有大学。现在已有几所高等院校。新加坡国立大学规模很大，大楼林立，设备先进，但大学生只有三千多人，研究生一百多人。

（2）新加坡地小，不断填海造楼，扩大面积、干劲很大。

（3）新加坡商业繁荣，又是旅游胜地，有高级宾馆多所，善于经营。

（4）新加坡公民住房问题解决得好。我们访问一位大学讲师的住宅，上下四层楼，住房宽裕，又有庭院可种花草。据说，在新加坡这属于中等。

（5）新加坡干净，几乎看不到苍蝇和蚊子。

（6）新加坡是个绿色的国家，不断提倡植树。到处是树木和草地，景色宜人。[1]

合上笔记本，方宗熙到酒店窗前伫立片刻。窗外，天空中繁星点点，

---

[1] 方宗熙、江乃萼：《访问新加坡的报告》，方婧提供。

地面灯火璀璨。不远处的码头上停泊着游轮和游艇，海浪温柔地拍打着防浪堤。蜿蜒的海岸线上椰树亭亭玉立，他知道，大海之中，海滩之下，礁石缝隙，无数的生命在生长，在进化。方宗熙在窗前想起在南洋漂泊的岁月，他觉得自己是幸运的，在晚年有机会来到新加坡一游，感受到生命蓬勃的力量。

1984年10月29日，方宗熙接受新加坡《联合早报》的专访。方宗熙接受采访时，透过他背后的落地窗，外面的景色一览无余，天空蔚蓝，椰树碧绿，大海湛蓝。在人们眼中，大海是神秘莫测的，藏着许多不为人知的秘密。海洋生物学家方宗熙面对记者娓娓道来。

在中国海洋学会会长[①]，海藻遗传育种工作创始人方宗熙博士的眼中，大海不仅是一个富有诗意的自然世界，尤其重要的是它是一个有取之不竭的丰富资源的物质世界。现年72岁的方博士，与夫人江乃萼到美国加州大学Santa Barbara分校进行海藻遗传研究后，在回国途中，接受国立大学的邀请，在我国稍事逗留，并作了有关海藻培植心得的讲话。

"新加坡是个成长快速的国家，工业先进，着重科技、人才。我在想，像这样一个有着优越条件的国家，四围环绕海水，为什么不设立'海洋研究所'呢？"他在受访时提出疑问。

他建议，我国应该向海洋进军，去探索和开采深藏在海里的能源和生物资源。[②]

在新加坡学术访问时，方宗熙觉得新加坡独立后十几年间发展之快，并非偶然。这主要由于社会安定、以法治国，又重视引用外资、重视科技、重视人才、重视教育。

方宗熙在接受《联合早报》记者采访时，介绍了从事的海藻研究取得

---

① 新加坡记者对方宗熙的职务不了解，此时方宗熙担任中国海洋学会副理事长。
② 方宗熙、江乃萼：《访问新加坡的报告》，方婧提供。

的成果和成就，也谈到改革开放后中国欣欣向荣的大好景象："如果中国

能采用象新加坡的门户开放政策，引进外国人才和科技，我想中国在科学上的成就决不止目前的这些。"

面对记者，方宗熙也谈到了自己当时正在进行的研究"有关耐盐水稻品种培育和海洋环境污染的探测"。

1984年11月3日，方宗熙和江乃萼挥手告别送别的人群。美好又忙碌的学术访问结束了，方宗熙带着对未来的畅想离开了新加坡。他觉得腾飞的中国，总有一天会成为世界的巨人。

⊙新加坡《联合早报》专访方宗熙

## 第十三章

# 鞠躬尽瘁　死而后已

　　1985年6月8日，一个普通而平常的日子，对于方宗熙来说，这一天非常重要，他的夙愿以偿。党支部同意吸收他入党，通知他填写入党志愿书。一股强大的精神力量使他竟然在床上坐了起来，吵着要回家工作。他说："我还有很多工作要做，我要回家。"他认真地写入党志愿书，把满腔的赤诚化为对祖国的爱，对党的爱……

# 壮志未酬 病魔来袭

1984年春天，在海洋出版社担任编辑的方菁，从北京回到青岛，回到金口一路16号熟悉的家中。她到家时，恰好是中午。妈妈江乃萼外出工作，弟弟方江在青岛人民医院上班。院子里一片静悄悄，从不远处飘来丁香浓郁的香气。她站在门口，方宗熙没有发觉。她看着父亲，心里一阵酸楚，原来她看到父亲坐在板凳上，低着头，津津有味地吃一碗冷米饭，也许父亲正在思考紫露草的实验数据，没有发觉站在门口的女儿方菁。

方菁突然发现父亲老了，他弯着腰的样子看上去很沧桑，他几乎是满头白发，有几缕随风微微颤动。

1984年上半年，方宗熙觉得有些腰酸，有时腹部痛，痛得厉害就吃上几片止痛药，继续忙手边的工作。他不以为然，也没有跟家人说，辛勤工作如昔。

⊙1984年，方宗熙在北京与外孙女合影

1984年夏，方宗熙和江乃萼去美国，与美国的科学家合作进行科学研究。在宾馆，方宗熙常用枕头垫在腰部看书。江乃萼见状说："垫个枕头多不舒服。"方宗熙说："我觉得舒服。"后来，江乃萼想起这个对话，才顿悟，这是他腰部酸痛的缘故啊！

身体健康出了问题，但方宗熙不当回事，仍然全身心投入工作中。他从不麻烦别人，觉得自己扛一扛，就挺过去了。一直到1985年春节期间，因腰酸腹痛变得剧烈，他才告诉家人。

1985年2月25日，江乃萼陪方宗熙到医院，诊断为鼻窦炎及胃扭转，他泰然处之。3月初，他作为全国第六届人民代表大会的代表，参加了去农村、工厂、码头及特区旅游点的视察工作。

视察归来，方宗熙感到腰酸腹痛厉害，只好住院检查。当时青岛医学院附属医院限于条件，不能做探腹检查，于是转到上海瑞金医院诊治。

将赴上海瑞金医院动手术前，他忍着疼痛，给中国遗传学会的负责人安息培写信。信中写道："我觉得遗传学在四化(建设)中很重要。遗传工程不能包括所有的遗传技术。经典遗传学的遗传技术现在仍然在工农业生产中发挥主要作用。我们既要提倡遗传工程，也不要忘记其他遗传技术。"

方宗熙满脑子仍是遗传工程，不忘工作，以祖国的建设为念。他没有料到，这是他写的最后一封信。

方宗熙被送到上海瑞金医院，在病房住下，于4月4日准备动手术。江乃萼拿到一连串的检查单时，不敢相信自己的眼睛。手中的检查单似乎千斤重，不停地抖动，她背靠病房门口，无声饮泣。检查结果可谓晴空霹雳——胰腺癌晚期，肿瘤已无法切除。

此时，方宗熙还带着两本新出版的英文书，在检查和住院期间阅读。方宗熙一手捂着腹部，一手轻轻按在打开的英文书上。他看着妻子江乃萼苍白的脸色、无助痛苦的眼神，轻轻地说："乃萼，告诉我实情……"方宗熙听到那三个字，他的手离开打开的英文书，书卷"哗"的一下合上了……

谁也不知道方宗熙获悉得病实情后内心的波澜，谁也不知道方宗熙如何度过那漫长的一夜。一向走在时间前边的他，这一次走在死亡阴影的后面。对于深谙生命奥秘的方宗熙来说，他已经没有未来，却仍挂念着山东海洋学院的未来。

很快，方宗熙就镇定自若，他对前来探病的领导说："我已联系好三

所大学（山东海洋学院、美国马里兰大学及香港中文大学）合作搞科学研究，这件事一定要抓紧。"他还请领导与公费出国留学的山东海洋学院生物系毕业生保持联系，希望这些学生回国后重返母校任教。

只是，夜深人静，他躺在病床上流露出脆弱的一面，他懊恼地对江乃萼说："我的病好不了了，我要死在医院里了，惨啊！真惨啊！我还有三本书没有写出来。"他指的三本书是《海洋开发》《海藻组织培养》和《海藻遗传学》。时不我待，壮志未酬，他不甘心啊！

# 生命庄严 最后入党

　　1985年4月，方宗熙先生病重住院的消息传到了山东海洋学院海洋生物系，师生们非常震惊和恐慌。包振民在纪念文章中写道："很久都不愿相信，特别是像我们这些年轻的教师和学生，大家感觉很无助和无奈，一时手足无措。"[1]

　　跟随方宗熙的研究生孔杰说："听到这个噩耗，顿时感觉天黑了，身处春光灿烂、春花怒放的校园，却感觉陷入一个黑暗的、冰冷的世界。"

　　山东海洋学院海洋生物系的青年教师和方宗熙1983年招收的3位研究生，自发轮流陪床。

　　在山大医院的病床上，方宗熙仍然手不释卷，只要精神头好点，他就读书，读最新的杂志。前来陪床的孔杰，后来回忆起来，感慨地说："方先生非常坚强，从不喊痛。我们都知道，胰腺癌晚期，身体很遭罪，痛起来，常人难以忍受。但方先生不和我们以及护士说。有时，痛得不得了，他无法忍受，就问我，几点了。次数多了，我就意识到了，这是疼痛难忍，每一分钟，都变得无限漫长，他希望赶快到点，护士给打杜冷丁，以便缓解痛苦……"孔杰接受笔者采访时，谈到这场景，仍很动容。有一次，看到方先生痛苦到扭曲的表情时，他不忍直视，低着头出了病房，靠在门旁边的墙壁上，眼泪潸然欲下……立马擦掉眼泪，去叫护士。

　　方宗熙的研究生张全启也经常来陪床。他告诉笔者，让他印象最深的是方先生与病魔作斗争。当时，每天晚上七八点钟，护士给方先生打杜冷

---

[1] 包振民：《忆恩师方宗熙先生二三事》，《海洋世界》2012年第5期。

丁止疼，让他能够睡得好点。后来，可能病痛加剧，方先生对打杜冷丁产生心理依赖。痛得无法忍受时，他就经常说，护士怎么还不来。有时，看到老师痛得在病床上扭来扭去，他心里也很难受。张全启说，记忆中，老师很坚强，不会发出呻吟，实在受不了，偶尔会哼一声。

刚开始在病床上，方宗熙还能勉强看看书。后来，他就叫前来陪床的研究生给他念书。张全启给方先生读英文的生物学。他后来才发现方宗熙的良苦用心："我们那个时代的研究生，英语基础差。老师让我给他读英文版的生物学，目的是锻炼我的英语，读得不对的单词，或者发音不准，他会帮我纠正，偶尔用英文讲几句。当然，病床上的时光漫长无聊，他让我给他读英文的生物学，也有排遣寂寞、打发时间的意思。"

张全启难忘曾呈奎夫妇来看望方宗熙，他说："大概是1985年6月下旬的一个上午，曾呈奎先生和他的夫人前来探望方先生。我记得很清楚，曾先生坐在方先生病床的床尾，方先生半躺在床头，曾先生的夫人坐在陪床的椅子上，我站立一旁。曾先生劝慰方先生，方先生说了一句，'老师，我得先您一步了'。曾先生和夫人连忙安慰他，'很快就好了'……"张全启想起这一场景，很伤感，也很感慨。曾呈奎从厦门大学毕业后，留校在生物学担任助教，曾指导过方宗熙写论文。方宗熙面对老师流露出脆弱的一面，那种对美好生命的留恋，对海洋事业的眷恋，都在这一句话里了，心中的绝望、无奈，也全在这一句话中流露出来。

前来陪床的青年教师包振民也经历了这样的时刻，他在纪念文章中写道：

我们不知做些什么能为老师驱除病魔和减轻病痛，只能争着去病房为老师陪床，尽力做些力所能及的事情以表达我们的心意。病魔肆虐，先生的病痛越来越严重，他常常疼得脸色苍白，大汗淋漓，但仍强忍病痛，在我们面前尽可能不呻吟，以免令我们不安。陪床时，除了一些简单的协助，先生让我坐下休息不用总看着，说他自己可以看着吊瓶的进度。又叮嘱我下次来带本书，空闲时间可以看看书，不要浪费时间。此时此刻，我被老师高尚的人品和对后辈的关爱之情所感动，同时也为自己不能给老师做些什么而深感不安和愧疚。[①]

方宗熙生命最后的时光，时时刻刻都在与病魔作斗争。躺在病床上，方宗熙虽然病倒了，却愈发看出他精神的伟大与崇高。

方宗熙一生爱国：为国富强立志，为国昌盛而归，为国育才尽力，为国发展科学，为国普及科学，为国奋斗不息！

自1950年回国后，方宗熙一直盼望有一天能成为一名共产主义战士。他以共产党员的标准严格要求自己。严于律己，待人宽厚，勤奋工作，但他不懂劳逸结合。1956年，他申请入党；1962年，他又写了入党申请书。十年浩劫后，他几乎年年向生物系党总支汇报思想，又写了几次入党申请书。"组织上告诉他，要他留在党外比在党内作用大，要他专心工作，党组织是了解他的。"[②]

1985年6月8日，一个普通而平常的日子，对于方宗熙来说，这一天非常重要，他的夙愿得偿。党支部同意接收方宗熙同志为中国共产党正式党员。喜讯传来，一股强大的精神力量使他竟然在床上坐了起来，吵着要回家工作。他说："我还有很多工作要做，我要回家。"他认真地写入党志愿书，把满腔的赤诚化为对祖国的爱，对党的爱……

6月29日，山东海洋学院党委书记等校领导来到方宗熙先生的病床前。此时，方宗熙处于半昏迷状态。院党委书记拉着他的手，轻轻地说："方宗熙同志，院党委批准您加入中国共产党，您是一名正式党员了。"方先生听到，一个激灵，坐了起来。方宗熙表示，他还要为党工作……

这一幕感动了在场的所有人。方宗熙先生的大儿媳王莹在现场，目睹了这堪称奇迹的一幕。王莹为青岛市立医院的医生，她饱含深情地讲起这难以忘记的场景，感慨地说："像电视剧演的一样，他老人家圆梦了，

---

① 包振民：《忆恩师方宗熙先生二三事》，《海洋世界》2012 年第 5 期。

② 胡建廷：《著名海洋生物遗传学家方宗熙传记》，见《方宗熙文集》编委会编《方宗熙文集》，海洋出版社 2012 年版，第 13 页。

这对他是一种巨大精神的安慰。像他这样的情况和反应，医学上无法解释。"

方宗熙实现了他终生渴望成为一名共产主义战士的梦想。他的党龄还不到一个月[1]，他为此奋斗了漫长的一生。这位为国家作出了卓越贡献的海洋生物学家，真是鞠躬尽瘁，死而后已！

1985年7月6日，太阳落山的时候，方宗熙也跟着落下去了，再也不回来了。

孔子杏坛设帐授徒，弟子三千贤者七十二；方宗熙一生弦歌不辍，桃李满天下，他像孔夫子一样，生命定格于73岁……

方宗熙逝去的消息，使他的友人和学生感到震惊和意外，他们纷纷来函来电，沉痛悼念。

逝者已矣，来者可追，生者对他最好的纪念，便是像他一样，把自己毕生的精力和智慧，献给祖国的科学事业，把最纯洁、最真诚的爱，献给祖国和人民。

---

[1] 关于方宗熙的入党时间和党龄，中共山东省委组织部下发的"关于同意方宗熙同志加入中国共产党的批复"文件（"（85）组建字60号"）显示，方宗熙入党，经中共山东省委研究，并请示中共中央统战部、组织部同意。"其入党时间从支部大会通过之日算起。"此文件由中国海洋大学人事部门珍藏。

# 追悼大会　无尽怀念

方宗熙驾鹤远行！山东海洋学院成立"方宗熙同志治丧委员会"，负责组织追悼会等事宜。

从全国各地的唁电像雪花般飞来，带着沉痛的悼念，带着无限的追思。

唁电从国家教委科技司飞来，从中国科学院地学部飞来，从全国各地的海洋研究机构飞来，从福建省水产厅飞来，从他的家乡福建龙溪飞来，

讣　告

中国共产党预备党员、政协山东省委员会副主席、山东省侨联副主席、六届全国人大代表、民盟中央委员、全国侨联委员、省民盟常委、青岛市侨联主席、中国海洋湖沼学会副理事长、中国海洋学会秘书长、山东海洋学院原副院长、我国著名海洋生物学家方宗熙教授，因患癌症，医治无效，于一九八五年七月六日十八时在青岛不幸逝世。终年七十三岁。

方宗熙同志的追悼会定于七月十七日下午三时在青岛市政协礼堂举行，七月十五日下午三时在青岛火化场向遗体告别。

特此讣告

方宗熙同志治丧委员会

一九八五年七月十日

（治丧委员会办公室设在山东海洋学院。联系电话：8.4361—260）

⊙讣告

⊙国家教委科技司发来的唁电

⊙海洋局情报所暨海洋通报编辑部发来的唁电

从山东大学飞来……

复旦大学教授谈家桢发来唁电，清华大学水利工程系教授陈仲颐发来唁电，厦门大学郑重、汪德耀、金德祥、李少菁发来唁电，叶笃正、叶笃义、叶笃庄发来唁电，科普作家贾祖璋发来唁电，方宗熙家乡云霄的学生许周泽、肖林发来唁电，南海所所长徐恭昭发来唁电，郑执中、陈清潮、郑文莲发来唁电……

⊙谈家桢发来的唁电

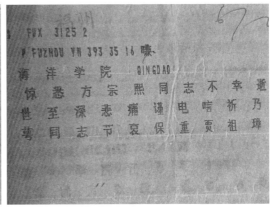

⊙贾祖璋发来的唁电

方宗熙病逝的噩耗传到叶圣陶、叶至善父子身边。此时的叶圣陶先生须发皆白，两条雪白的寿眉更增神韵。他叹息一声："可惜呀，一个好人！"他满脸悲戚，颓然坐在椅子上，陷入沉默。叶至善无言地陪伴父亲静坐。此刻，太阳下山，夕阳的余晖照亮天空，大地上披着柔和的轻纱。叶至善想起几年前，方宗熙去法国访问，曾来晤谈。当时，方宗熙苦笑着说，"文革"中他精心培育的海带新品种全给毁了……此后一别，再未相见。叶至善心中留着一个遗憾，一个疑问：他的海带品种怎么样了？十年浩劫的损失补上了没有？"我老想找个机会问问他，现在是没有这个可能呢。"①

噩耗传到胡愈之身边，他坐在书桌边，想起与方宗熙在南洋相处的时

①叶至善：《我是编辑》，中国少年儿童出版社1998年版，第185页。

光，想起每次收到方宗熙"伦敦通讯"稿件时先睹为快的心情，想起方宗熙刚回国后在北京的晤谈……那些场景历历在目，斯人不在！

1985年7月17日，方宗熙追悼会在青岛举行。次日，媒体发布消息，抄录如下：

从爱国主义者转变为共产主义战士的优秀知识分子

方宗熙追悼会在青举行

王震、宋健以及省市负责同志送了花圈

本报讯　中国共产党员、政协山东省委员会副主席、全国人民代表大会代表、民盟中央委员、全国侨联委员、省科协副主席、省侨联副主席、市侨联主席、山东海洋学院前副院长、我国著名海洋生物学家方宗熙教授，于一九八五年七月六日下午六时在青岛逝世，终年七十三岁。

方宗熙同志追悼会昨天下午在市政协礼堂举行。

全国人大常委会、全国政协、国家教育委员会、国家科委、国家海洋局，中共山东省委、省顾委、省人大常委会、省政府、省政协、省侨联，中共青岛市委、市人大常委会、市政府、市政协、市侨联，以及山东海洋学院等有关大专院校、科研机构送了花圈。

……

方宗熙同志追悼会由省政协副主席周星夫主持，山东海洋学院院长文圣常致悼词。

悼词说，方宗熙同志一九三六年在厦门大学毕业后，去印尼一所华侨中学教学。一九四七年到英国伦敦大学专攻遗传学，获得博士学位。新中国成立后，他于一九五〇年冬回国，一九五三年来到山东大学任教授，一九五九年转入山东海洋学院任教授。他忠诚于党的教育事业，并致力于科学研究。几十年来，他在海藻遗传育种研究方面取得了显著成绩，和同志们一起培育了海带新品种。他还不辞劳苦，创作了百万字的科普读物和文章。

　　悼词说，方宗熙同志是一位从爱国主义者转变为共产主义战士的优秀知识分子。早年，他积极投入抗日爱国运动。新中国成立后，他毅然放弃国外优厚的待遇，冲破阻力，回到祖国的怀抱，用自己的知识报效祖国和人民。十年动乱时期，他虽身处逆境，遭受打击和迫害，但从未动摇对党的信念。他衷心拥护党的十一届三中全会以来的路线、方针、政策，坚持四项基本原则。他关心党的侨务工作，为扩大同海外侨胞、归国华侨的联系，加强爱国主义宣传教育，落实侨务政策以及开展民盟的工作，做出了成绩。①

　　1985年7月18日，《大众日报》刊发了消息，文章题为"省政协副主席方宗熙逝世"。

　　1985年8月8日，《人民日报》刊发消息《著名海洋生物学家方宗熙逝世》。

　　1985年，第6期《海洋学报》刊发了陈鸿衡撰写的文章《中国海洋学会秘书长、著名海洋生物学家方宗熙教授在青岛逝世》。

---

① 《青岛日报》，1985年7月18日头版。

## 雕像揭幕　后继有人

方宗熙虽然离开了人间，但留下了不朽的功绩和经典的著作。他执教的山东海洋学院，如今发展成为中国海洋大学。他在鱼山校区留下了光辉的足迹、美丽的传说。

2012年5月11日，方宗熙的塑像在鱼山校区揭幕。中国海洋大学副校长李巍然，方宗熙家属代表方菁，海洋生命学院院长包振民，方宗熙教授弟子代表、中国科学院黄海水产研究所所长王清印共同为塑像揭幕。方宗熙家属方江，同仁戴继勋、陈登勤、欧毓麟、崔竞进、张学成等，弟子代表张全启、孔杰、徐建荣等及海洋生命学院师生代表参加了揭幕仪式。

⊙2012年5月11日，方宗熙先生雕像在中国海洋大学鱼山校区落成，他的亲朋、学生以及学校相关领导在雕像两侧合影

李巍然在仪式上致辞，他高度评价了方宗熙的贡献："方宗熙教授一生潜心学术、治学严谨，在我国海藻遗传学领域开展了富有开创性的研究工作，奠定了中国在国际海洋植物研究领域的重要地位。由他建立的海带单倍体育种和杂交育种技术，是我国海洋生物细胞工程育种历史上具有里程碑意义的重要成果，至今仍然在海藻遗传育种研究领域发挥着重要作用。以此为基础，方宗熙教授创立和发展的海洋生物遗传学科已经成为我国海洋生命科学领域最活跃、最具发展潜力的学科之一。"①

李巍然表示，方宗熙一生著书立说，教书育人，桃李满园。今天的海大学人，应当继承方宗熙教授的学术薪火，弘扬他的科学精神，为国家的海洋事业做出新贡献。

初夏的海大鱼山校区，一片葱郁。浓密的绿荫被清凉的风吹拂，如海浪翻涌，红色的屋顶似绿海中的航船。方宗熙塑像立于化学馆前绿地中央，他深邃的目光，眺望不远处蓝色的大海，凝神谛听科教兴国、海洋强国的雄浑交响曲。百年的银杏、高大的法桐、挺拔的水杉、苍翠的青松环绕着方宗熙雕像，"在后学缅怀先辈的同时，也为底蕴深厚的鱼山校区新增一处富有特色的人文景观"。

2012年5月12日，我国著名生物学家和遗传学家，中国海藻遗传学研究的奠基人方宗熙先生诞辰100周年纪念大会在中国海洋大学鱼山校区逸夫科技馆召开。中国科学院、中国工程院院士唐启升、管华诗、刘瑞玉、赵法箴、郑守仪、冯士筰、雷霁霖，中国海洋大学校长吴德星与山东省、青岛市相关部门领导、科研机构、高校代表一起，追忆先生生平事迹，缅怀他为发展我国海洋生物遗传学与育种学研究做出的突出贡献。为纪念方宗熙先生编写的《方宗熙文集》同日首发。

吴德星校长在纪念大会上致辞，他谈到，1953年，先生受童第周教授邀请来青开坛授业，开启了学校的海洋生物遗传学研究。山东大学迁址济

---

① 刘邦华：《我国海藻遗传学研究奠基人方宗熙塑像在海大揭幕》，http://www.ouc.edu.cn/2012/0511/c10639a94535/page.htm。

南后，先生筹建山东海洋学院生物系，建立了世界上第一座大型海藻种质资源库和我国第一座海洋微藻种质库，奠定了学校在我国乃至国际海洋植物研究领域的重要学术地位。先生建立了学校第一个海洋生物遗传育种研究室，已经发展成为今天的海洋生物遗传与育种教育部重点实验室，成为我国在该领域重要的教学科研基地。[1]

2018年7月3日，中国海洋大学与挪威卑尔根大学签署成立"方宗熙-萨斯海洋分子生物学中心"（今方宗熙海洋生物进化与发育研究中心）合作协议，在双方的精诚合作下，该中心一定会成为一所世界一流的海洋分子生物学研究机构。[2]

方宗熙培养了大量的人才，一代一代的海大师生迈向深蓝，筑梦深蓝。方宗熙开创的事业，后继有人。如果他泉下有知，定会含笑九泉。

---

[1] 刘邦华：《我国海藻遗传学研究奠基人方宗熙诞辰 100 周年纪念大会召开》，http://www.ouc.edu.cn/2012/0513/c10639a94538/page.htm。

[2] 刘岳：《中国海洋大学与挪威卑尔根大学签署成立"方宗熙-萨斯海洋分子生物学中心"合作协议》，http://news.ouc.edu.cn/2018/0704/c91a55497/page.htm。

第十四章

# 家人亲人 家庭生活

　　蓝色的大海边上，烟火气息从一个家庭的窗口飘出。生活中的方宗熙先生，让人觉得可亲可敬。方宗熙、江乃萼夫妇相濡以沫，把3个孩子都培养成才。

# 旧式婚姻　育有一子

　　方宗熙在厦门大学就读期间，奉父母之命，有一个婚姻。他云霄老家有一个妻子，育有一子，名为方永强。方永强出生于1937年11月25日，此时，日寇侵我中华，烽烟四起，金瓯残缺，无数家庭支离破碎。1938年初，方永强尚在襁褓之中，父亲方宗熙只身下南洋，在印尼巨港教书，在华侨中宣传抗战。

　　在抗战大时代，方宗熙离开故乡云霄县，离开妻子儿子，他也没有料到会在海外漂泊13年。这个婚姻算得上名存实亡了。1950年年底，他从加拿大返回祖国，在北京出版总署任编审。他在海外期间，想方设法给云霄家中寄钱。方永强接受了教育，读高中时，方宗熙已经到山东大学（在青岛）生物系任教。

　　方永强1955年考入山东大学生物系，父亲方宗熙成了他的业师。在青岛，课堂内外，父子有了团聚的时光。

　　在方永强的记忆中，父亲是常年缺失的。他在福建读高中时，读的生物学课本，就是父亲主编的。 在山大生物系的课堂上，方宗熙提问时，每个学生几乎都提问，可是绕开了方永强。那时，一个班级二三十人，课堂上不提问方永强，次数多了，有的学生发现了端倪，就故意课下问方永强："方老师怎么不提问你啊？"方永强有点不好意思，低下头，面有尴尬之色，避而不答。方永强在家中没有见到父亲，在课堂上见到父亲，刚开始时，那感觉有点怪怪的。后来就习惯了。

　　1958年秋，山东大学从青岛迁往济南，方永强随生物系到了济南。1959年，方永强从山大生物系毕业，因成绩优异，留校担任助教。

受父亲影响，方永强也从事海洋生物研究。

1977年，方永强从济南的山东大学调回厦门。他母亲年事已高，回厦门便于照顾母亲。

方永强在国家海洋局第三海洋研究所做研究工作，从1979年开始研究文昌鱼，是国内权威的文昌鱼研究专家之一。

查询自然资源部第三海洋研究所官方网站，可以看到方永强的简介：

方永强研究员，长期从事原索动物文昌鱼和海鞘生殖神经内分泌学、鱼类和贝类生殖生物学等方面创新性的研究，取得丰硕成果。是我国著名的文昌鱼内分泌学研究的开拓者和奠基人之一。"文昌鱼生殖内分泌调控系统的发现"成果于1995年获得国家自然科学奖三等奖和国家海洋局科技进步一等奖；1996年获福建省王丹萍科学奖三等奖；2004年"大黄鱼性早熟防治技术"获厦门市科技进步奖三等奖。2001年被评为全国农业先进工作者。获国务院政府特殊津贴。[①]

方永强虽然小时候没有父亲的陪伴，但在学业选择上、学术研究上受父亲影响深远。父子两人都为中国海洋生物学研究做出了贡献。

2019年9月29日下午，自然资源部第三海洋研究所副所长陈彬带领科技处、人事处、党委办公室、离退办一行6人，将金灿灿的"庆祝中华人民共和国成立70周年"纪念章送至方永强。方宗熙投身科学救国的大潮，方永强投身科教兴国的大潮，是海洋中的前浪和后浪，一代一代谱写生命的蓝色乐章。

---

① 《海洋三所4人荣获"庆祝中华人民共和国成立70周年"纪念章》，http://www.tio.org.cn/OWUP/html/zhxw/20191001/1206.html。

# 同甘共苦　相濡以沫

方宗熙的第二任夫人江乃蓉出身于江南一个士绅家庭。

1920年11月20日，江乃蓉生于浙江嘉善，兄弟姐妹10人，小学在家乡念书，就读于松江女中，这是她的姑母江学珠创办的学校。江乃蓉的父亲兄弟姐妹6人，三男三女。三男都是当地的乡绅，三女一生未婚，一人创办松江女中，另外两人是学校校医和体育教师，都受过高等教育。

江乃蓉在求学成长的道路上，受姑母江学珠影响很大。

江学珠（1901—1988），字龙渊，浙江嘉善县人。5岁启蒙，7岁进入父亲创办的凝溪小学。18岁考入国立北京女子师范大学，就读于生物地质系。1927年江苏省教育厅聘其为省立松江女子中学首任校长。她以艰苦创业，筹划周全，成绩显著，名扬长江南北。1938年，江学珠被任命为四川省立重庆女子师范学校校长；之后又受命创办国立女子师范学校。1949年，江学珠到台湾，接掌台湾省立台北第一女子中学（简称北一女）至1971年。

1939年，江乃蓉中学毕业，考上西南联大，这一年考入西南联大的还有何兆武、汪曾祺、郑敏等人。去昆明读西南联大，需要绕道香港、越南，才能到昆明，路途遥远，她没有钱去。江学珠知道后寄给她川资，嘱咐她一定要去报到。

1939年9月至11月，江乃蓉在安徽屯溪贸易委员会当练习生，得到姑母的资助后，踏上旅程。因为战争年代，诸多不便，姑母给的川资很快就花光了。

江乃蓉改变行程，1940年初，到达贵州省的青岩古镇。江乃蓉投奔当

时在浙江大学当助教的堂姐。

1940年1月，浙大被迫三迁贵州遵义，而遵义却无法容纳全校师生，竺可桢校长只能将学校的一年级和先修班安置在离省会贵阳不远的青岩。2月9日，浙大一年级新生于青岩开课，以真武宫为教室、图书馆，慈云寺为宿舍，共住280人。[1]

从1940年2月开始，江乃萼在浙大旁听，进入先修班。1940年9月，江乃萼放弃了西南联大的学籍，正式转入浙大史地系，专业为地理学。"在浙大求学的那几年生活很苦，几个同学只有一个人有大衣，天冷的时候谁出门谁就借这件大衣穿，她们互相帮助，结下深厚友情，我母亲有几个非常要好的同学。"[2]

读浙江大学期间，江乃萼思想进步，与大学里的中共地下党员接触，参加了"大家唱歌咏团"。在浙大读书期间，她认识了浙江嘉兴的同乡张堂恒[3]。

1944年，江乃萼从浙江大学史地系毕业后，在卢温甫的介绍下，到重庆沙坪坝中央气象局任技术员，从事气象测量与记录工作。1945年5月，随张堂恒至云南。1945年夏至1948年秋，江乃萼先后在云南大姚中学、嘉兴师范学校、善后救济总署安徽分署、嘉兴秀州中学工作。[4]

1948深秋，江乃萼因私人事情去美国，先在芝加哥，后去俄勒冈大学（尤金）念硕士。

1949年新中国成立后，大批海外学子纷纷回国，形成一股留学生归国热潮。

① 李杭春：《竺可桢国立浙江大学年谱（1936—1949）》，浙江大学出版社2017年版，第162页。
② 方菁提供，2022年9月11日。
③ 张堂恒（1917—1996），浙江平湖人，茶学家、茶学教育、制茶与审评专家，茶学国家重点学科第一任学科带头人，中国茶学学科第一批博士生导师之一。1938年，毕业于浙江大学农学院经济系。1947年9月，张堂恒考取教育部留美研究生，先后在美国威斯康星大学、路易斯安那大学、北卡罗莱纳大学进修。新中国成立后，张堂恒学成归国。先在武汉大学农学院(华中农业大学前身)任教授，后进入浙江省农业厅特产局担任高级工程师。1953年11月，到浙江农学院（浙江农业大学前身）任教授。
④ 江乃萼的人事档案，中国海洋大学藏。

1951年1月10日，江乃萼在Mrs.Clinton和俄勒冈大学外国学生顾问的帮助下，从美国国务院申请到回国路费356美元，离开俄勒冈大学。[①]

1月13日，江乃萼在旧金山登上邮轮回国，参加新中国建设。"因为当时她同学告诉她祖国解放了，希望她尽快回国，所以她还没有拿到学位就回国了。"[②]

江乃萼在这艘邮轮上，认识了从美国回国的留学生萧光琰等人，建立了深厚的友谊。

经过了20多天的海上航行，1951年2月4日，江乃萼先到了我国香港。她在深圳车站看到飘扬的五星红旗时，心情万分激动，热泪盈眶。在广州、在上海，回国的留学生们受到热情的款待，感受到祖国的新气象。

江乃萼到北京后，住在留学生招待所，认识了同住在这里的方宗熙。[③]

1951年4月，在浙江大学史地系学长施雅风的介绍下，江乃萼在出版总署任编辑，审查教科书，她的办公桌和方宗熙的办公桌相对。方宗熙与江乃萼两人都有过颠沛流离、海外漂泊的经历，相识相恋，组成了一个家庭。

1953年，方宗熙、江乃萼一家来到青岛。方宗熙、江乃萼都在山东大学执教，江乃萼在海洋系，教自然地理。1959年，山东海洋学院成立时，设地质系，她在地质系任教，教古生物学，后转到生物系，为越南留学生教授遗传学课程，并在实验室工作。在生物系执教，江乃萼是方宗熙生活和事业上的助手。很多论文、科普文章、科普著作署两个人的名字发表、出版。

方宗熙和江乃萼堪称学林伉俪，两人相濡以沫，度过"文革"浩劫的岁月。

他们的女儿方菁回忆：

母亲在1969年2月突发蛛网膜下腔出血，据说是被红卫兵打了头，

---

① 江乃萼自传，中国海洋大学藏江乃萼人事档案。
② 方菁提供，2022年9月11日。
③ 江乃萼自传，中国海洋大学藏江乃萼人事档案。

在医院住了一个多月。住院期间晚上都是父亲陪床，在病床旁边搭几张椅子。他怕我要是陪床睡眠不够，影响健康，所以我白天陪床。我大弟弟也许是那时学会了做饭，而且做得非常好。晚上他骑车带着小弟弟往医院送饭。

母亲出院后还要上班，因为走不了路，所以都是父亲推着我们小时候用的藤条车，推着母亲上班。那些年真是不堪回首。

我父亲应该很爱我母亲，我记事开始两人从来不吵架。总是我母亲发脾气，父亲不吭声。他每次下班回来没看见母亲，就会先到我房间问："妈妈呢？"[①]

从这几个家庭生活片段，可以感受到方宗熙与江乃萼鹣鲽情深。

1985年7月6日，方宗熙先生病逝。江乃萼在悲痛之余，开始整理方宗熙的科普遗作。《科学的发现——揭开遗传变异的秘密》于1986年出版，《聪明的海豚》于1987年出版。江乃萼还撰写了两个版本的方宗熙传略，为研究方宗熙留下了珍贵的资料。

1987年11月29日，江乃萼因突发蛛网膜下腔出血病逝。

---

① 方菁的回忆，2022年9月23日。

# 子女成长　求学工作

1952年5月4日，一个女孩出生在北京医院。后来，方宗熙给女儿起名方菁。因为她在五四青年节出生，所以名字里有一个"青"字。方菁还不满一岁就到了青岛，"名"中注定与青岛有缘。青岛湾万顷碧波，远远看去，一点青的小青岛在碧波中浮沉。小青岛上白色的灯塔高高耸立，每当夜晚，红色的光芒闪烁，在海面上流光溢彩。青岛山下，错落的红楼掩映在绿荫之中，青色的浮山之上，朵朵白云在山岚云气中浮动。方菁的童年、少年、青年时代，都生活在青岛。后来，她供职海洋出版社，编辑出版海洋学书籍。

方菁在回忆材料中，提到了她出生时的情况，这是她长大后听妈妈说的。

方菁出生前，方宗熙没能照顾妻子。这是因为组织给他安排了一个重要的任务——去印度出差，揭露美国在朝鲜战争中使用生物武器（细菌战）。方宗熙重任在肩，胡愈之先生帮临产的江乃萼住进北京医院（当时的高干医院），医疗条件好，也能照顾得好一些。

"后来因故父亲的印度之行没有成。当时我家住东城区东总布胡同。生我后母亲没有奶，所以就找了一位奶妈。我的奶妈当时20岁，北京人，丈夫去世，孩子又夭折，所以非常喜欢我。1953年4月我家搬到青岛山东大学，她舍不得我，所以随我家去了青岛。"①

方宗熙一家定居青岛。

---

① 方菁的回忆，2022年8月28日。

⊙1956年左右，方宗熙、江乃萼与女儿方菁、儿子方江的合影

1954年5月3日，儿子方江出生。由于方宗熙和江乃萼忙于工作和科研，方菁和弟弟方江都上山大幼儿园，开始日托，后来都是整托。

1955年11月27日，小儿子方明明出生。"听母亲说，弟弟方明明因为头大，所以出生时间过长，不会哭。医生倒提他双脚，在他后背拍了几下就哭出来了。一岁后的1957年，母亲带我去北京地质学院进修一年。其间方明明因为肺炎耽误了治疗，结果转成哮喘。一到冬天他都不能出房门，就在床上和我外婆下象棋。我外婆有时候也教他认几个字。"[1]

方明明患有哮喘，这成为方宗熙、江乃萼夫妇心头最大的隐痛，也成为生活中的一种负担。生活对于每一个家庭来说，都不容易。

"小弟弟晚上哮喘发作，父母就背着去山大医院打针。有时候喘得厉害，晚上无法安然入睡，父母两人就轮流背着他在屋里走动，确实很辛苦。那几年还去过上海和北京治病，但都没什么疗效。"[2]

因方宗熙总是忙于工作，在方菁的童年记忆中，父亲很少带自己玩，"没有去公园的玩耍，也没有去海边的散步。""只记得有一年的冬天，

---

[1] 方菁的回忆，2022年9月29日。
[2] 方菁的回忆，2022年8月28日。

外面下着雪，窗户的玻璃上都是冰，父亲扶着我和弟弟站在窗边，我们站在窗台上用手刮玻璃上的冰，父亲用手扶着我们似乎在想着什么。现在回想起来，大概是在构思某篇论文或者科普著作。"[1]

方菁在山东大学幼儿园5年，1959年上的青岛太平路小学，1965年考上青岛二中，方菁说："那一年是我最快乐的一年。"

1969年，方菁随知识青年下乡的大潮到莱阳插队三年，后来因为得心肌炎返青。方菁回忆道："我因为喜欢数学，尤其是几何，所以从插队开始我就自学数学。最喜欢的是求证题，一道难题用了两个小时求证出来，非常高兴。后来又自学英语，开始念英文句子，父亲都听不懂，说我重音不对。掌握了发音，父亲帮我改练习。现在看看美剧，练练听力，去美国几次过海关都没有问题。"[2]

1981年，方菁到北京海洋出版社工作。方菁敏锐地发觉："周围像我这样的有几个人开始参加自学考试。"她想学英语，征求方宗熙的意见。"连中文都没学好还要考英文？"于是，方菁自学中文，参加自学考试。

"于是我就学习中文。每天晚上两节课（幸亏我女儿是整托），有的课程是北京师范大学的老师讲授，讲得确实很好，有的课程是北京师范学院的老师讲授，确实能看出差距。讲授古汉语的北师大老师和我说，我们的试卷比在校生的难，所以及格率低。"[3]

方菁在海洋出版社一干就是40多年。2008年退休后返聘，干到2022年3月，因为身体的缘故，才从工作岗位上退下来。

方江1970年从青岛二中毕业。他很幸运，没有下乡插队，直接分配到青岛肥皂厂，每天的工作就是翻大油桶。两年后去青岛卫校学习，毕业后分配到青岛人民医院，在消化内科当医生。工作后又在青岛医学院续读本科。后来，他在青岛人民医院分院担任院长，分院在瑞昌路。2022年4月5

---

[1] 方菁：《随笔——回忆我的父亲方宗熙》，见《方宗熙文集》编委会编《方宗熙文集》，海洋出版社2012年版，第658页。

[2] 方菁的回忆，2022年8月30日。

[3] 方菁的回忆，2022年8月30日。

⊙1972年，方宗熙和家人拍摄于鲁迅公园

日，方江病逝。

方明明由于患有哮喘，没有上幼儿园，小学也没怎么上学，在家由外婆照顾，冬天就在床上和外婆下象棋，外婆教他一些知识。方明明中学读青岛二中，赶上"文革"，也没有好好念书。他很聪明，而且喜欢学习，尤其喜欢学习物理，高中期间就自己装了一台黑白电视机。

方明明天资聪颖，他有时笑话妈妈不够聪明。妈妈辩解说："我当年可是考上西南联大，第八名！"

1977年，恢复高考，方明明考上山东海洋学院物理系。江乃萼希望他毕业能留校，因为他功课最好。"但是当时物理系的书记说，留两个的话要留共产党员，第三个才考虑方明明。"

方明明未能留在山东海洋学院，他毕业后，到美国西伊利诺伊大学留学。"方明明1981年去美国读硕士，冬天来北京签证，夏天出国，两次父亲都来北京送他。"①

　　"签证时，签证官就问了两句：父亲、母亲做什么工作？不到一分钟就通过，而且不要托福成绩。他到美国才考的托福。硕士毕业后，该校校长亲自给我爸爸写了一封信：你培养了一个非常优秀的人才……"②

　　方明明的博士是在爱荷华大学读的，他验证了他导师的理论，获得好评。所以他博士刚毕业，西伊利诺伊大学请他回去做助理教授。他研究的是低温超导，多次获美国科研经费，并被评为美国青年优秀科学家，38岁时已经是终身教授了。遗憾的是，1993年底，他因哮喘病发作，英年早逝。

⊙1984年夏，方宗熙、江乃萼夫妇与小儿子方明明在美国合影

---

① 方菁的回忆，2022 年 9 月 29 日。
② 方菁的回忆，2022 年 8 月 30 日。

# 家庭生活　温馨画面

　　"文革"后，一切逐渐恢复正常。方家子女都已经长大，方宗熙全身心投入工作中。

　　方菁回忆说："父亲每天早上很早起床生炉子烧泡饭，吃完后写作，然后去学校。中午回家吃饭，午饭后午睡一小时。下午有时候在家写作，有时候去实验室。晚饭他一般要六点之前吃，那时候肉蛋都要凭票证买，他要是想吃肉了就让我去中山路的熟食店买点火腿肠。我两个弟弟和母亲生活没有规律，所以一般晚饭都是我和父亲两个人吃。有时他们回来吃饭时已经很晚了，我和父亲都睡觉了，但第二天早上还是父亲起来刷碗。"①

　　蓝色的大海边上，烟火气息从一个家庭的窗口飘出。生活中的方宗熙先生，让人觉得可亲可敬。

　　方菁还写了一篇纪念父亲的文章《随笔——回忆我的父亲方宗熙》，让我们了解到方宗

⊙1976年夏天，山东海洋学院修整方宗熙的家，方先生一家搬到生物系的科学馆住。（自左至右：方宗熙、江乃萼、方明明、方菁）

──────────

① 方菁的回忆，2022年9月23日。

熙家庭生活的一些侧面：

　　记忆中的父亲写作时从不用写字台，而是坐在沙发上，用一个硬纸夹，上面放上稿纸写作。生物图是他自己趴在桌上，摘了眼镜，一点一点画的。有时候问他一句话，要说几遍他才听见，可见他是多么专心致志。生活上他从不挑剔，给什么吃什么。记得70年代末期有一天晚饭时间，我煮了面条，一人盛了一碗，另外还有一大碗的菜码，父亲先过去吃饭（他每天要按时吃饭），其他人还没有回来。他几分钟就吃完了，等我过去吃饭时，怎么也找不到那碗菜码，只看见那几碗面条，我问他晚上吃的什么，他告诉我吃的是面条……弄得我哭笑不得。大概在吃饭时他也在想着他的工作，以至吃的什么都不知道。[1]

　　专注于工作和思考的科学家，生活中往往闹出这样的笑话。但也正是如此，过着纯粹科研生活的方宗熙教授，让后人觉得很可爱。

　　科学家专注地做生活中的琐事时，往往也能做到极致，常人也无法企及，比如点燃炉子：

　　那时没有煤气也没有暖气，所以生火也是他的事情。那个年代用的是定量的煤面，要加上黄泥搅拌，炉子像个大花盆，每天早上要用劈柴点着。因为这是他每天早上必做的事情，所以他生火的技术很高，只用4根劈柴就能点着煤炉。然后煮泡饭，吃过泡饭就上班去了。[2]

　　专注于点燃炉子的方宗熙，专注于做海洋生物实验的方宗熙，是一位教授的两面。大教授有时也会和女儿方菁开个玩笑：

---

[1] 方菁：《随笔——回忆我的父亲方宗熙》，见《方宗熙文集》编委会编《方宗熙文集》，海洋出版社2012年版，第658页。

[2] 方菁：《随笔——回忆我的父亲方宗熙》，见《方宗熙文集》编委会编《方宗熙文集》，海洋出版社2012年版，第658页。

父亲有时候很幽默，记得有一个周末，我大概二十几岁，他仔细看我半天，突然说："你是我家长得最丑的一个，妈妈比你漂亮多了。"我回他一句"我长得像你才丑"。他乐得哈哈大笑。①

这哈哈的笑声，是家庭和美温馨的象征。

方宗熙平时沉默寡言，不轻易流露情感。但面对儿女和孙女时，他的心灵变得柔软，情感丰富而细腻，偶尔自然流露出来。当唯一的女儿方菁去北京结婚时，方宗熙破天荒地送女儿到院子门口。他满脸通红，很激动，似乎要哭了。方菁回忆："这是我看到他真正动感情的一次。"

几乎和中国所有的家庭一样，父亲在子女的印象中，稍显严肃。父亲对子女管理严格，但对孙辈，就有点宠溺。方菁有了女儿后，方宗熙出差到北京，一般住在教育部招待所，这个地方离方菁家也近。"他只要一有空就会去抱孩子。"有一次，才11个月的外孙女发烧，孩子也不闹，一直安静地躺着。方宗熙放下手中的工作，一直抱着外孙女。方菁劝说："孩子不哭，让她躺着。"方宗熙不同意："孩子发烧要抱着。"

⊙1980年12月，方宗熙、江乃萼与怀抱女儿的方菁在金口一路19号家中合影

⊙1980年12月，方宗熙抱着外孙女，脸上绽放出幸福的微笑

方宗熙当了爷爷，大儿子方江有了女儿，干脆叫方婧。方婧听家人

---

① 方菁的回忆，2022年9月23日。

说，她小时候，爷爷喜欢抱她，还带着她去见那些国际友人。方宗熙会见外国友人时，说英语。耳濡目染，小孙女也会说好多英语单词。方宗熙最爱听孙女用稚嫩的声音说英文单词，每当这时，他就开怀大笑。等小孙女会走路，他有时带她到栈桥散步，有时带她去大学里玩。"生物系的楼里，我清楚地记得那里有一只大海龟的标本。"①

在方婧的记忆中，她对爷爷最深刻的印象就是"他在显微镜旁工作的样子"，聚精会神，"那种专注的样子很美，也很神气"。有时，她叫爷爷，爷爷听不到，他完全沉浸在科学的世界里。人间亲情在每个人的血

⊙1983年夏，方宗熙、江乃萼夫妇和孙女、外孙女在家中

脉之中流淌，这是割舍不断、一想起来就内心柔软的丰富而细腻的情感。

方婧从小就知道，她有一个了不起的爷爷。爸爸上学时学的生物学课本，是爷爷写的。这让她很自豪。每次到栈桥海滨，她就想起爷爷带她游玩、散步的时光。"我时常会在海边想起他，想起以前的事，虽不清晰但也不减怀念之情。"

现在方婧从事建筑行业，她依然对爷爷非常崇拜。她觉得爷爷的精神境界和宝贵品质、科学精神和人文情怀，应该在社会上传承下去。

① 方婧：《纪念我的爷爷——方宗熙》，见《方宗熙文集》编委会编《方宗熙文集》，海洋出版社 2012 年版，第 661 页。

# 家庭娱乐 象棋网球

方宗熙最大的娱乐和休息方式就是下象棋、读英文杂志，有时看一会电视。这是他的劳逸结合之道。方菁写道：

> 他业余时间最大的乐趣是和我弟弟下象棋，一般是在晚饭前后，开始是他赢，后几年是我弟弟赢。20世纪70年代末我小弟弟自己装了一台黑白电视机，所以晚上有时候他会看看电视。[1]

一个周末的下午，方明明组装的黑白电视机里播英文版的《简·爱》。方菁和父亲一起看，她有很多台词听不懂。看到片子快结束时，方菁问父亲能否听懂，他说都能听懂。电视里正好说道："I have been loved."他告诉方菁他听懂这句话。方菁也很自豪地告诉父亲："这句我也听懂了！"方宗熙听后，微微一笑。

据方菁回忆提供的资料，方宗熙和江乃萼夫妇会打网球。

> 不知道为什么这两天我想起和我母亲同船回国的萧光琰，胖胖的，个子不高（没我爸爸高），"文革"前的几年，每年暑假都来青岛和我母亲打网球，有时候父亲也会去打一会，我和弟弟就在场边捡网球，网球场就在我家下边，二中操场的上边。[2]

---

[1] 方菁：《随笔——回忆我的父亲方宗熙》，见《方宗熙文集》编委会编《方宗熙文集》，海洋出版社 2012 年版，第 659 页。

[2] 方菁的回忆，2022 年 9 月 23 日。

　　这一段看似云淡风轻的方家的经历，却勾连起另一位科学家经历的苦难，一个时代的悲剧。

　　萧光琰（1920—1968），中国物理化学家，福建福州人。1942年毕业于美国坡摩那大学化学系，1945年获美国芝加哥大学物理化学博士学位，后任芝加哥大学研究员、美孚石油公司研究化学师。

　　1949年新中国成立后，萧光琰劝说美籍华人妻子甄素辉一起回国，报效国家。1950年8月28日，萧光琰、甄素辉夫妇和江乃萼同乘坐威尔逊总统号回国。9月12日，途经日本，在横滨港口停泊，他们看到战后横滨港萧条景象。

　　回国后，最初，萧光琰被分配到石油部（当时是燃料部）工作。因为石油部还没有能力成立研究所，就把他派到东北科学研究所大连分所（化物所）代培。在政治运动中，萧光琰屡次受到冲击，是因为他西化的生活方式以及耿直的性格、严格的管理，引起同事和群众的不满。

　　想来，江乃萼与萧光琰、甄素辉夫妇在回国的航船上建立了深厚的友情，方宗熙、江乃萼结婚后，两家书信联系密切。

　　20世纪60年代初，那几年，萧光琰在大连从事石油研究，方宗熙在青岛从事海带研究。萧光琰后来被人尊称为"中国石油之父"。大连化学物理研究所的同事在怀念萧光琰的文章中写道：

　　1964年，化物所承担了国家急需的"大庆中油加氢裂化制取航空煤油和低凝柴油"的课题攻关任务，萧光琰为催化剂最后研制成功作出了重要贡献。

　　历史证明，萧光琰在20世纪60年代初对未来的学科方向看得非常准。最近几十年，新的生物催化剂（各种酶）不断被发现，已经成为现代生物化学的重要领域。①

---

① 白介夫：《我与萧光琰的苦涩友谊》，《炎黄春秋》2005 年第 7 期。

现在想来，这样的一幅画面，定格在历史深处。青岛的夏天，两对夫妇在网球场上潇洒挥拍击球，运动流汗，孩子们跳跃着、欢呼着捡球，为各自的父母加油。笑声、叫声被海风吹得很远，那笑声似乎被吹到絮状柔软的白云之上，那汗水似乎流淌到大海的浪花上。运动完毕，方宗熙、江乃萼夫妇与萧光琰、甄素辉夫妇，坐在运动场上的石凳上，吹着海风，喝着冰镇的汽水，看着夕阳把海天晕染成红彤彤一片。网球场上的铁栅栏爬满了凌霄花的青藤，金灿灿的花朵，盛满了欢乐，在清凉的晚风中摇曳……

由于后人知晓那一代科学家遭受的苦难和艰辛，所以，回看两个家庭在青岛打网球这样美好的生活场景，成为难得的欢乐、宝贵的时光。

那一代知识分子的胸怀和情怀令人肃然起敬，虽九死其犹未悔，不管经历了什么苦难，爱国之心、报国之志，矢志不渝。

诚如方宗熙的学生沈清熙在纪念文章中所说："方老师和众多优秀的中国知识分子一样，尽管蒙冤受屈，却不计较个人得失，一片丹心，为祖国母亲的繁荣富强，以毕生的精力，默默无私地做出奉献。我从未从方老师口中，听到过一句对此遭遇不满或委屈的话。"[1]

"文革"结束后，方宗熙对批判过他的人，揪斗过他的人，打断他肋骨的人，和其他师生一样，一视同仁。他从不计较个人恩怨，仍耐心指导帮助。他常说："青年人犯错误改了就好，只要肯学，就应该教……"[2]

只有心胸宽广如海洋的人，才可以做到心无芥蒂，不留痕迹；只有进入无私无我境界的人，才可以心无挂碍，宠辱皆忘。

一个家庭的娱乐也和时代的风云紧密相连。这一段简单的回忆留在人间。大风吹不走，海浪卷不走……

---

① 沈清熙：《怀念恩师方宗熙》，见《方宗熙文集》编委会编《方宗熙文集》，海洋出版社2012年版，第646页。
② 林乐夫：《祖国是生命的根——记山东海洋学院副院长方宗熙教授》，《青岛日报》1982年5月10日。

向海而生
方宗熙

第十五章

## 学林伉俪　社会交往

　　纵观方宗熙的一生，有不少师友成为他人生历程中的标记，有的伴随着他成长，有的出现在他人生的转折点：庄少青、胡愈之、荷尔登、叶圣陶、童第周等。而江乃萼的朋友圈，则是以浙江大学校友为主。

## 师友与共　教书编书

　　纵观方宗熙的一生，有不少师友成为他人生历程中的标记，有的伴随着他成长，有的出现在他人生的转折点。颜乃卿也是其中一位。

　　如果以1949年为界，把方宗熙的一生分为上半生和下半生，颜乃卿是贯穿方宗熙一生的师友。1949年以前，他们有在南洋一起教书的经历；1949年以后，他们有在一起编教科书的经历。

　　颜乃卿，福建晋江人。在陈嘉庚创办的集美学校读中学，考入厦门大学文学院史学系。获得学士学位后，陈嘉庚又让他到菲律宾大学研究院专攻地理专业。颜乃卿在厦门大学附设高级中学担任教导主任兼史地教员，也担任厦门大学暑期学校史地讲师。

　　颜乃卿在厦大高中部执教期间，应《厦大周刊》编辑的约请，在"历史专刊"发表了一篇长文《西洋古史上之三大石刻——读史辑略之一》。[1]

　　这篇文章介绍创造人类文明、影响历史进程的石刻：罗塞达石碑（Rosetta Stone）、含摩拉比法典（The Code of Hammurabi）、贝希斯敦石刻（Behistun Rock）。这篇文章从标题来看，是读史辑略的系列文章。方宗熙在《厦大周刊》上读到此文，开阔了眼界。对于具有旺盛求知欲的中学生来说，这样的文章，打开了一个未知的王国，等待方宗熙探索、发现。

　　1932年5月9日上午，颜乃卿在厦门大学群贤楼大礼堂为高中部的学生做讲座，题为"太平洋上英美日三国之冲突"[2]。1929年至1932年，方宗熙

---

①《厦大周刊》，1932年第13期。
②《厦大周刊》"校闻"，1932年5月第22期。

在厦门大学高中部就读。他听了颜乃卿的这次讲座，随后，又在《厦大周刊》上读了这次讲座的整理稿。

颜乃卿与方宗熙结缘厦大，此后，师生两人的人生多有交集。

1938年1月，颜乃卿在印尼巨港中华学校担任校长。巨港中学有几位厦大的毕业生在此执教，颜乃卿发现该校缺少生物学教师，他写信向方宗熙抛出橄榄枝，向他发出来此执教的邀请。方宗熙只身下南洋，来此执教。

在巨港中学执教期间，颜乃卿与方宗熙交往甚密，他支持方宗熙在印尼的植物采集、海洋生物采集，支持他建标本室。两人同舟共济，患难与共。日军侵占印尼，他们一起隐居在马来人的村落，过着种菜为生的生活，一起度过了漫漫长夜，迎来抗战的胜利。抗战胜利后，两人又都来到新加坡华侨中学执教。

方宗熙去英国留学后，颜乃卿仍然在新加坡华侨中学执教。1949年，中华人民共和国成立，胡愈之主持新闻出版总署工作，他在印尼、新加坡时期的几位朋友，渐渐聚到北京。

方宗熙回到祖国，在北京与胡愈之、颜乃卿见面。随后，颜乃卿、方宗熙都在人民教育出版社编写教科书。颜乃卿主持编写地理，方宗熙主持编写生物。

20世纪50年代，颜乃卿主持编写了初中、高中地理课本。《世界地理》（上下）、《外国经济地理》（上下）、《外国地理》等在人民教育出版社出版。颜乃卿、周光岐编的《世界地理》出了第10版，可见这部教科书的生命力。

方宗熙一家来青岛后，与颜乃卿的交往就少了。20世纪70年代初，方菁随父母到北京看望过颜乃卿，方菁说："颜老住在一栋老房子里，生活非常简朴。"

笔者找不到更多颜乃卿的资料，从零星资料推测，他晚年叶落归根，回到厦门，成了集美中学和厦大的老校友，当以高寿终。

1949年后，方宗熙填写人事档案表格，每次填写1929年至1932年在厦门大学高中部就读的履历，证明人栏总是写"颜乃卿"。

# 回忆胡老　南洋往事

1985年岁末的北京，风沙扑面，寒风呼啸，寒冷笼罩着北京城。12月30日，因气管炎发作，胡愈之住进了北京医院。1986年1月4日，气管炎转为肺气肿，病情恶化。1月16日11时15分，经抢救无效，胡愈之在北京医院安然去世。一颗在20世纪中国历史和文化的星空中闪耀着耀眼光芒的星辰，从此陨落。①

中华人民共和国成立后，胡愈之先后担任国家新闻出版署署长、文化部副部长、全国人大常委会副委员长和全国政协副主席。他是新闻出版界少有的"全才"，用笔杆子推动社会进步。作为出版界的巨人，他策划出版的《西行漫记》《鲁迅全集》和《知识丛书》，最能彰显他在这一领域的成就。文化即"人化"，是精神、灵魂，可以润物细无声地助推政治、经济、社会的发展，意义极大。②

江乃萼看到1986年1月17日《人民日报》头版刊登的胡愈之先生逝世的消息，她不敢相信自己的眼睛，看了几遍大标题，泪水夺眶而出。她想起1952年，是胡愈之先生安排待产的她住进北京医院，是胡愈之、沈兹九夫妇前来祝贺方菁的出生。往事分明在，世间无此星。

1986年1月22日下午，江乃萼参加了胡愈之的遗体告别仪式，她望着鲜花之中胡先生安然睡着，又一次热泪盈眶。从胡愈之遗体告别仪式上回到北京女儿方菁的家中，她拿起纸和笔，坐在书桌前，回忆方宗熙生前讲述

① 陈荣力：《大道之行——胡愈之传》，浙江人民出版社2005年版，第322页。
② 沈卫莉：《文化巨匠胡愈之》，《绍兴日报·新周刊》，2016年9月28日。

的胡愈之在南洋建立民盟支部的往事，她整理好思绪，开始把这段珍贵的记忆写在"海洋学报编辑部笺"上。①

那是1945年秋天到1946年春天，抗日战争胜利结束，国民党反动派却在国内酝酿发动内战。在新加坡《南侨日报》担任总编辑的胡愈之同志和在《新妇女》杂志担任主编的沈兹九同志，以及众多在南洋客居的民主人士，团结在一起，为了斗争的需要，考虑有必要发起成立民盟马来亚支部，为的是团结一切爱国侨胞，反对国民党的一切罪行，反对内战。

当时，大家都不知道胡愈之先生是共产主义战士，但都已经感受到他的人格魅力。有一天，接近中午时分，天气很热，胡愈之先生从市里乘车来到位于郊区的华侨中学，找方宗熙，要他和华侨中学校长薛永黍、教师颜乃卿联系，邀请他们参加民主同盟，共同组织马来亚支部。胡愈之问方宗熙有没有把握。薛永黍原是方宗熙的知心老师，颜乃卿是方宗熙的好友，他们都热爱祖国，追求光明。方宗熙表示，有把握，并估计还有若干教师也会加入民盟。

胡愈之离开后，方宗熙第一时间找到薛、颜两位先生，与他们推心置腹地交谈，交换意见。两位先生欣然同意，并酝酿了发展名单，然后由方宗熙向胡愈之先生汇报。

1946年6月间，民盟马来亚支部宣告成立，盛况空前。胡愈之先生非常欣慰。为了便于和国民党反动派作斗争，他建议方宗熙用笔名发表文章。方宗熙以"少青"为笔名，经常在胡愈之主编的《风下》周刊发表文章，反对内战，呼吁和平。

民盟支部成立后，胡愈之先生建议在华侨中学成立一个小组。小组成立后，校长薛永黍担任小组长。后来，薛先生被英国殖民当局关进监狱，死在监狱中。

薛永黍、颜乃卿、方宗熙经常在一起开小组会，主要就校内斗争情况商量对策，还不定期邀请胡愈之先生作时事报告。胡愈之先生的报告讲

---

① 以下内容根据江乃萼所写的文章撰写。

国内、国际形势。他是新加坡的名记者，文章写得好，作起报告来条理清晰，内容丰富，没有废话，发人深思。他的讲座常常是《南侨日报》上发表的社论，这是华侨中学民盟小组成员做学生工作的思想武器。

方宗熙与胡愈之交往甚密，可以说，胡愈之是方宗熙的第二位启蒙老师。第一位启蒙老师是方宗熙少年时期的老师庄少青。

第二次世界大战后，马来亚并不平静。就新加坡来说，社会上进步力量和反动势力斗争非常激烈。国民党反动派因为有英国殖民当局政府撑腰，猖獗异常。华侨中学的进步教师，由于三青团的告密，被殖民地政府驱除出境。对华侨中学民盟小组的成员来说，身份一旦暴露，处境非常危险。

怎么办？请教胡愈之先生。得到的指示是首先要把教学搞好，在学生中树立威信，结合教学，才能做好学生的思想工作，空喊口号是站不住脚的。这是多么果断有力的支援啊！

新加坡华侨中学进步教师、民盟成员颜乃卿、卢心远、汪金丁和方宗熙在学生中威信很高，教学质量好，很受爱戴。他们常在《风下》和其他进步报刊发表文章，在社会上有一些影响。他们在教学中，在适当的场合，说明反对内战的必要性。方宗熙是生物学教师，他结合生物的进化谈到社会发展的规律，很自然地把进步思想传播给学生。新中国成立后，胡愈之在南洋时办报刊的同仁以及新加坡华侨中学的几位教师，先后回国，聚在北京，又一次聚在胡愈之旗下。

进步学生进行斗争的一个重要方式是出壁报、组织游艺活动和召开座谈会。壁报稿件常由民盟教师修改，内容充实，文笔优美，有说服力和感染力。因此进步壁报有较多的读者。

进步学生中有领导小组，他们经常在方宗熙宿舍里碰头，研究问题，因为方宗熙住学校单身房间里，能够起到保密作用。有些问题方宗熙解决不了，就请教胡愈之先生。胡愈之先生不管多么忙，总是有求必应。

1947年5月，方宗熙向民盟组织提出想到英国留学深造的心愿。胡愈之先生说："好嘛。你先联系好学校，等你学成归来时，国民党反动派也倒了，祖国也统一了，你可以回到祖国参加建设了。"

到了伦敦大学，方宗熙联系上导师荷尔登，他把毛泽东的《新民主主义论》英文版赠送给导师。在伦敦多年，方宗熙应胡愈之先生的约稿，为《风下》周刊撰写"伦敦通讯"，也应邀给洪丝丝主编的《现代周刊》写文章。

胡愈之先生高瞻远瞩，对未来的时局颇有远见。果然，方宗熙在伦敦大学获得遗传学博士学位时，祖国已经解放。

在南洋的峥嵘岁月，方宗熙成了胡愈之的至交，也是他的学生。

江乃萼写到这里，忽然想起，有一年，王震同志要胡愈之先生介绍一位知识分子，他不假思索介绍了方宗熙和王震认识。

1986年1月下旬的这个深夜，一盏灯亮在一扇窗口。江乃萼在灯下思念方宗熙、缅怀胡愈之。方宗熙去世半年多了，胡愈之先生也仙逝了。江乃萼想起方宗熙和她谈到的在南洋的往事、与胡愈之先生的交往，鲜为人知，她觉得自己有责任写下来，这是一份珍贵的历史记忆，留给后人。

# 乃萼脱产　在京交游

　　方宗熙先生的孙女方婧女士给笔者提供了一本江乃萼的"学习日记"。这本20世纪50年代的"学习日记"，遍布时间留下的痕迹。打开尘封的日记本，往事在带有浓郁气息的纸上浮现。娟秀、小巧的字体，密密麻麻，记录着江乃萼的学习心得和感悟。20世纪60年代，她转到山东海洋学院生物系后，笔记本上的内容全是生物学理论了。

　　这本厚厚的"学习日记"，扉页上是江乃萼抄录的那个时代的学习名言，带有强烈的时代印记。"要革命就要先改造思想"，这是那个年代知识分子真诚的心声。

　　"水不流要臭，船不补要漏，枪不擦要锈，人不学毛主席著作要落后。"

　　"一个人吃好穿好不算幸福，只有天下穷苦的人都过上美好的生活，才算真正的幸福。如果一个人对自己的吃穿太讲究，日子长了就会忘本，就会脱离群众，就会慢慢地失掉革命的劲头。"

　　这是那个年代的知识分子学习的动力，精神的境界。

　　"学习日记"多为读书笔记、学习心得、会议记录，也有几则日记。1956年9月6日，江乃萼到北京地质学院进修一年。江乃萼这次去北京地质学院培训，是脱产学习。这对于家有3个年幼孩子的母亲来说，殊为不易。当时女儿方菁4岁，大儿子方江2岁，小儿子方明明才9个月。

　　据方菁回忆，当时方家住在鱼山路26号（今36号）山东大学第一公舍。"母亲拿着行李要出门，我和弟弟哭着追上去，最后母亲给我收拾了几件衣服带我走了，扔下哭喊着的弟弟。"

江乃萼到北京地质学院后，在笔记本上写了5天的日记。从这几则日记中，可见江乃萼的社会交际，她的朋友圈以浙大校友为中心，多为地理学和地质学领域的学者。就这几则日记，进行简要分析。

1956年9月7日

晨八时五十分抵北京，中午到达目的地——地质学院，我将努力学习，有所收获再回山大。[1]

江乃萼带着女儿方菁，从青岛火车站乘坐去北京的夜车，9月7日清晨到北京前门火车站。母女乘坐一辆人力三轮车到郊区的北京地质学院。在方菁的记忆中，北京地质学院"周围光秃秃的"。

江乃萼带着女儿方菁，开始了在北京一年的进修生活。方菁回忆说："当时我住在郝诒纯家，白天她家保姆带着我。后来我记得和母亲搬去了宿舍，两间房间，空空荡荡的。我睡一张单人木板床，母亲睡我床边的一张折叠帆布床，白天我去地质学院的幼儿园。在幼儿园期间去了一次北京动物园。我不记得我在北京住了多久，后来我妈叫我小姨（江乃燕）过来把我带回青岛。"[2]

从方菁的这段回忆来看，江乃萼与郝诒纯有很深厚的友谊。

郝诒纯被誉为"大地的女儿"，地质学与古生物学家。郝诒纯1943年毕业于西南联合大学地质地理气象学系，1946年清华大学地层古生物学研究生毕业，1980年当选为中国科学院学部委员。1956年江乃萼去北京时，郝诒纯在北京地质学院执教。1956年，郝诒纯与杨遵仪、陈国达两位教授合编了中国第一本高等学校《古生物学》教材。

江乃萼在北京地质学院进修，杨遵仪是她的导师，郝诒纯应给她讲过地质学和古生物学。

---

[1] 此处及以下均为江乃萼的日记。
[2] 方菁的回忆，2022年12月18日。

9月8日

上午上商场买了一些日用品，回宿舍已十时，即去古生物教研室会见杨遵仪先生，并和普地教研室接头旁听大地构造事。

下午又上商场买了些东西，并照了相，预备发学校。晚饭后去科学院看望段月薇夫妇及童第周叶毓芬先生，回宿舍已九时。

杨遵仪先生是中国古生物学界的权威，时任北京地质学院的教授，也是北京地质学院地层古生物专业创始人之一，在古生物地层学领域培养了大量的研究生、进修生和外国留学生，做出了重要贡献。江乃萼跟随杨遵仪先生进修、深造，在古生物学和地质学方面获益良多。

方菁回忆："20世纪70年代又和母亲去北京地质学院，她导师杨遵仪请我们去他家吃饭，之前还去郝诒纯家看望她。再见到郝诒纯应该是她近80岁了，她请我去她家吃饭聊天。我有一个作者曾经是她的研究生。"方菁是海洋出版社的资深编辑，她与这位作者交流时，谈到了郝诒纯。

这则日记中提到的段月薇，1947年毕业浙江大学史地系，她是江乃萼的师妹。此时，段月薇供职中国科学院地理研究所，从事地理学研究。

这则日记中提到的童第周、叶毓芬夫妇，是方宗熙、江乃萼夫妇的好友，他们在青岛时交往甚密。江乃萼到北京培训的第二天，就去中国科学院看望这几位师友。

9月9日

月薇约我今天游颐和园，早饭后就去了。颐和园里旧地重游，今日星期日，游人特别挤，没有什么游兴。中午饭晚饭都在月薇家吃，下午参观了科学院的院舍，看望了一个远亲鲍淑霞及过兴先夫妇。看见段和过的孩子们，想起了宝宝，小弟和明明，但愿他们身体健康。

这则日记有一个细节值得注意，江乃萼游览颐和园是旧地重游。20世纪50年代初，方宗熙在北京工作时，除了吃饭和睡觉，几乎把所有的时间用来编教科书、译书、写科普著作，没有游览过颐和园。

这天下午，江乃萼去中国科学院看望过兴先先生。1938年，过兴先毕业于浙江大学农学院农艺系，后来成为农学家、生物学家。江乃萼读浙江大学史地系时，过兴先在农艺系任助教。抗战胜利后，过兴先赴美国农业部棉花生理研究室和康奈尔大学进修。回国后，曾历任浙江大学农学院副教授、教授，浙江省农业科学研究所所长。1954年后，历任中国科学院生物学部副主任，中国科学院自然资源综合考察委员会研究员。

过兴先是江乃萼人生中的一位良师益友。早在1939年冬，江乃萼踏上旅途，辗转至贵州青岩，过兴先就给江乃萼提供了很多帮助。过兴先的名字频繁出现在江乃萼的自传和履历表的证明人一栏。

**9月18日**

十天没有记日记了。

青返程后，老觉得困，想睡。下午总是一睡两个小时。

十六号星期日，随古生物教研室同志搭乘车赴门头沟作地质考察，正好碰上例假，累得要命。回到学校天已漆黑，在同和居吃的饭。

去北大旁听地貌学事，当未接头好。电话老打不通，不知北大对外办公是星期几。

今天下午睡了一个大觉，醒来已五时，星期日去野外的疲劳稍稍恢复了些。

昨晚第一天上中级班俄文。

**想念孩子们！**

家里有年幼的孩子，看到朋友家的孩子，江乃萼难免想自己的儿子，只好请假，匆匆忙忙赶回青岛，见见孩子们，亲亲孩子们可爱的小脸蛋。短暂的相聚之后，她强忍着离别的酸楚，匆匆忙忙赶回北京地质学院，接着就是到门头沟野外地质考察。

门头沟就是一本活的地质教科书，涵盖了自元古代中期（16亿年）以来除了志留纪、泥盆纪以外的几乎所有的地层。

受多种地质作用的影响，门头沟地质现象和地质资源丰富，有"地质博物馆"之誉。作为我国近代地质工作开展最早的地区之一，门头沟有"中国地质工作的摇篮"之称。门头沟的地层由海相沉积地层和陆相沉积地层组成，两者各占约50%。海相沉积是在海洋环境条件下形成的地层，陆相地层是在陆地环境下形成的河湖沉积地层，包括陆相沉积地层和火山岩地层。门头沟的陆相沉积有含煤地层生成，主要出现在百花山两翼和九龙山两翼。

大自然的鬼斧神工造就了门头沟复杂的地形，也为门头沟带来丰富的矿藏。据有关部门统计，门头沟已探明的主要矿藏有煤、石灰石、玄武岩、玉石、金、银、石棉、铁、铜等20多种，矿产地70余处。其中煤炭储量最大，叶蜡石和潭柘紫石最有特点。历史上，门头沟区盛产的煤炭、石灰石和砂石等，对北京城的发展起了极其重要的作用。

门头沟的水域绝大多数属永定河水系，千流万脉汇于一线，由于地形因素，这里的河谷下切作用明显，山高水丽，十分壮美。

江乃萼的门头沟之行，野外考察地质和地层，收获很大，但也很累。

## 9月21日

*中秋接宗熙来信，知道秀兰走了，心情沉重异常。这几天都吃不下饭，睡不好觉，孩子们太小，找不到人带怎么办？下午到科学院看望叶毓芬先生。*

9月21日的日记，只有简短的几行，但触及生离死别和生活难题。中秋的缺憾，亲人的离去，生活的烦恼，工作的压力，这是每一代人都会遇到的人生根本的问题。记录虽然简单，但沉痛的意味让每个人都能感同身受。

从这几则日记，可以感受到江乃萼脱产学习的不易，也可以看到她的人际交往和朋友圈。

江乃莘留下了两本印刷的通讯录：浙江大学北京校友通讯录，浙江大学上海校友通讯录。这也可以判断，她的朋友圈多是浙大校友。

## 耀泉乃燕　敬业奉献

江乃燕是江乃萼的妹妹。1955年，江乃萼的妈妈徐瑞瑛带着两个弟弟江乃刚、江乃强，妹妹江乃燕，从老家浙江嘉兴油车港出发，来到青岛。方家顿时热闹起来。

江乃萼的父亲江学源与母亲徐瑞瑛生了十个子女。十个儿女排行为：江乃萼（长女），江乃华（二女），江乃菁（三女），江乃型（长子），江乃芳（四女），江乃堃（二子），江乃芝（五女），江乃刚（三子），江乃燕（六女），江乃强（四子）。

姐姐、姐夫一家住在金口一路16号二楼，江乃燕住在一楼的一个房间。小外甥方明明哮喘时，15岁的江乃燕就背着方明明。

在江乃燕的记忆中，姐夫方宗熙沉默寡言，不爱说话，不管姐姐多么厉害，他就是不发火。姐夫教学认真，对待研究生就像家人。江乃燕说，那时，几个研究生经常来找方先生，有时，还在家中吃饭。

江乃燕刚到青岛时，错过了入学考试，她就在龙口路附近的一所补习学校补习中学的课程，补习了三年的功课，在国棉一厂当女工。"当时正大炼钢铁，社会处于莫名的躁动之中。从鱼山路步行到四方上班，纺织女工有时上夜班，走夜路不安全，姐姐就给我找了另一个工作。"

她的新工作是在山东海洋学院生物系标本站做教辅。1959年暑假，江乃燕去烟台采集标本一个月。同去烟台采集的大三的学生，刚开始还喊她老师，得知她才19岁，就不叫老师了。

江乃燕在山东海洋学院生物系标本室工作期间，认识了生物系的学生吴耀泉。吴耀泉勤学好问、品学兼优，得到方宗熙的青睐。

在山东海洋学院生物系标本站工作了五年，江乃燕到位于台西镇的青岛第五人民医院卫校读书，三年后毕业。

江乃燕在红岛马戈庄盐务局医院实习半年。"那真是全心全意为病号服务，有的病号没有钱，我就把自己的钱全捐给病号了。姐姐写信问我怎么不回家，我就说，没钱了。姐姐给我邮寄了钱，我才得以回青岛。再回医院实习时，姐夫偷偷地给了我十元钱。那个时候，十元钱不是小数目。"江乃燕回忆起这段实习经历时说。

实习结束，江乃燕在广州路市南区第二人民医院工作。因为自己的出身不好，江乃燕工作很敬业，加入了中国共产党。她在广州路市南区第二人民医院工作了16年，后到浮山所医院做护理部主任。

1961年，吴耀泉毕业于山东海洋学院，分配到山东省科委工作。

1967年，吴耀泉与江乃燕结婚。江乃燕开玩笑地说，吴耀泉升级了，从姐夫的学生变成姐夫的连襟。但吴耀泉对方宗熙，一直执弟子礼。方先生是他的业师，引领他走上海洋生物研究的路。

1973年，吴耀泉工作调回青岛，调到中国科学院海洋研究所工作，从事海洋无脊椎动物分类研究。1996年，吴耀泉从中国科学院海洋研究所退休。

2018年4月底的一天，吴耀泉先生拄着拐棍，拿着4月13日出版的《半岛都市报》，决定将自己一生积攒下来的海洋生物研究资料捐赠。记者王媛了解了情况后，牵线搭桥，把老人一生珍藏的海洋生物书籍捐赠给青岛市环境监测中心站。

说起这些书的来历，吴耀泉回忆起了自己的青葱岁月。"1961年，我大学毕业时，同学老师难舍难分，那时候通信不发达，各奔东西后不知何时再见，也没有什么好的纪念品，就流行互相赠书，这些绝版书籍很多是当时的老师、同学留给我的纪念品，它们在我工作后的十几年里提供了很大的帮助。"除了"纪念品"，还有许多研究资料是吴耀泉的科研成果。

仔细翻看这些资料后，青岛市环境监测中心副站站长崔文连激动不已："太珍贵了，这应该是中国最早一批海洋生物分类资料，里面的插图

还是手绘出来的，吴老先生保存得如此完好，十分难得。"崔文连于1990年至1994年在中国海洋大学学习海洋生物专业，她告诉半岛记者王媛，对于科班生来说，"手绘"和"拉丁文"是这一学科两大基本功。"我们上学的时候，就对着显微镜下的生物体进行手绘，只有亲自手绘过的物种，才能真正记住其特性，做到精准辨别分类，这是如今的高清图像等技术无法取代的。"①

生生不息，几代海洋学人求真求实、敬业奉献的精神，在那些发黄的书籍中流转。

2021年1月16日，大年初四，吴耀泉先生病逝。吴耀泉生前就和老伴江乃燕约定，死后捐献遗体。"活着为人民服务，死了也为人民服务"，这是吴耀泉和江乃燕这代人的精神境界。

江乃燕说，她和老伴吴耀泉，在生活和工作中，都受方宗熙先生的影响。在方宗熙先生居住过的房间，她向笔者讲述往事。那些往事在冬日阳光的窗前升起，如轻烟，如薄雾，融入万里海天之中……

---

① 王媛：《八旬中科院学者向市环境监测中心站捐出毕生藏书，绝版海洋生物资料有了新家》，《半岛都市报》2018年5月27日。

第十六章

# 八方来信　生命无限

　　每次收到全国各地的求助信，方宗熙都会在百忙之中回复。方宗熙一生写过多少信，无法统计。物候有信，潮汐有信，生命有信，浩瀚的海洋无边无垠。所有研究生命的科学家，所做的一切，都是写给地球的情书。这颗蓝色的星球在宇宙中孤独地旋转，承载着无数神奇而又美好的生命……

# 厦大同窗　隔空传情

　　笔者在方宗熙先生的遗物中，发现了一封洪福增写给方宗熙的信，抄录如下：

少定①兄嫂

　　一别四十四载，思念□□，三十五年抗战胜利之初，兄留学英伦，曾通音讯，得悉兄专攻遗传学，弟曾遵嘱付上家人头发，藉供研究。未悉兄能忆及否？（是项头发因寄出后，即未得回音，未知有无遗失。）去年顾兄返美，得悉吾兄嫂近况，甚感。其后旭昇兄携眷前来山景城，新晤顾兄夫妇，曾藉缘畅述，曾道及兄勤学如昔，写作甚多，尤以遗传学课本，更具权威，洛阳纸贵。闻之为故友而骄傲。弟舍生物而就法学，数十年，日与刑法书籍为伍，□曾涂写数书，但未深入，于学术上毫无裨益，空拥其名，愧甚，惭甚！

　　此次再度来美，阅诵吾兄亲笔函件，视字体如见昔日英俊面貌，脑海中旧事历历，幕幕重现，回忆与兄及顾兄三人共同生活在映雪楼，共出共入，共同炊饭烧菜，其后，又在白城学校宿舍借兄的舍居住，弟与舍弟福□，承蒙关照，爱抚有加，此恩此情没齿难忘。

　　抗战军兴，各奔前程。其后始悉兄奔南洋就教，此乃抗战生活后始闻及也。弟现住山景城，与顾兄及佩芬□□□觉世为邻，此间气候温

---

① 方宗熙主编《厦大生物学会期刊》时用的笔名。

和，冬暖夏凉，诚退休养老适宜之居所，亟盼吾兄嫂有机会能来美一游，藉畅叙怀，盼之，盼之，顾兄及佩芬姐与其长公子亦在此居住，相隔咫邻，可互相照料。纸短言长，不尽所怀，匆此敬颂

俪安

福增敬上
七月廿一日

这是洪福增在1981年夏天写给方宗熙的信。洪福增写这封信时，居住在美国的山景城①。信中提到的顾兄是顾瑞岩，他的夫人是杨佩芬。

洪福增（1914—2022），字复青，福建同安县新店镇洪厝村（今属翔安区）人，幼随父侨居印尼苏门答腊岛，13岁返国求学，1936年毕业于厦门大学，获法学士学位。是年，在厦大执教。越年至1954年，在军法界供职。②1954年6月后，他开始从事律师业务，并兼任台湾政治大学法律研究所教授（1971年—1980年），著有《刑法理论之基础》《刑事责任之理论》等书。

洪福增在厦门大学读书时，初学生物学，后转入法律系。

1933年3月，厦门大学学生顾瑞岩、方宗熙、洪毓汶、洪福增、薛澄耀、卢嘉锡、刘福远成立民众科学社，普及科学常识，宣传科学救国。方宗熙、顾瑞岩读生物系，与洪福增结下深厚的友谊。他们三人为《民众科学》撰稿，名字出现在第一辑。洪福增撰写的文章为《绦虫——人体内之大敌》。他们朝夕相处，一起吃饭，一起学习，洪福增在信中有提及。方宗熙与洪福增的交往，在洪给方的信中可见一斑。

---

① 山景城也称芒廷维尤（Mountain View），是位于美国加利福尼亚州圣克拉拉县（Santa Clara County）的城市，与附近的帕罗奥多市（Palo Alto City）、森尼韦尔市（Sunnyvale City）和圣何塞市（San Jose City）组成了硅谷的最主要地区。
② 中共厦门市同安区委宣传部编：《同台缘》，2009年版，第156页。

他们的友情，跨越山海，在岁月长河之中绵延不断。有时海峡阻隔，有时远隔重洋，但一旦获得彼此音讯，就会鱼雁传书。洪福增在信中流露出的感情，纯粹，醇厚，令人感怀。

在这里提一下方宗熙和洪福增共同的好友顾瑞岩。

顾瑞岩在厦门大学读生物学系时，才华横溢，崭露头角。1933年8月，顾瑞岩编著的《高中生物学实验指导》出版。

顾瑞岩大学毕业后，留在厦门大学执教。1947年，蔡启瑞与挚友顾瑞岩相伴乘船去美国留学。后顾瑞岩在美国马里兰大学执教。

1980年，顾瑞岩回到了阔别三十三年的祖国，频频讲学。

顾瑞岩博士是美国著名的鲑鱼资源生物学家，在鱼类生态学、渔业生物学方面造诣很深，有许多鲑鱼和条纹鲈生物学论文与著作，曾任美国《渔业研究》和《切萨皮克科学》主编，被聘为美国国家200海里经济区域委员会委员。①

应中国水产学会、厦门大学等的邀请，顾瑞岩于4月24日到5月12日在厦门大学讲学，共作学术报告8次，其中有"鲑鱼生物学和种群动态""美国水产学概况""美国渔业资源繁殖保育与管理""美国的鱼类人工养殖""环境污染与鱼类的关系""电厂提高水温对鱼类的影响"等专题。游子归来，顾瑞岩回到母校，赠给母校一份礼物——长期珍藏的专业图书杂志一千多册。

应中国海洋湖沼学会理事长、中国科学院海洋研究所所长曾呈奎教授的邀请，顾瑞岩及夫人杨佩芬女士于5月21日至26日在青岛讲学和参观访问。

6月6日至7日，顾瑞岩应邀在广东科学馆作了相应学术报告。

根据推测，顾瑞岩及夫人杨佩芬在青岛期间，曾呈奎教授出面宴请，方宗熙、江乃萼夫妇作陪。当年鹭江之畔风华正茂的学子，相逢在黄海之滨，已是头发斑白的老人，他们把酒言欢，回忆厦门大学青葱往事，唏嘘

① 张其永、张永兴：《美国马里兰大学顾瑞岩博士来华讲学》，《海洋渔业》1980年第4期。

感叹。不管隔着多么辽远的岁月，不管隔着多么辽阔的山河，好友重逢，一杯酒就融化了所有的距离。1980年，这个初夏的夜晚，好友重逢的快乐在盛满啤酒的杯子上溢出，白色的泡沫滋滋作响，他们谈起散落各地的同学，说起各自的近况，海风把他们相聚的消息，吹得很远很远……

# 林江伉俪　结缘青岛

　　这是一封在方宗熙先生的遗物中发现的信，单薄的信纸，一页三折，却承载着跨越了半个世纪的师生情谊……

宗熙同学

　　接到您三月廿三日的信，谢谢！

　　我预备的讲题是"It's a small small world"，这是美国著名的华特迪士尼儿童乐园内一部分的主题，用意是消灭种族间的偏见，减少国际间的隔阂，四海一家，和平共存。

　　因为林先生在UN工作廿四年，我才有机会旅行到世界二十多个国家，不单是观光游玩，而是在当地住过，对当地的地理人情风俗有深入的认识，与当地的人生活共享这种经验是很难得的，我愿意向青岛的朋友们述说一些我亲身经历的事。我手边没有Slideo，但有很多图片，如能用幻灯反射映出则更佳，否则，只好把图片贴在纸上挂起来展览亦可。凡是对此有兴趣的朋友们都欢迎参加，我会以轻松的方式讲出，希望他们听多了科技智识之后可以得到精神上的松弛和愉快，也可以增广对异族异邦的知识和了解。

　　演讲的次数和时间，请按照您以前的规定，如有不合适的地方，随时可以更改。

　　特此奉覆，并候安康。

　　太太暨合府

　　各位朋友

均此问候致意

林江耀群[1]

一九八二年四月二日

1982年4月，在一个樱花怒放的日子，方宗熙收到老师江耀群从美国迈阿密邮寄来的这封信。从这封回信推测，林绍文和江耀群夫妇即将来中国进行学术访问。方宗熙邀请江耀群老师为青岛的朋友做讲座。江耀群回信，讲题是"It's a small small world"，谈到为何要做这样一个讲座，以及对讲座的设想。

⊙江耀群写给方宗熙的信的信封

---

[1] "林"为江耀群丈夫林绍文的姓。

⊙江耀群写给方宗熙的信

　　这封信很简短，一封信就是一座桥梁，连接起方宗熙和恩师林绍文、江耀群半个世纪的情谊。

　　林绍文（1907—1990），海洋生物学家。福建漳州人。林绍文1924—1930年就读于北平燕京大学生物系及研究院。笔者查阅到一张林绍文在燕京大学攻读生物学的照片。照片说明为中英文，中文写道："林绍文（燕大理科学士）研究平西蜉蝣目及襀翅目昆虫之形态与生活史。"无独有偶，这份画报上还刊登了几位燕京大学生物系女生做研究的照片，其中就有江耀群，照片说明为："江耀群女士研究平西无脊椎动物之分布。"[1]

　　想来，两位优秀的学子在美丽的燕园相识相恋，比翼双飞。

⊙江耀群在燕京大学实验室

----

[1] 林悦明：《北平燕大之研究生物学》，《图画时报》1929年7月10日第576期。

1930年，林绍文任厦门大学讲师，同年赴美国留学。1930—1933年就读于美国康奈尔大学生物系，获哲学博士学位。1933年归国后，任厦门大学副教授，能熟练使用英语、普通话和几种中国方言讲课。

在厦门大学，林绍文对方宗熙这位漳州老乡青睐有加，一是方宗熙勤学好问，品学兼优；二是他擅长写生物学科普文章。

林绍文、江耀群伉俪同在厦门大学生物系执教。

1933年《厦大周刊》第十期"校闻"栏刊有江耀群演讲的预告，抄录如下：

生物学会演讲会
江耀群女士演讲"蚂蚁"

十一月二十日下午七时，本校生物学会在生物院二楼第五号教室举行学生演讲。题为"蚂蚁"。江女士为林绍文先生夫人，曾毕业燕京大学生物系，对于蚂蚁颇有研究云。

江耀群讲完，林绍文登场。1934年3月5日，林绍文在厦门大学面向大学部和高中部全体师生，在群贤楼大礼堂做了一次讲座，题为"昆虫与人类之关系"[1]。

方宗熙听了这次讲座，感觉昆虫的世界也妙趣横生，这些小动物就像人类的远亲，与人类的世界发生丝丝缕缕的联系。听过讲座后，他还研读了随后在《厦大周刊》发表的林先生的演讲稿。

方宗熙经常向老师林绍文、江耀群请教。夫妻两人都对方宗熙提携有加。

1935年春，国立山东大学生物系主任刘咸辞去生物系教职，任中国科学社《科学》杂志主编。刘咸是中国生物学界第一个英国皇家学会会员、

---

[1]《厦大周刊》"校闻"栏，1934年3月第15期。

比较解剖生物学家，他辞职后，谁来继任呢？校长赵太侔把目光投向遥远的厦门，聘请林绍文担任生物系主任。

1935年4月7日，林绍文偕夫人江耀群利用春假，来到青岛。"林先生为商讨该系之发展计划及编造学程指导书等事项"，与国立山东大学生物系师生见面。4月8日，国立山东大学生物学会在植物实验室开欢迎大会，全体师生均出席。"林先生对于该系设备之完善，环境之优良，颇多赞美，并勉同学同事一致努力，共策生物学系之发展。济济一堂，师生极为融洽。"①

春假即将结束，林绍文、江耀群于4月13日搭乘海轮返回厦门。

1935年6月，林绍文举家到青岛，担任国立山东大学生物系教授兼主任，与著名生物学家童第周等一道为办好生物系的教学工作做出了贡献。

林绍文、江耀群夫妇在国立山东大学任职，他们的母校燕京大学也极为关注，发表校友简讯，称林绍文教授与其夫人江耀群住在"莱芜二路六号内十八号"②。

林绍文、江耀群夫妇在这个城市留下了美好的记忆。他们致力于生物学的研究，推动青岛的科学教育，播撒科学的种子。1937年5月3日，恰逢青岛市立女子中学的励学周，该校邀请校外名人来校作讲演。林绍文来校作了题为"蚂蚁"的演讲。"讲词深入浅出，详尽而新颖。同学均颇感兴趣，获益甚多。"③

他们与青岛的情缘，时断时续，对青岛的海洋科学的建设、生物学科的发展，或有推动之功，或有关切之意，或有帮助之举。

抗日战争爆发后，国立山东大学内迁，林绍文一家随校迁动。他一边逃难，一边教学。1938年，他任国立贵阳医学院生物形态系教授及主任，兼任省立贵阳科学馆馆长。

---

① 《新聘生物系主任林绍文先生曾一度来校》，《国立山东大学周刊》1935年4月15日第111期。
② 《校友简讯》，《燕大友声》1936年1月15日第4期。
③ 《校闻》，《青市女中校刊》1937年5月第9—10期。

　　1940年，应著名生物学家曾呈奎的邀请，林绍文赴香港任海洋生物研究所技正[①]，并在香港大学生物系担任客座讲师。香港被日军侵占后，林绍文经过千辛万苦重回贵阳，任军政部战时军用卫生人员训练所生物形态系主任教官。抗日战争胜利后，林绍文一家回到上海。1946年，国民党政府农林部委派林绍文主持筹建中央水产实验所。在多方面支持下，1947年，中央水产实验所举行落成典礼，林绍文任首届所长。[②]

　　林绍文关心国立山东大学生物系的发展。1947年2月6日下午，林绍文应邀在国立山东大学大礼堂举行学生讲座，讲题为"科学漫谈"。"（林绍文）为国内著名生物学家，是日参加师生数百人，林博士讲叙时，逸趣横生，历二小时始毕。"[③]

　　1949—1973年，林绍文在联合国粮食及农业组织（FAO）任渔业技术专家和亚洲及远东地区渔业养殖专家。

　　他首次成功地解决了罗氏沼虾人工育苗和养殖技术，被誉为"淡水虾养殖之父"，为远东地区的淡水养殖的发展、人才培训做出重大贡献，被公认为暖水鱼类养殖的世界权威，美国业界授予他"美国养鱼之父"的美誉。[④]

　　值得一提的是，林绍文长期研究罗氏沼虾人工育苗和养殖技术，对研究对象倾注了大量的心血，于是，他经常画罗氏沼虾。这位技术精湛的渔业养殖专家，也成了颇有造诣的画家。他的朋友和同行，会得到他赠送的颇有东方神韵的罗氏沼虾画作。

---

① 官名，旧时中国技术人员的官职。
② 青岛市史志办公室编：《青岛市志·人物志》，五洲传播出版社2002年版，第161—162页。
③ 《国立山东大学校刊》，1947年2月15日第12期。
④ 青岛市史志办公室编：《青岛市志·人物志》，五洲传播出版社2002年版，第162页。

　　1971年，林绍文在泰国工作，专程来青岛，看一下未曾忘怀的黄海水产研究所，看望一下昔日在厦门大学和上海中央水产实验所时期的好友、同仁。他住在汇泉王朝大酒店，提出要见八位朋友。方宗熙应在其中。

　　1973年，林绍文退休后定居美国迈阿密。1974—1976年，他任美国华盛顿大学渔业学院客座教授；1974—1986年，他任美国迈阿密大学海洋及大气学院名誉教授。

　　进入改革开放的年代，1982年，林绍文、江耀群夫妇回到中国，这一次，夫妇受到了热烈的欢迎。他们专程来到青岛，对黄海水产研究所进行全面的考察，完成了半生的夙愿。在青岛，林绍文、江耀群与老友曾呈奎、方宗熙相见，开怀畅谈。江耀群的讲座也非常受欢迎，为青岛的朋友们打开了一扇了解世界的窗口。

　　如今，林绍文的雕像耸立在青岛百花苑，方宗熙的雕像耸立在中国海洋大学鱼山校区。每当一轮圆月从大海的潮声中升起，他们一定在皓月当空之际，进行着关于海洋生物的学术交流……

# 方陈携手　百科全书

1980年前后，方宗熙与陈世骧交往甚密。

陈世骧（1905—1988），浙江嘉兴人。中国科学院学部委员、生物学家、昆虫学家、进化分类学家。第三届全国政协委员，第三、四、五、六届全国人大代表，中国科协全国委员会常委。

陈世骧曾历任中央研究院动植物研究所研究员，中国科学院实验生物研究所昆虫研究室研究员、主任。1953年负责筹建中国科学院昆虫研究所，任首任所长、研究员；1962年任中国科学院动物研究所所长、研究员。①

⊙陈世骧

20世纪50年代，朝鲜战争爆发，美军向朝鲜军民和中国人民志愿军投放了生物炸弹。这种特殊的弹药藏着带菌昆虫，能迅速向外传播病毒。

自1952年起，陈世骧便开始主持中国科学院反细菌战科学调查中的昆虫研究工作，他领导中国科学院实验生物研究所昆虫研究室对美军飞机撒布的大量带菌昆虫标本进行了分类鉴定，揭露了美帝国主义的罪行，为中

---

① 《中国科学家辞典》编委会编著：《中国科学家辞典（现代第一分册）》，山东科学技术出版社1982年版，第197页。

国赢得了政治上的胜利。

此时，方宗熙也在北京工作。组织上安排他去印度，揭露美国在朝鲜战场上使用生物武器的罪行。因故未能出行。由此推测，20世纪50年代初期，方宗熙与陈世骧就有联系。后来，两人都是全国人大代表，在全国人大会议上经常碰面。两人交往多，还有一层原因，陈世骧与方宗熙的夫人江乃萼都是浙江嘉兴人，是老乡。所以，每次陈世骧给方宗熙的信札中，都会向江乃萼问好。

1980年，中国大百科全书出版社策划出版生物学卷，陈世骧任《中国大百科全书》生物学卷副主编，方宗熙任《中国大百科全书》海洋科学卷编委兼海洋生物学分卷副主编。

1980年7月，大百科全书编委会召开会议，方宗熙因工作原因未能参加。陈世骧想到请方宗熙撰写"《进化论》特长条目"。陈世骧请来参加这次会议的中国科学院海洋研究所的刘瑞玉[①]转达，随后，陈世骧又致函方宗熙，讨论生物学卷撰写事宜。


宗熙同志：

闻嫂夫人身体违和，不知已否痊愈，甚以为念。

大百科全书编委会将于今天结束，你是编写《进化论》的最适当的人，我原已想好请你合作，在这次会上讨论分工，不意你因事未来，特托瑞玉同志带上"框架"，并代致意。《进化论》是一个特长条目，可写三万字左右（亦可少一些，二万五千左右）。我想请你担任前面的几个部分，即："进化论的历史、进化的证据、进化学说、遗传与进化和

---

① 刘瑞玉为《方宗熙文集》作序。序中有这样一段："后来，山东海洋学院成立后，任该院生物系主任和副院长，兼任中国科学院海洋研究所研究员和所学术委员会委员，并与我所藻类学家在世界上率先开拓海带的遗传育种研究，取得领先成果。同时，他又是挂靠我所的'中国海洋湖沼学会'常务理事，我曾是秘书长；他是全国人大第三、五和六届的代表，我是第六届代表，这使我们之间的交往和联系自然就深厚和密切。"在编撰《中国大百科全书》海洋科学卷时，方宗熙和刘瑞玉应有过合作。

进化速度"，约16000到20000字；我写其余三个部分，即："物种形成、进化方式和进化史上的几次巨大突破"，约8000到10000字。

"框架"主要是罗列条目，亦可作"编写大纲"，但写时肯定要修改，甚至大改。框架内部注"索引"的都要另写词条，有关你的部分都请你写。一切情况都由瑞玉同志面述。

八月中人代会想你一定会来参加，届时还可面谈。

祝阖家康吉！

陈世骧
1980.7.6

方宗熙收到陈世骧的来信，按照他的工作习惯，很快写信回复。

1980年8月30日，全国人大五届三次会议在北京举行。会议讨论了制定发展国民经济长远规划和继续推进经济体制改革等问题；决定1980年、1981年两年国民经济计划。从陈世骧给方宗熙的这封信来看，两人应在人代会上见面，并对《中国大百科全书》生物学卷编撰事宜进行交流。

1980年12月底，中国大百科全书生物学编辑部向方宗熙发出编写邀请和要求。

⊙1980年7月6日，陈世骧致函方宗熙

方宗熙同志：

　　经中国大百科全书生物学卷分编委会决定，请您为该卷撰写条目。承蒙应允，不胜感谢！

　　前曾寄上有关表格及撰写注意事项，想均已收到。现已年底，为了确定计划，我们急待了解您写的条目于明年何时交稿。因此，请尽快将交稿日期示下，以便进行下一步工作安排。该条目如有插图，请于交稿前告知，并将草图随文稿一并寄回，以有利于及早设计版面。如欲用彩色图，亦请同时提出，以供编辑部研究决定。

　　前寄材料中除编写体例外，尚有"《中国大百科全书·生物学卷》条目撰写要求"一份，请切实按要求撰写。撰稿前，请将内容提要填在"条目情况登记表"上，尽快寄回编辑部。分类学的条目，务必注意该要求中所提五点，以免写成动植物志。还寄有"书稿格式示例"一份，请撰写时参照。大百科全书的稿子，要求格式严格统一，体例甚为重要，故务请按格式撰写为要。

　　交稿时用什么稿纸皆可，待将来审读修订后，再将统一稿纸寄上，以供清缮。前所寄表格（不足者请另附纸）均请按要求填就寄回。专此函达，望即赐复。

　　顺致
　　敬礼！

中国大百科全书生物学编辑组

1980年12月25日

　　这是一份格式统一的公函，落款处盖有中国大百科全书出版社的印章。中国大百科全书生物学编辑组联络人卢豹填写好，于1981年1月8日邮寄给方宗熙。在这份打印的公函中，卢豹特意提到方宗熙撰写的"进化"条目下要有"返祖现象""多态现象""分子进化"三个小条目。并在公函中提醒"稿写好后，请寄编辑部"。

新联络人卢豹给方宗熙发出这封信之前，他和陈世骧有过面对面的交流。陈世骧对卢豹的意见基本认同，但有一些保留的意见。他也写了一封信给方宗熙，就撰写条目事宜进行沟通。

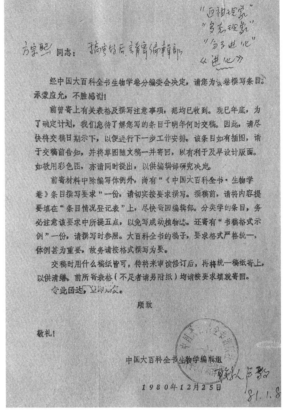

⊙中国大百科全书生物学编辑组致函方宗熙

宗熙同志：

　　大函收悉。卢豹同志代替全如瑊同志的职务，是我们的新联络员。他最近来我所对进化论的写法提了意见，我让他把意见同时向你提出，然后我们再讨论决定。他的总的意见是：要着重写① 拉马克以来的各家进化学说；② 一百多年来的进化论进展，包括分子声学的最新成就。他认为其他部分可以删减（作为小条目另写），甚至进化论的历史可以不写，因为"生物学史"内亦必然要写，会有重复。我当时对他说：你的重点提得很好，但不写历史不完整，对生物进化的主要过程也没有个交待。他给你信上的三点和原来不同，大概是我和他谈话后的修改。

　　我们的进化论提纲是参考英美百科全书写的，亦请小组提过意见，

卢豹的意见可以考虑，但究竟如何写，主要由我们之间决定。我写的部分拟略做修改如下：

1. 物种形成（主要讲新种如何产生）

2. 种上进化（主要讲物类如何产生）

3. 生命史上的巨大突破

卢豹同志提的"进化系统树"我不拟考虑，因为在分类学总条内我已写了生物的分级系统，至于□□动植物的进化系统应在有关学科介绍，我的部分主要是讲种级进化和种上进化的规律，这是我的想法，供你参考。你的部分如何写？是否有所修改，决定后请函知，以便约卢豹同志来谈。

我由于所内事情多，所外会议多，业务时间很少，到目前为止，只完成了"分类学"总条的初稿，约一万字。进化论还没有动手写。你的进展如何？

"返祖现象"与进化论无关，记得你以前告知我是遗传学方面找你写的。卢豹新来，对前事不接头。

专此，即颂

年禧！


嫂夫人致候


陈世骧

1981.1.15

笔者在方宗熙先生遗留下的文稿和信札中发现这三封信，见证了方宗熙和陈世骧的合作。他们是志同道合的学术伙伴，还在达尔文的《物种起源》翻译中有过隐秘的联系。

20世纪50年代，达尔文的《物种起源》，有两个白话文中译本，分别由周建人、叶笃庄和方宗熙合译，以及由谢蕴贞翻译，伍献文、陈世骧校对。他们的名字都留在中国的生物学史上。

# 生命有信　无私帮助 🦋

　　方宗熙是闻名国际的生物学家，他经常收到国内外的信函，探讨业务，有的是向他求教。笔者在方宗熙先生的遗物中发现了两封求教信，一封来自青年学子，一封来自科研机构。

　　先看陕西的两位青年学生的来信：

敬爱的方老师：您好！

　　我俩曾在陕西仪祉农校学习时，醉心于畜牧方面的学习，后来设想企以用营养条件控制耕畜性别的定向生殖，亦无成效，从而改变方向，决策以探索农民经验入手，曾作过多（次）访问调查，顺亦搜集到有关人类性别遗传方面的资料，并对此资料进行验证，尚未发现差错，却由于当时我俩遗传知识"一穷二白"，调查结果无法认识，更谈不到

⊙马玉峰、杨振平写给方宗熙的求助信（第一页）

整理和分析。去年学习了两个学派的遗传理论后，明确了内外因的关系，才知道研究性别遗传需要从内因着手，探求内因是研究性别遗传的第一步。因而，用自己仅知的遗传知识，以目前遗传学研究成果，整理出《人类性别遗传规律的探讨》一文。设想给今后人工控制耕畜、乳用牛的性别生殖提供研究线索，有助于遗传理论的研究。

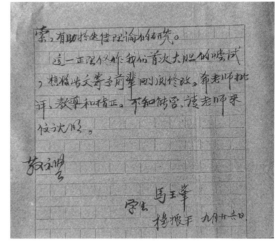

⊙马玉峰、杨振平写给方宗熙的求助信（第二页）

这一整理仅作我们首次大胆的尝试，想将此文寄予前辈删阅修改，希老师批评、教导和指正。不知能否，请老师来信说明。

此致

敬礼！

学生　马玉峰

杨振平

九月廿六日

这封信的具体年份不详。方宗熙收到来信后，按照他的习惯，应写了热情的回信。

另外一封是河南南召蚕业试验场育种组的公函。

方宗熙与该科研机构有过几次通信，从遗传学的角度探讨红蚕养殖中出现的问题。1962年7月6日，方宗熙回信，"指出改变致死因子效应的方法"，并建议"将实验材料重复一下"。河南南召蚕业试验场决定"在一九六三年春蚕期重复精细地作一次"。1963年1月13日，河南南召蚕业试验场写了这封公函，信中向方先生汇报研究的几个方面，希望方先生提出意见。在信中，河南南召蚕业试验场育种组就出现的问题，写了解决方案：

在改变致死因子方法中，有用射线照射，使其突变。领导意图，在1963年准备做一下。射线河南医学院有，他们是用钴60来放射X射线，不知此种射线的诱变效力如何。若是此种射线能诱发突变，一般对昆虫有机体采取多大剂量合适（或者有多大范围）。蚕是属于完全变态，但是在发育那一阶段照射诱变的效力大呢？我们研究是在□期，因而□期是细胞分裂旺盛、变化最大时期，您看是否合适。另外经照射的蚕后代应放养多大的数量。以上问题希望对我们帮助一下。在其他材料上有用高温来诱发突变的，这个温度一般应超过适宜温度多少才能诱发突变呢？希望指出一下。

方宗熙收到此信后，也应写了回信。值得一提的是，河南南召蚕业试验场如今是河南省蚕业科学研究院。

方宗熙在全国拥有无数的读者，不少读者是因为读了报道他的文章，或者读了他的科普著作，确定了人生的志业。

1980年6月12日，山东栖霞县（今栖霞市）第五中学杜鹤彩来信说："看到了《人民教育》第五期上宫苏艺同志以'开拓与播种'为题记述了你的巨大成就和卓越贡献后，我的心中激起了对老一辈科学家的无比敬仰与怀念，特别是看到你对年轻一代科学工作者与科普工作者的谆谆教诲，更使我的心久久不能平静。那篇文章我看了一遍又一遍，从中受到了启发、教育与鼓舞。我鼓足了勇气给你写信，向你汇报，渴望得到你的教导，明确今后的方向。"

1983年10月30日，山东海洋学院（今中国海洋大学）水产系学生郭希明来信说："对你，我是慕名已久的。从中学起我就喜欢遗传，读过你

的书。报考大学时，我之所以选报了海洋学院，与你有很大关系。但当时生物系不在我们河北省招生，我只好进水产系。在坚持正常课程的同时，我自学了许多遗传学课程，其中有你著的《普通遗传学》《遗传与育种》《懂一点达尔文进化论》等。我的研究方向定为遗传育种，我希望将来在水产经济动物的育种方面有所建树，为此，很想得到你的指教。"

在方宗熙的感召影响下，有不少像杜鹤彩、郭希明这样的学子，确立了生物学研究的志向。几乎每个星期，方宗熙都能收到几封读者来信。信件来自天南海北，甚至海外国外，他总是在百忙之中，热情地回复。

方宗熙与他的研究生，建立了牢固的师生情谊，他们在科研和教学上取得了突破和成绩，也会写信向他汇报。

西安陕西师范大学生物系教师张大力来信说："你托我的学生转来的信收到了，谢谢你对我的关心。前几天刚获得1982—1983年度的教学质量优秀奖。此时此刻更加想念你。我之所以有一点成绩，全靠你的教导。"

想出国留学的学生，有时找方宗熙写推荐信，他会不遗余力地帮助学生到美国、加拿大留学。

1982年10月31日，山东海洋学院生物系学生李明来信说："昨天，我们完成了海上污染调查的任务，回到大连。我已看到了你寄来的推荐信，万分感谢你。我从小就有志向，要做一个有学问的人，决不虚度此生。我知道出国留学不是轻松容易的事。但我自认为是一个有毅力，有恒心的人，我一定坚持到底，如果能出国，就一定学到真才实学回来，报效祖国。"

加拿大麦吉尔大学（McGill University）生物系的研究生宫知远来信说："我很关心海洋学院的发展，我希望能够常常听到来自母校的音信。我希望能够继续得到你的指导，我将来应该从事哪个方向的研究，怎样做才能对国家有用等等。若这几年你能再到加拿大东部来访，我希望能事先得到消息，如我方便，一定去面聆教诲，我相信在国外待了一段时间后，能有机会再听你的教导将是很有益的。"

1978年至1982年，宫知远就读于山东海洋学院生物系。他是青岛人，除了被丰富多彩的海洋生物吸引外，他选择读生物专业是为了向他高中时期教生物的班主任表达敬意。很幸运，在山东海洋学院，他又遇到了一位恩师——方宗熙。1982年，宫知远毕业，考上复旦大学的研究生。1983年，宫知远赴加拿大麦吉尔大学攻读博士学位。1995年开始，宫知远开始在新加坡国立大学任教。他的这一选择，也许跟方宗熙有关，是向方先生表达敬意。

　　方宗熙一生写过多少信，无法统计。可以肯定的是，他的信札仍留存人间，传递着这位海洋生物学家的消息。物候有信，潮汐有信，生命有信，浩瀚的海洋无边无垠。陈子英、林绍文、童第周、曾呈奎、方宗熙、朱树屏、王清印、包振民……研究生命的科学家们所做的一切，都是写给地球的情书，这颗蓝色的星球在宇宙中旋转，承载着无数神奇而又美好的生命……

# 附 录

## 附录1 Kroe采集日记

### 方宗熙

　　Kroe在苏门答腊岛南部，印度洋之西滨，距巨港约三百七十五公里。作者于本学年七月十日至十八日，利用暑假之暇，前往该处采集海产标本，偕行者有李锡爵先生。此采集地点，系本校校董李吉成先生代为择定，行前并承其妥为筹划前往之计，得颜校长之鼓励及汪万新先生之助，遂得成行。

　　七月十日自校动身，乘火车至Batoe Radja，乃由此转乘汽车到Moeara Doea。翌晨，乃乘汽车前往Kroe。自从出发之日起至回校之日止，作者曾将逐日工作情形及所见，择要记述，聊资纪念。今特将当日所记，略加整理，刊登于此。

　　此行得李吉成、汪万新、许炳文诸先生帮助甚多，特此附志谢忱。

### （一九三八年）七月十日

　　本日为余到南洋后第二次生物采集之开始（注一）。清晨吉成兄即来晤。彼热心校务，此次为指导采集事宜，获便匪浅。余殊为感激。十时偕李锡爵先生到火车站，送行者有吉成、万新、云峰、铁垣、启丰诸先生等。

　　十时许，车自巨港火车站启行，十一时到Batoe Radja，在该处与李师略进点心后，即乘万新汽车往Moeara Doea。到时已四时半矣，即下榻万新兄店内。晤许君炳文，约明早随车前往Kroe。

　　自巨港出发后，沿途所见，皆荒旷平坦之区域，或树林，或灌木，多低湿蓄水。冲积平原，展延到Batoe Radja，自此地到Moeara Doea，则属山地，山间多大块石灰岩，岩面灰黑，似若甚坚硬者，及打出一块观之，则色白质软。

晚间与此间中等学校校长林君允昌，游旧巴刹，路旁多植大树。微风吹拂，颇有凉意，大有秋天气候之概。

归在中华学校座谈。此间校舍细小，表面堂皇，校景幽美，傍山而设，旷地甚多，颇有发展余地，只限于经济耳。

### 七月十一日

晨七时许，随许君炳文车往Kroe。车系货车，可载重两千公斤以上。沿途停车多次，在招呼生意，余等则利用此暂停时间，饱览山间风光也。

十时许，车至Ranau，地处高山，凉快甚，在该处逗留约一小时，得便参观咖啡去壳工程，并在附近村间，看到用旧法去咖啡壳者，新旧两法，相形之下，优劣立现。

十二时至Kotabatoe村，该地有一雄伟建筑物，即大桥是也。余等再次进午餐，鱼肉新鲜，惜辛辣难多食。

二时许，车至万灵湖畔，湖甚大，四面环山，山明水秀，饶有别致，湖周平地，多为稻田，湖产鱼颇有名。

⊙万灵湖之湖光山色

⊙浴于万灵湖中

三时许，车至Liva，地海拔在八百公尺以上，空气凉爽，酷似秋天。县治设于此。自此以往，车行于万山之中，路依山势而设，转折异常。弯或大或小，或五步一弯，或十步一弯，或五十步百步，罕有过千步者。山间

多原生林，杂树甚多，有板状根植物，随处可见。而此地火成岩矣。

午后五时许，抵Kroe，观印度洋自西延展而去，一望海天相接，怒涛澎湃，何等壮观。

Kroe小镇，只有市街一二，侨商多系客属同胞，环境洁净，气候温和，山海之间，自从一种壮丽之态，顿使余忆起厦门鹭江，不胜怆然！

晚宿已故闽人叶□君家，听浪涛宏大声响，如汽车之过木桥，如火车之行走，又如暴风雨之来了，此殆故人所谓如万马奔腾矣。

## 七月十二日

晨闻哇哇怪声，许君炳文，称系一种猕猴自肛门发出者。据云此动物倒悬树枝，尾短，行走颇速，惜未见之。

余住处离市街数百步，傍山临海。山不甚高，丛生树木。晨餐后，独出散步，至十二时左右，到海边采集。同行者为李师及叶□子添君，因潮未大退，未能多得标本。杌先在采集地点附近，审视一番，然后进行采集。岸上一带为椰林，林间多水汽，林外多植荣兰（马来名为Pandan），下为沙滩，约三丈远，沙滩下多为平坦岩石，岩石以外为深海。岩面上布满珊瑚，参差多孔，低洼之处，或大或小，或浅或深，此即所谓珊瑚礁也（注二）。

岩孔之间，富又阳遂足（Brittle Star），有灰色者，有淡灰色者，有灰黑相间者，有大者，有小者，施展其腕于穴外，须以迅速手段，疾摄而去，不然，彼一有备，其管足（Tube feet）必紧贴石上，于是取捕之间，腕自断矣。腕长有尺余者，当其恂恂摆动于穴外水中时，仿佛如山洞之沙蚕（Nereis）。沙蚕多坚毛，能刺肉作剧痛，故动物多不欲近之。今阳遂足之腕，类似沙蚕毛，当有若干之保护作用，存于其间也。

见海葵，形小，未易取下。得海参一，得螺壳及寄居蟹颇多。见海鳗数条，长不满一尺，体细小，灰白色，间以浅黑色环纹。土人误以为海蛇（Oela laoe），有剧毒，未敢手捉。游泳颇速。

晚雨，闻许君云，此间土产为咖啡，胡椒，胶（Demar），丁香，椰子，及香蕉等。椰子销售于Moeara Doea一带。

## 七月十三日

晨五时醒，起即整装出发，盖闻五时为潮退尽时也。同行者数人，满腹希望，以为可得良好结果，讵至则见潮高水大，事实与所得报告相反，土人不谙潮汐，有如是者，候探良久，无所得而归。

晨餐后，见有土人乘牛车载胡椒至此，欲售于许君，此等牛车，在路上闻须行三日夜，始克到此，夜行如遇猛兽，亦束手无策。

添君精于射击，向门前树上发两枪，中两只飞龙（Draco），一毁其身，一尚存原形。余审视飞龙，行走于树枝间，合其翼状皮膜体旁与树皮色相仿佛，不易辨认，为保护色之著例。

顷有一小孩，持一大蟹在户外玩耍，余爱此蟹，即以二分半购得之，既而又得一。此蟹土名为（Gepiting darat），大如手掌，有大力，能摄食小鸡，土人恶之，其肉闻含有毒质，不能下饭。

十时许，独往海边，因潮未退而归。

午餐后，再到海边，见潮已退落，浅滩在望，不胜雀跃。今日采集地点，与昨日不同，稍偏南边，唯浅滩仍为珊瑚礁所成，其多孔情状，与昨日所到地点相同。海藻颇多，皆矮小，附着岩面，而许多小动物，即杂生其间也。

今日因潮退较低，所得甚多，而实地观察所至，尤多心得。兹将所得标本，分类列举于下：

一　海绵（Sponges）——有实用海绵，海绵之间，杂生许多其他动物。

二　海葵（Sea anemone）——只见一种，形小，与昨日所见者相同。

三　珊瑚（Corals）——有数种，皆无艳色者。

四　类龙介——环形动物之一种，颇多，形长，作灰白色，环以黑纹，施展其触手于岩石之间，土人误以为海蛇而惧之，其巧合拟态，大有用处矣。

五　沙蚕（Neries）——有一种形体长大，坚毛极多，能刺人，其尾部藏入穴中，头部则伸出穴外以觅食，捕之至不易，盖其尾部紧贴穴内，力捉，则体断矣。

六　海参（Sea cucumber）——有三种以上，两种皆黑色，体面常有灰泥，与岩石一致，颇可混淆视察；另一种形小，色灰，其与周围颜色，尤为一致，粗视之，如一块小石头，不易辨认，间有伸展其触手于许多海葵之间者，外形如海葵，及至掘出观之，则海参也，其体埋于土中耳。此种安置，或为环境所使然，因此处海潮甚大，常可冲洗动物以去，今海参仅露其头部于外，以资摄食，藏其身于泥土中，借以固着，当较之全身裸露于外者，更为有益。

七　软体动物（Molluscs）——有大海兔，石鳖，螺，蚌等。大海兔能放出红液，有保护作用。石鳖螺蚌之面上，多生着海藻，可以混乱视线。

八　寄居蟹（Hermit crabs）——多种，体壳小，多秀丽可爱。

九　虾蛄（Mantis shrimp）——得一种，作紫蓝色，鲜艳异常。

十　鱼类（Fishs）——体小，潜游于岩穴之间，悠然自得，仅获数种，皆富美丽色彩。

十一　其他尚有海藻及苔藓动物多种。

今日采集所得，极为满意，当余每获一种，及见其自然生活状态时，常狂喜不能自禁，其快乐心绪，同类采集者当能意会之。

总观此地间物，其固着性及穴居性，皆相当发达，颇能适合其所居住之环境。其所以致此之由，殆自然淘汰也。试申论之：

此间天气和暖，为热带海洋气候，飓风不多。但平日所多风和日丽，而海浪在近岸处，则高伟可惊，造成巨浪甚大响，如过大风，当更险恶，岩石因是而击碎者，所在可见，生长其间之生物，若非岩面多孔，蛰伏其内，或固着其间，将为猛浪卷走矣。故目前所观动物，概居穴内，或潜游于岩洞之间者，理由在此，其不能适应此环境之动物，自然受淘汰而死亡。海藻皆矮小异常，亦自然之结果也。

午后三时许，开始整理标本，至晚始休，已觉疲劳。昼间因在烈日下工作，及晚皮肤顿起痛觉。晚大雨，无风。

⊙方宗熙在采集地点海滨拍摄的椰林　⊙采集队员合影，右边应是方宗熙

## 七月十四日

晨七时起，大雨。预计本晨前往山采集，不可得矣。

晨询诸添君，悉此间气候，旱湿季之分布如下：

一月至二月梢——微雨季。

三月至五月梢——多雨季。

六月至八月梢——微雨季。

九月至十二月梢——旱季。

土人种稻于三月，而收获于六月。此间目下已产榴莲（Duerian）甚多，在巨港则在十二月始有。闻此种果实，出现在雨季，若然，Kroe目下之有榴莲可解释矣。盖巨港之雨季，始于十月，而此间现在则为雨季也。

依山面海，平地不多，沿海一带，多椰树林，此间产椰甚多，销售于Moeara Doea及他处，闻品质较佳，土人多信系受海洋气候影响所致。椰子

水多用以喂猪，肉以榨油，其渣滓为喂猪料。

午后天晴，偕添君往一马来人住宅，宅在山上一小平地间，附近有住家十余，远处则为高山。土人日间到巴刹或海滨工作者，只锁其门足矣，其治安之佳良，民风之朴实，于此可想见矣。得丁香和胶树标本而归。即借用该土人携带用具，到海滨采集，本日到第一日所到地点。遍地海胆（Sea urchin），以黑色者居多数。

此地点海参不多，实用海参略有出产，多为土人所拾去，故少，仍得数种。

今日所得标本，除大部与昨日所得相同外。尚有大形沙蚕一种，长腕阳遂足一种，小鱼、虾蛄、蟹、螺各数种。海星一，系一马来童子拾来，形小，腕短，颇似林文庆海星，余狂喜不胜，遍觅不能再得，继而潮涨，乃归。

余最不能忘怀者为长腕阳遂足，其长腕转动于穴外，另有一种雅态，其类似沙蚕，尤其余事耳。而多种小鱼之美丽颜色，尤见所未见。

沙蚕坚毛甚少，归时整理海参标本时，手为刺所蜇，颇痛，疑海参能放刺，审视之下，乃为沙蚕之坚毛，盖当沙蚕与海参置放一处时，沙蚕放其坚毛于其体上也。

今日有马来人多人在海边观余工作，老少十人以上，多不明余之工作为何，因余所拾取者，多不能实用也。彼等多帮忙拾取可食用者，则询余购之。

晚上来一大蟹，李师呼曰："甲必丹至矣。"闻者大笑。盖蟹之马来名为Kepiting，而李师忘记误为Kapitdng也。

## 七月十五日

昨晚因有一闽籍商人投宿此间，余与李师同榻，睡未熟，晨起颇感疲乏，头微痛，即服Aspro一枚。

午后有车回Moeara Doea，李师要余归，余以尚有数种标本未曾采得，约李候车，余前往采集；继而李师往呼，匆卒返，至则车已不见矣。因复前往采集，亲捉得海鳗一，归购得鱼类数种，及心状海胆（Heart urchin）一。

## 七月十六日

晨餐后，整理标本，共得四箱，预备归校之计。此行颇为满意，可惜海星只得一个耳。

九时许，忽闻万新君来，盖汪先生自余等来此后，未得消息，颇为悬念。故特将其汽车载货来此贩卖。顺便邀余等返。

车约十一时开，抵Moeara Doea时，已五时许矣。晚宿万新兄店内。

## 七月十七日

昨晚未能熟睡，今晨七时许始起床。洗刷后，晤林君久昌，知其欲购赠余之大龟已脱绳逃去矣。

八时许，偕林君及小学生多人，前往山间采集。过低山，穿密林，傍浅谷，临洼水，观柚柑树之干高叶细，蔓藤之枝长棘多，而草本羊齿之高大，除在往Kroe之途中所见杪擺外，为所罕见。余与之相并，高余两尺以上。

沿途所得标本多种，多无足道者。归沿溪行，自路上拾得植物化石一，至店已十二时矣。

午后四时许，偕多人往河边观察前乃卿吉成诸君所采集之植物化石点。

## 七月十八日

本日为余此次采集旅行最后之一日也。晨七时起床，准备归校。昨晚读吉成兄信，嘱到万灵湖少住，然以汪君忙碌，诸多不便，当俟之异日。

车九时动身，十时十二分到Batoe Radja，午后四时抵校。晚校董辰恭及吉成二先生来校座谈。接读陈师子英博士来信，嘱致力研究，并告陈君果杰，病终广州，不胜悲悼。陈君秉性忠厚，有志在岭南大学研究生物，

竟以天闻！即晚复子英师信。

（注一）第一次生物采集，为本校六月十八日至廿日Kajoe agoeng之行，主要在采集陆上生物。同行者为学生黄君祥坤。随生活公司专雇汽车前往，获便甚多，对该公司特此附志谢忱。

（注二）余曾自珊瑚礁地带打出数个小石持返鉴定，商诸颜乃卿先生，试以盐酸，认为珊瑚礁无误。

摘自《巨港中华学校三十周年纪念刊（1908—1938）》

# 附录2  方宗熙著作目录

一、专著与教材

[1]《动物学》，方宗熙、李次卿编著，人民教育出版社，1952年出版。

[2]《植物学》，方宗熙、徐晋铭、李沧编著，人民教育出版社，1952年出版。

[3]《达尔文主义基础》，方宗熙、王以诚编著，人民教育出版社，1952年出版。

[4]《人体解剖生理学》，方宗熙、任树德编著，人民教育出版社，1953年出版。

[5]《生物学引论》，方宗熙编著，北京高等教育出版社，1954年出版。

[6]《拉马克学说》，方宗熙著，科学出版社，1955年出版。

[7]《普通遗传学》，方宗熙著，科学出版社1959年出版。

[8]《达尔文主义》，方宗熙编著，高等教育出版社，1959年出版。

[9]《生命的进化》，方宗熙著，山东人民出版社，1963年出版。

[10]《细胞遗传学》，方宗熙著，科学出版社，1973年出版。

[11]《生物的进化》，方宗熙著，科学出版社，1973年出版。

[12]《生命发展的辩证法》，方宗熙、江乃萼著，人民出版社，1976年出版。

[13]《遗传与育种》，方宗熙、江乃萼著，科学出版社，1979年出版。

[14]《遗传工程浅说》，方宗熙、江乃萼著，山东科技出版社，1979年出版。

[15]《生物基础知识》，方宗熙、江乃萼著，中国青年出版社，1981年出版。

[16]《进化论》，方宗熙、江乃萼著，高等教育出版社，1986年出版。

二、翻译图书

[1]《物种起源》，达尔文著，周建人、叶笃庄、方宗熙译，三联书店1955年出版。

[2]《动物和植物在家养下的变异》，达尔文著，叶笃庄、方宗熙译，科学出版社，1957年出版。

[3]《人和动物的细胞遗传学》，A.麦克德莫特著，江乃萼、方宗熙译，科学出版社，1981年出版。

三、科普图书

[1]《古猿怎样变成人》，方宗熙著，中国青年出版社，1952年出版。

[2]《米丘林学说》，方宗熙著，中国青年出版社，1955年出版。

[3]《达尔文学说》，方宗熙著，中国青年出版社，1956年出版。

[4]《生物进化》，方宗熙著，科学普及出版社，1964年出版。

[5]《生命进行曲》，方宗熙、江乃萼编著，中国少年儿童出版社，1978年出版。

[6]《遗传工程定向改造生物的新科学》，方宗熙、江乃萼编著，海洋出版社，1983年出版。

[7]《遗传工程》，方宗熙编著，科学出版社1984年出版。

[8]《科学的发现揭开遗传变异的秘密》，方宗熙、江乃萼编著，中国少年儿童出版社，1986年出版。

[9]《聪明的海豚》，方宗熙编著，海洋出版社，1987年出版。

方宗熙先生发表的一百篇论文（含合作）目录详见《方宗熙文集》（海洋出版社2012年版）。

# 附录3　方宗熙年表

1912年4月6日，出生在福建省云霄县城关一个烧制砖瓦的小手工业者家庭。

1919年，进入云霄小学读书。

1926年，考入云霄县立初级中学。

1929年，考入厦门大学预科。

1932年，在厦门大学读生物学系。在厦大读书期间，多次获福建省清寒奖学金和陈嘉庚奖学金。

1933年，与厦门大学理学院同学组织成立民众科学社，撰写科普文章。

1935年，《厦大生物学会期刊》创刊，在创刊号上发表了三篇文章：《厦大生物学系历年发现与中国生物科学》《厦大最近发现之纺脚虫》《厦大为何适于研究生物》。

1936年，厦门大学毕业，获学士学位，留校任生物系助教。

1937年9月，回原籍云霄中学任生物学教师。

1938年1月，赴印度尼西亚苏门答腊岛巨港中学任生物学教师兼教务主任。

1938年7月，赴苏门答腊岛西岸Kroe采集海洋生物。

1942年初，巨港沦陷，隐居在马拉都哇（Muaradua），化名"少平"，以种菜为生。

1945年，抗战胜利后，10月返回印尼巨港。

1945年12月1日，胡愈之创办《风下》周刊，受邀成为该刊专栏作家。

1946年初，应新加坡华侨中学校长薛永黍的聘请，赴该校任教兼图书馆主任。是年与英国著名的遗传学家荷尔登教授建立通信联系。

1947年秋，赴英国伦敦大学留学，攻读人类遗传学。

1949年底，通过论文答辩，获遗传学博士学位。

1950年6月，以访问学者身份到加拿大多伦多大学做研究工作。

1950年12月，放弃了加拿大优越的生活条件，谢绝挽留，回到魂牵梦绕的祖国。

1951年2月，在国家出版总署任编审，负责审阅自然科学读物。

1951年6月，调到人民教育出版社工作，任生物学编辑室主任。

1953年4月，应山东大学副校长童第周的邀请，到位于青岛的山大生物系任教授。暑假回北京，在人教社根据教师们提的意见，把主编的课本修改了一遍。

1956年8月10日，参加在青岛举办的遗传学座谈会。这次座谈会由中国科学院、高等教育部联合召开，全国的生物学学者齐聚一堂。

1958年，兼任中国科学院海洋研究所研究员，率领科研课题组开展了大型海藻的研究工作，致力于海藻遗传研究和育种研究。

1959年4月，任山东海洋学院生物系主任兼遗传学教研室主任。

1962年，培育出海带新品种"海青一号"。

1966年秋天，被批斗。

1968年11月，被下放到文登县沿海农村，接受再教育。

1971年春，被下放到即墨蓝村劳动改造。

1973年冬，开始海带单倍体育种研究。

1974年，在青岛疗养院疗养了一段时间。

1975年1月25日，在《青岛日报》发表文章《学习新宪法 拥护新宪法》。

1976年，首次发现海带的雌性生活史。

1977年，赴法国巴黎参加联合国教科文组织属下的"政府间海洋学委员会"的会议。

1978年3月18日，参加全国科学大会，荣获全国科学大会奖。

1978年3月30日，在《青岛日报》发表《我要参加新长征》一文，表态

"向海洋科学进军"。

1978年9月，招收了5名研究生，指导研究生进行海藻遗传和育种的学习。与李汝祺、童第周、谈家桢等，在北京成立了中国遗传学会，并被选举为副理事长，兼《遗传》杂志主编。

1979年，再次赴法国巴黎参加联合国教科文组织属下的 "政府间海洋学委员会"的会议。

1979年12月，任山东海洋学院副院长。

1980年10月，与王滋然、张定民加入我国"高等院校海洋科学考察团"，出访日本，进行水产科学技术交流，在日本看望了曾在中国开展海带养殖的大槻洋四郎。

1982年，应邀到加拿大参加国际藻类学大会，作海带遗传育种的学术报告。

1983年，招收3名研究生。

1984年1月，在北京参加中国科普作协第二次代表大会，致开幕词；与华罗庚、茅以升、高士其、钱学森等7位老科学家受到了大会表彰。

1984年夏，赴美国讲学，与美国海藻学家合作进行科研两个多月。从美国返回时，绕道新加坡、我国香港。在新加坡访问旧日学生，在国立新加坡大学作学术演讲，在香港大学做短暂学术交流。

1984年7月6日，致信福建云霄县政协许周泽，提供云霄一中校史资料。

1984年7月8日，《做追求真理和知识的"书呆子"》发表在《福建日报》。

1985年春，身体健康出了问题。

1985年6月8日，在病床上加入中国共产党。

1985年7月6日，在青岛病逝，享年73岁。

2012年5月11日，先生雕像在中国海洋大学鱼山校区落成。

# 参考文献

[1] 林悦明. 北平燕大之研究生物学[N]. 图画时报，1929-7-10.

[2] 青大生物系发现鱼蟹新种[N]. 大公报，1932-2-23.

[3] 厦门大学理学院民众科学社.民众科学（第一辑）[J]. 1933.

[4] 厦门大学理学院民众科学社.民众科学（第二辑）[J]. 1934.

[5] 厦门大学编译处周刊部. 厦大周刊：厦门大学十三周年纪念专号[J].
　　 1934，13(19)：103.

[6] 厦门大学一九三五年级级会.厦门大学毕业纪念刊[J]. 1935.

[7] 厦门大学生物学会理事会.厦大生物学会期刊[J]. 1935.

[8] 国立山东大学周刊社. 新聘生物系主任林绍文先生曾一度来校[J]. 国立山
　　 东大学周刊，1935(111)：第三版.

[9] 北平燕京大学教务处校友课.校友简讯[J]. 燕大友声，1936，2(04)：9.

[10] 校闻 [J]. 青市女中校刊，1937(9—10)：177.

[11] 巨港中华学校三十周年纪念刊(1908—1938)[J]. 1938.

[12] 戎马倥偬中的伦敦大学：一位典型的伦敦大学学生的日常生活（附照
　　 片）[J].东方画刊，1940，3(08)：24—25.

[13] 胡愈之. 风下[J]. 1946—1948.

[14] 国立山东大学校刊[J]. 1947-2-15.

[15] 少青. 伦敦大学的生活[J]. 风下·新妇女临时联合刊，1948(1)：14—16.

[16] 少青. 叶绿素和光合作用[J]. 中学生，1951(242)：26—28.

[17] 陈梦韶. 鲁迅在厦门[M]. 北京：作家出版社，1954.

[18] 方宗熙. 米丘林学说[M]. 北京：中国青年出版社，1955.

[19] 方宗熙. 达尔文主义[M]. 北京：高等教育出版社，1959.

[20] 方宗熙. 生命的进化[M]. 济南：山东人民出版社，1963.

[21] 方宗熙，江乃萼. 生命进行曲[M]. 北京：中国少年儿童出版社，1978.

[22] 方宗熙. 我要参加新的长征[N]. 青岛日报，1978-3-30.

[23] 郭沫若. 科学的春天[N]. 人民日报，1978-4-1.

[24] 方宗熙. 遗传工程浅谈[N]. 青岛日报，1978-5-17.

[25] 贯彻科学大会精神，普及现代科学技术知识，我市今年科普创作欣欣向荣[N]. 青岛日报，1978-11-28.

[26] 卢林. 出自责任 来自勤奋——访科普作家、山东海洋学院教授方宗熙[N]. 青岛日报，1978-11-28.

[27] 厦门大学中文系. 鲁迅在厦门[M]. 福州：福建人民出版社，1978.

[28] 宫苏艺. 开拓与播种——记山东海洋学院方宗熙教授[J]. 人民教育，1980(05)：28－30.

[29] 张其永，张永兴. 美国马里兰大学顾瑞岩博士来华讲学[J]. 海洋渔业，1980(04)：5.

[30] 《中国科学家辞典》编委会. 中国科学家辞典（现代第一分册）[M]. 济南：山东科学技术出版社，1982.

[31] 方宗熙，张定民. 大槻洋四郎对我国海带早期养殖的贡献[J]. 山东海洋学院学报，1982(03).

[32] 林乐夫. 祖国是生命的根——记山东海洋学院副院长方宗熙教授[N]. 青岛日报，1982-5-10.

[33] 李佩珊，孟庆哲，黄青禾，等. 百家争鸣——发展科学的必由之路[M]. 北京：商务印书馆，1985.

[34] 王世维，李书和. 方宗熙与科普创作[N]. 青岛日报，1985-10-30.

[35] 中国人民政治协商会议福建省云霄县委员会文史资料研究组. 云霄文史资料第6辑[M]. 1986.

[36] 孙士庆，等. 中国少儿科普作家传略[M]. 太原：希望出版社，1988.

[37] 方宗熙. 古猿怎样变成人[M]. 北京：中国青年出版社，1990.

[38] 山东省政协文史资料委员会. 悠悠岁月桃李情：山东大学九十周年[M].
北京：中国文史出版社，1991.

[39] 中国人民政治协商会议福建省漳州市委员会会文史资料委员会. 漳州文
史资料第17辑（总第22辑）[M]. 1992.

[40] 王承绪. 伦敦大学[M]. 长沙：湖南教育出版社，1995.

[41] 任元彪，曾健，周永平，等. 遗传学与百家争鸣——1956年青岛遗传学
座谈会追踪调研[M]. 北京：北京大学出版社，1996.

[42] 李宏基. 中国海带养殖若干问题[M]. 北京：海洋出版社，1996.

[43] 王之强. 发展科学的必由之路——读任元彪等的《遗传学与百家争
鸣——1956年青岛遗传学座谈会追踪调研》[J]. 自然辩证法研究，
1996(09)：66—68.

[44] 中国人民政治协商会议福建省云霄县委员会文史资料委员会. 云霄文史
资料第16辑第17辑（合刊）[M]. 1997.

[45] 叶至善. 我是编辑[M]. 北京：中国少年儿童出版社，1998.

[46] 青岛市史志办公室. 青岛市志·人物志[M]. 北京：五洲传播出版社，
2002.

[47] 刘秋明，李美真，胡炜，等. 科技进步在我省海带养殖业发展中的地位
与作用[J]. 齐鲁渔业，2002，19(07)：17—18.

[48] 中共中央文献研究室邓小平研究组编著. 邓小平画传[M]. 成都：四川人
民出版社，2004.

[49] 陈荣力. 大道之行——胡愈之传[M]. 杭州：浙江人民出版社，2005.

[50] 商金林. 叶圣陶年谱长编（第三卷）[M]. 北京：人民教育出版社，2005.

[51] 白介夫. 我与萧光琰的苦涩友谊[J]. 炎黄春秋，2005(07)：1—15.

[52] 彭小云. 伦敦大学[M]. 北京：军事谊文出版社，2007.

[53] 李乃胜，等. 碧海丹心：海洋科技历史人物传记[M]. 北京：海洋出版
社，2007.

[54] 王扬宗. 中国科学技术事业的历史性转变——回望1978年科学大会[J]. 中
国科学院院刊，2008，33(04)：351—361.

[55] 陈天昌. 科学家写科普的一个典范[N]. 科学时报，2009-6-25.

[56] 中共厦门市同安区委宣传部. 同台缘[M]. 2009.

[57] 方宗熙. 生命进行曲[M]. 武汉：湖北少年儿童出版社，2009.

[58] 李明春. 心系科普的科学家——记著名海洋生物学家、科普作家方宗熙[J].海洋世界，2009(02)：62—64.

[59] 课程教材研究所. 新中国中小学教材建设史（1949—2000）研究丛书·生物卷[M]. 北京：人民教育出版社，2010.

[60] 钱炜. 1956年青岛遗传学会议："双百方针"的试验场[J]. 中国新闻周刊，2011(29)：74—76.

[61] 《方宗熙文集》编委会. 方宗熙文集[M]. 北京：海洋出版社，2012.

[62] 杨洪勋. 方宗熙：中国海藻遗传与生物技术的奠基人[N]. 中国海洋大学报，2012-5-18.

[63] 包振民. 忆恩师方宗熙先生二三事[J]. 海洋世界，2012(05)：62—65.

[64] 李宏基. 李宏基文集[M]. 青岛：中国海洋大学出版社，2013.

[65] 张静. 中国海洋大学大事记[M]. 青岛：中国海洋大学出版社，2014.

[66] 叶笃庄. 一片冰心在玉壶——叶笃庄回忆录[M]. 太原：山西人民出版社，2014.

[67] 廖洋，冯文波. 琼胶的新原料：中国海洋大学成功培育出龙须菜2007新品种[N]. 中国科学报，2014-9-4.

[68] 季培刚. 杨振声年谱[M]. 北京：学苑出版社，2015.

[69] 初学导. 难忘1978年的全国科学大会[N]. 曲阜师范大学学报，2015-5-21.

[70] 沈卫莉. 文化巨匠胡愈之[N]. 绍兴日报·新周刊，2016-9-28.

[71] 袁传明. 近代英国高等教育改革与发展研究 以伦敦大学百年史（1825—1936）为个案[M]. 广州：广东高等教育出版社，2017.

[72] 李杭春. 竺可桢国立浙江大学年谱（1936—1949）[M]. 杭州：浙江大学出版社，2017.

[73] 王媛. 八旬中科院学者向市环境监测中心站捐出毕生藏书，绝版海洋生物资料有了新家[N]. 半岛都市报，2018-5-27.

[74] 王扬宗.中国科学技术事业的历史性转变——回望1978年全国科学大会[J].中国科学院院刊，2018，33(04)：351—361.

[75] 岳熹.1978年：科普创作之春——侧忆全国科普创作座谈会[J].科普创作，2019(04)：92—96.

[76] 冯文波，廖洋.在蔚蓝大海谱写绚丽的生命乐章——写在中国海洋大学海洋生命学院建置90周年之际[N].中国科学报，2020-5-26.

[77] 姚荣启.全国科学大会唤醒"科学的春天"[J].工会信息，2020(08)：38—44.

[78] 郭戈.方宗熙：中国海洋生物遗传学和育种学奠基者[N].中华读书报，2020-6-24.

[79] 陈晓红.把科学交给人民：高士其学术成长研究[M].北京：科学普及出版社，2021.

[80] 李杭春，郁峻峰.郁达夫年谱[M].杭州：浙江大学出版社，2021.

[81] 金松.方宗熙在人民教育出版社[J].山东教育（高教刊），2022(Z4)：122—124.

[82] 翟广顺.山东（青岛）大学史（1929—1958）[M].青岛：中国海洋大学出版社，2022.

[83] 黄乔生.鲁迅像传[M].修订版.北京：生活•读书•新知三联书店，2022.

# 后记

## 生命与海洋的交响曲

### 生命有信　神奇的鸽子

2022年12月22日。冬至这天凌晨，寒风卷着雪花狂舞，地上落了一层雪。薄雪被吹到背风的角落，以落寞的存在，告诉人们昨夜曾下过雪。

太阳升起来了，落在雪松上的雪，很快就不见了。蔚蓝的天空无垠，朵朵絮状的白云盛开。天空很蓝，如同海洋，白云很软，触及心灵。白云苍狗，让人想到生死流转。蓝天就是无边的稿纸，白云就是散漫的诗行，又如同古老的箴言，目睹人间的悲欢。

上午9点半左右，买菜归来，在小区里的小广场上，看到一群灰色的鸽子，在地上觅食。这里曾是老人和孩子们的乐园，四季盛开欢声笑语，经常有孩子们喂鸽子，与鸽子嬉戏。因新冠现在这里不见人影，空旷与清寂相伴，铺满了整个小广场。鸽子不知人间发生了什么，它们照例来这里觅食。

我数了数，一共九只鸽子。白色的嘴巴，灰色的头，墨绿色的脖子，灰白色的背与腹，白色的羽翼尾部是灰色，粉色的爪子格外引人注目。这些鸽子身形、颜色、大小齐刷刷的一致，身材丰腴而又轻盈，蕴含某种奇妙的美感。鸽子的脖子很灵活，像小鸡啄米似的伸向地面，带有某种节奏和韵律。地面上什么食物也没有。它们是在假装吃饭吗？

其实，我早就在空中看到过这些鸽子。每年春天，实验幼儿园墙外的海棠怒放时，晴空万里，大海的蓝色融化到天空中，令人心醉。每当午

后两点左右，这群鸽子就在满树繁花的海棠上空飞来飞去，感觉飞行路线是一个圆形。每隔四五十秒，它们飞翔的身影就出现在海棠树上空。被粉色、绯红海棠花压的树枝，在春风中微微晃动，似乎回应着浩荡春风中巡游的鸽子。有时，幼儿园里传来童稚的歌声、钢琴伴奏，歌声飞向蓝天，鸽子们飞得更加欢快。这是对生命的礼赞。

虽然是心灵上的老朋友，但我还是第一次近距离观察它们。鸽子的眼睛，黄色的眼睑包围着温润的眼睛。黄色的眼珠（信鸽为红色），晶莹透亮，中心是黑色的瞳孔，流露出生命的神采。鸽子的眼睛，色泽层次鲜明，幽深、亮丽、鲜明，神采奕奕。我在观看鸽子的眼睛时，觉得在和这温驯的生命进行某种对话。我在寒风中悄悄站立多时，看这一群鸽子看得心神荡漾，百感交集。

我想，方宗熙先生在英国留学时，一定在伦敦海德公园的草坪上看过鸽子。眼前的这群鸽子，不惧严寒，在地面上悠闲地漫步，不时地发出"咕咕"的温柔鸣叫。尽管没有食物，它们也不急不躁，气定神闲地踱来踱去。

2022年8月16日，我与方宗熙先生的女儿方菁女士取得联系。次日，我在汶上县城泉河公园散步，与方菁打电话，在河畔的小广场上遇到一群白色的鸽子。也许是鸽子，这种神奇的鸟儿，这种传信的鸟儿，让我冥冥之中和方宗熙先生有了更多的联系。

2022年12月22日，我在小广场见到一群灰白相间的鸽子。这一天，我完成了《向海而生——方宗熙》的创作，开始酝酿如何写后记。

三天后，我从这经过，地上铺展一片金色的颗粒，那是一粒粒小米。这群鸽子悠闲地进食，优雅地吃饭。一只戴胜鸟，嗅到了美食的气息，也蹦跳着开吃，刚开始从食物边缘试探，后来便大摇大摆地进入核心地带。一群麻雀麻溜地凑过来，"啾啾啾"地呼朋引伴，它们欢呼，真是雀跃。鸽子们并不介意分享美食，不时发出"咕咕咕"的鸣叫，似乎吟诵着生命的赞美诗……

## 向海而生　生命的境界

我在完成《海洋先驱——唐世凤》一书后，欣然接受了中国海洋大学出版社《向海而生——方宗熙》传记的创作邀约。这两位学者、海洋学家具有相似的成才背景，都出生于贫寒之家，不断读书和终生拼搏，在各自的学术领域，取得了丰硕的学术成就和科研成果。

除了两位学者的成长经历带来的精神感召，我把《向海而生——方宗熙》的创作视为来自海洋深处某种神奇生命的约定。我化身一条古老的鱼，在知识的海洋畅游，投身海洋学浩瀚神秘的领域，向未知探索。这本书，让年已不惑的我，更加深刻地理解何为生命，以及生命的要义。

方宗熙先生作为海洋生物学家，不仅洞察生命的奥秘，也深深懂得自然和时间的关系。就在短暂的一生中，方宗熙先生向海而生，海洋之蓝，是他人生的底色。少年从云霄沿着漳江入海，到了厦门大学求学；青年漂泊南洋，在印度尼西亚和新加坡教书；随后远渡英伦，在伦敦大学留学。方宗熙学成回国，经过了曲折的海路，漂泊的游子归来，投入祖国的怀抱。他的后半生定居在青岛，青岛湾的潮声伴着他孜孜不倦的书灯。

走遍万水千山，航行于大洲大洋，见证物种的兴衰，研究海藻的遗传。他这一生，向海而生，经历诸多风云变化，不变的是初心——丹心报国；不变的是精神——自强不息；不变的是情怀——爱党爱国。我希望这部传记，不仅写出了方宗熙先生的事功，更重要的是能写活他的精神，展现他的生命境界。

在写作中，我印象最深刻的是方宗熙先生的宽恕之道。他虽然曾在英国留学，但他的精神底子是中国儒家的——仁爱、宽恕。

我印象深刻的还有，方宗熙先生十分珍惜时间。他挤时间写科普作品，这一点，我感同身受。在时间的海洋，人生真的很短暂，如梦幻泡影，如露亦如电。方宗熙一生紧紧地抓住了时间的缰绳，把试图逃逸的分分秒秒驯服，为己所用。他把时间利用到了极致，写下了众多经典的科普著作。他的自律和自强，深深地吸引了我。虽不能至，心向往之。

写一个学者的一生，就像追随他的脚步，完成了一场精神的寻踪。

自从2021年8月底，发给中国海洋大学出版社《海洋先驱——唐世凤》书稿后，我得空就翻阅方宗熙先生的著作、论文，得空就在网络上、数据库中搜索方先生的踪迹。他的资料、佚文、早期作品被我从时光之海深处打捞出来，每一次发现，都是巨大的喜悦。一块一块的拼图，终于拼凑出方宗熙先生早年的经历。

2022年8月，我开始了《向海而生——方宗熙》的创作。接下来几个月的业余时间，方先生的著作和我搜集到的资料，环绕着我的电脑桌。

有一天深夜，海浪无声将夜幕深深淹没，我化身一条大鱼，追随着方先生的踪迹，游向深蓝色的梦境，游向海天之间的辽阔……

## 深入采访　生命的感恩

青岛市南区金口一路16号，两根花岗岩砌的门柱，门柱上方中央，有两粒白玉球，这是门口的两盏灯。两层石头台阶，一看，就带有岁月的痕迹。这台阶上一定有过方宗熙先生的足迹。只不过，几代人的足迹叠加在一起，风干了，被吹走了，被夏季的大雨冲刷走了。

狭窄的门口，左侧有一株遒劲的老梨树，树枝宛如虬龙，倔强而刚劲，在蓝天下张扬着一股力量。老梨树皮黑黢黢的突起，质感如铁皮，粗糙，布满纵向的沟壑。盘曲的树枝上方，还点缀着一些带有些许绿意的叶子，带有蜡质的树叶，在寒风中有点萧瑟的意味。这株老梨树，一定见证了方宗熙先生回家的身影。

我想，门柱旁应该挂上一块黑色的大理石铭牌，中间上书"方宗熙故居"，下方写有方宗熙的简介：著名海洋生物学家，中国海藻遗传与育种先驱。

沿着台阶走进，里面还有三级台阶。走到头，是一栋老楼。二楼就是当年方宗熙先生生活了二十几年的故居。房间里虽然没有他的踪影，但他遗留下来的资料，被妥善保存。

2022年11月24日上午，我和方宗熙先生的儿媳王莹、孙女方婧及方宗熙夫人江乃萼的妹妹江乃燕聊起先生的往事。这样的采访，如话家常，她们的讲述和回忆，让我感受到一位科学家的烟火气。我也了解到，20世纪80年代，山东海洋学院来访的外国学者很多，来访学者用英文进行学术报告和讲座，每次担任翻译者都是方先生。他总是任劳任怨，从不讲条件。

方先生留下来的资料很多，分门别类装在牛皮纸大信封里。我用了四个多小时的时间浏览，发现了陈世骧先生的来信、林绍文夫人江耀群的来信、厦门大学的同学洪增福的来信等。这些信件大大丰富了传记的内容。当然，还有很多未知的惊喜，等待我开启。江乃萼的五则日记，填补了她的学林交往的空白。1984年，方宗熙、江乃萼出访美国、新加坡的访问报告，以及方宗熙先生的会议发言稿、工作总结、简报等资料，为传记创作带来第一手的可靠资料。

这次来到方宗熙故居看资料，我印象最深刻的是，方先生逝世后，来自全国各地的唁电一百多封，均保存完好。每一封唁电我都仔细看了。看完后，抬起头，冬日的暖阳非常灿烂，明亮的阳光照进室内。那些陈旧的文献，发黄的信笺，经过我的手，小心翼翼地取出，微尘在阳光中升腾。刹那，有点恍惚，有点眩晕……我拍摄了十几封唁电。

这本传记顺利完成，感谢方宗熙先生的亲属方菁、王莹、方婧、江乃燕四位女士。特别感谢方菁女士，与我在微信电话中谈，在微信对话中聊。方菁女士的回忆让这部传记细节丰满，有血有肉。

感谢中国工程院院士包振民、黄海水产研究所原所长王清印为本书写序。

感谢王清印先生、朱树屏先生的哲嗣朱明老师。他们接受我的采访，并提供了一些资料和照片。

感谢杨德渐先生不厌其烦地回答我的疑问，并热情提供方宗熙先生弟子们的联系方式。

感谢崔竞进、张学成、包振民、孔杰、张全启等先生接受我的采访。他们谈起方宗熙先生，带有深厚诚挚的缅怀之情，并勉励我写好传记。让我对方宗熙先生的科研和教学，有了更深刻的认识。

感谢胡建廷先生撰写的方宗熙传，收录在《方宗熙文集》中。我向他打电话请教，他说："方先生是一位纯粹的学者，那一代人对祖国的忠诚、科学的赤诚、对工作的严谨，值得后人学习。尤其是他对时间的利用，把时间利用到了极致，留下大量的科普著作。"

在创作这部传记的六个月里，我也尝试着把时间利用到极致，有规律地写作，葆有创作的激情。我觉得，为青岛的海洋学家撰写传记，是一项填补青岛海洋科学史空白的工作。那些鲜为人知的海洋学家，可能因为我的书写，重新进入社会和大众的视野。正因为这种文化的自觉——普及海洋科学、传播海洋文化，所以我甘愿坐冷板凳。也正是因为肩负的使命感，我才能克服重重困难。

感谢中国海洋大学出版社原杨立敏社长、现任社长刘文菁、纪丽真副总编辑的信任和鼓励，感谢责任编辑付绍瑜的精心编辑。

感谢我的家人支持我的创作。

没有以上支持和帮助，就没有这本书。

由于本人并非海洋学科班出身，也无生物学专业背景，书中若有不当之处，bdlyq618@163.com，这个信箱，欢迎方家和读者批评指正。

唐世凤和方宗熙的传记顺利出版，感恩延续了三年多的书缘。因为这两本书，我结识了十几位学者，采访与交流，是难得的学习的良机。在知识的海洋遨游，人生年轮中有一段蓝色的岁月，是一段丰富的经历。书海无垠，人生有涯，生命的感恩，就像大海的潮音，在月圆的夜晚，格外清晰……

刘宜庆

2022年12月26日